iOS SDK를 이용한

앱 제어 기술

김정민 * 박영석 * 이혁재
최영일 * 정승현 * 정용배

도서출판 GS인터비전

머리말

애플사의 아이 폰이 세상에 나왔을 때 당시에 스마트폰의 파급효과를 크게 느끼는 사람들은 없었다. 하지만 현재는 스마트폰 사용자 100만 시대를 넘어 모든 디바이스와 홈 네트워크의 연결 종단점을 스마트폰으로 활용하고 있다. 기존 PC 보급률을 넘어선 타블렛 PC와 스마트폰의 발전은 누구나 쉽게 접근할 수 있는 어플리케이션 개발과 같은 컨텐츠 APP 보급이 지대한 발전을 기여하고 있다.

현재까지 아이 폰 3에서부터 아이 폰 5가 출시 되었지만 타 제품에 비해 성능은 그렇게 높지는 않지만 어플리케이션 공급률이 안드로이드에 비해 매우 높아 사용자들이 많은 컨텐츠를 활용할 수 있다. 이러한 것이 애플의 성공 비결이 아닌가 싶다.

뛰어난 프로그래밍 실력이 아닌 관련 교재를 며칠만 보면 누구나 어플리케이션을 만들 수 있게 하였고, 관련 개발자들의 노력과 땀의 결실로 훌륭한 교재들이 많이 출시되었다.

하지만 이러한 책들은 실무적 요소가 배제되어 거의 비슷한 진행으로 초기 개발자들의 개발 시작에 흥미를 잃을 수 있기 때문에 실무 위주 개발 교재를 위해 저자가 직접 개발하고 앱 스토어에 판매 되고 있는 어플리케이션을 예제를 삼아 누구나 쉽고 흥미롭게 개발에 매진할 수 있도록 하였다.

어플리케이션 개발만 했다고 실제 시장에 나가기는 힘들다. 관련 법규와 스토어에 효과적으로 등록 할 수 있는지 서술하였으며, 개발하면서 생겼던 여러 가지 문제점들의 노하우를 서술하여 개발자에게 어려움이 없도록 제작을 하였다.

이 책이 초기 개발자들에게 많은 도움이 되었으면 한다.

2013년 2월
저자 일동

차 례

별　　표

1. iOS 환경

1.1 iOS 개발 환경 구축

- 1.1.1 Xcode 설치

1.2 iOS 소개

- 1.2.1 모바일 운영체제
- 1.2.2 iOS 역사
- 1.2.3 iOS 구조

1.3 간단한 예제(Hello World 출력)

- 1.3.1 UI 구성
- 1.3.2 UI 명칭

1.1 iOS 개발 환경 구축

iOS개발에 있어 개발 환경 구축은 그리 힘들지 않다. 편집 툴, iOS SDK, Simulator까지 통합 환경으로 구성되어 있어 XCode라는 Mac OS용 Application만 설치하면 iPhone Application 개발 및 테스트까지 가능하다.

1.1.1 XCode 설치

XCode를 AppStore를 통해 설치해보도록 하겠다.

Dock 메뉴에 있는 앱스토어를 실행시킨다.

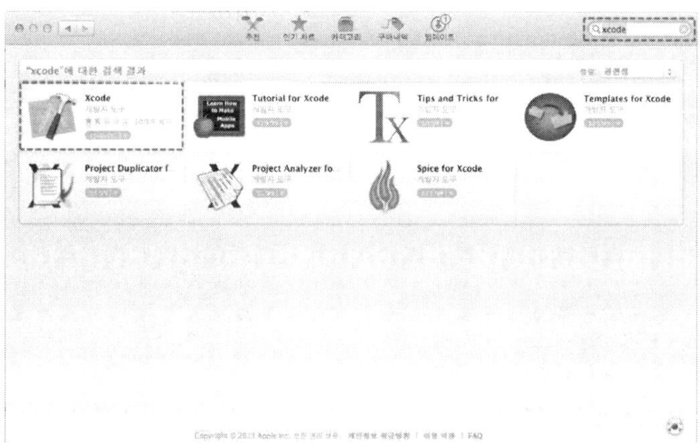

AppStore에서 XCode를 검색해 XCode 설치 버튼을 눌러 XCode 설치를 진행한다.

위 과정을 실행하면 별다른 어려움 없이 XCode를 설치할 수 있다. 이전에는 XCode와 iOS SDK를 각자 설치해야 했지만 지금은 XCode 한번의 설치로 iOS Application 개발 환경을 완료 할 수 있다.

1.2 iOS 소개

1.2.1 iOS 역사

2010년 아이패드발표 이전에는 아이폰 OS가 iPhone OS라는 명칭을 가지고 있었다. 그 이전에는 패드 종류는 생산하지 않았지만, 시간이 지나면서 패드 및 여러 가지 확장된 모바일 디바이스를 개발 및 발표하면서, 태블릿 및 스마트폰에 통합적으로 사용하는 SDK를 iPhone OS라는 특정한 디바이스를 연상시키는 이름으로 부르기에는 애플의 정책이 용납하지 않았을 것이다.. 그래서 모바일 기기들의 OS를 통칭 iOS라고 발표하였다.

이렇게 탄생된 iOS를 기반으로 가장 최근에 출시한 2가지 모델의 iPhone 4S와 5를 살펴 보도록 하겠다.

➡ iPhone 4S

iPhone 4S 모델 사진

iPhone 4S 모델의 스펙 및 특징

형태	바 타입 스마트폰
모델명	A1387
제조사	애플
통신규격	3 G HSDPA, GSM, CDMA
운영체제	iOS5
디스플레이	3.5인치 IPS TFT LCD (640×960), 330 ppi(레티나 디스플레이)
CPU	A5 1 GHz ARM Cortex-A9 듀얼코어 프로세서
RAM	512 RAM
카메라	800만 화소, Full HD(1080 p) 녹화
내장 메모리	16 GB, 32 GB, 64 GB
외장 메모리	외장 메모리 슬롯 미지원
외부 단자	애플전용 30핀, 3.5 mm오디오
크기	115,2×58.6×9.3 mm
무게	140 g
DMB	미지원
배터리	내장형, 1,420 mAh
특이사항	내장형 배터리, 아이폰4와 동일한 디자인

➡ iPhone 5

iPhone 5 모델 사진

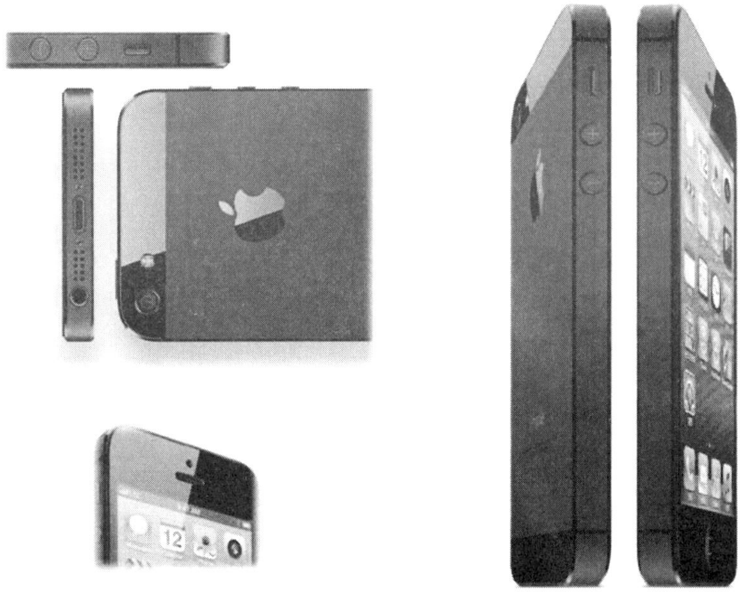

iPhone 5 모델의 스펙 및 특징

형태	바 타입 스마트폰
모델명	A1387
제조사	애플
통신규격	4 G LTE
운영체제	iOS6
디스플레이	4인치 IPS TFT LCD (640×1136), 326 ppi(레티나 디스플레이)
CPU	A6 1.2 GHz4×ARM Cortex-A15 쿼드코어 프로세서
RAM	1 GB RAM
카메라	800만 화소, Full HD(1080 p) 녹화
내장 메모리	16G B, 32 GB, 64 GB
외장 메모리	외장 메모리 슬롯 미지원
외부 단자	애플전용 8핀 라이트닝 커넥터, 3.5 mm오디오
크기	115,2 × 58.6 × 9.3 mm
무게	112 g
DMB	미지원
배터리	내장형, 1,440 mAh
특이사항	내장형 배터리, 아이폰4와 동일한 디자인

1.2.2 iOS 구조

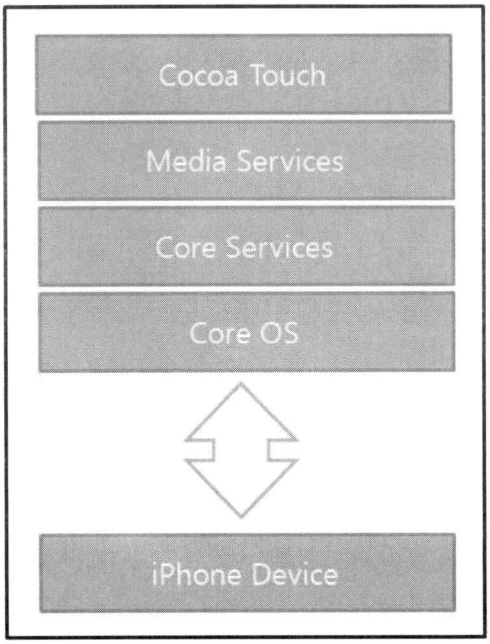

iOS는 좌측의 그림과 같은 구조로 이루어져 있다. iPhone Hardware 와 Core OS, Core Services, Media Services, Cocoa Touch로 이루어져 있다.

1) Core OS

iOS 스택에서 가장 아랫부분에서 하드웨어와 연결되어 있다. 하위 레벨의 네트워킹, 외부 액세서리 접근 등을 제공한다.

External Accessory 프레임 워크 : 액세서리 연결 통신 제공.

- System : 운영체제 커널과 디바이스 드라이버 관련 기능 제공.
- Security 프레임 워크 : 보안 관련 기능 제공.
- Accelerate 프레임 워크 : 하드웨어에 최적화 된 C 기반의 복잡한 연산 등을 담당

2) Core Service

- Core Services는 다른 계층의 기반을 제공하고, 아래와 같은 프레임워크로 구성되어 있다.
- 주소록 프레임 워크 : 아이폰 주소록 관련 제공

- EventKit 프레임 워크 : 달력과 알람을 제어할 수 있는 API 제공
- 코어 미디어 프레임 워크 : AV 파운데이션워크로 오디오 비디오 관련 작업제공
- CFNetwork 프레임 워크 : Tcp/Ip, HTTP, FTP, DNS, SSL 제공
- 코어 데이터 프레임 워크 : 구조화된 데이터 관련 작업 도움 제공
- 코어 파운데이션 프레임 워크 : 데이터 타입과 문자열 조작, XML 라이브러리를 포함한 C 기반
- 코어 텔레포니 프레임 워크 : 전화 관련 이벤트 수신 기능 제공

3) Media Service

오디오 및 그래픽 관련 기능을 제공한다.

- 코어 텍스트 프레임 워크 : 고급 텍스트 레이아웃 및 폰트 출력 기능의 C 기반의 API 제공
- 이미지 I/O 프레임 워크 : 이미지 데이터, 메타데이터 가져오기 및 내보내기 기능 제공.
- 코어 비디오 프레임 워크 : 비디오 버퍼링 기능 제공.
- 코어 이미지 프레임 워크 : 비디오 및 이미지 필터링 및 조작 기능 제공.
- Assets 라이브러리프레임 워크 : 저장되어 있는 영상및 사진파일 제어 기능 제공
- 코어 그래픽스 프레임 워크 : 경량화된 2차원 렌더링 엔진 제공.
- 코어 오디오 프레임 워크 : 오디오 파일의 재생, 녹음 및 스트림, 내장 오디오 처리장치 제어 등의 기능 제공
- 오픈 오디오 라이브러리 : 고음질 및 3D 오디오 효과 제공.
- 미디어 플레이어 프레임 워크 : mov, mp4, m4v, 3gp 포맷의 비디오 파일 재생 기능.
- 코어 Midi 프레임 워크 : 독 커넥터를 통해 연결된 MIDI 호환장비 제어 기능.
- iOS 오디오 지원 : AAC, Apple Lossless, A-lw, IMA/ADPCM/ Linear PCM, u-law, DVI/Intel IMA ADPCM, Microsoft GSM 6.10, AES3-2003의 오디오 포맷 지원
- OpenGL ES프레임 워크 : 작은 휴대기기를 위한 OpenGL 약식 규약인 OpenGL ES 제공

- 쿼츠 코어프레임 워크 : 아이폰 시각 효과 및 애니메이션 기본 제공
- NewSStandKit 프레임 워크 : 신문, 잡지 등을 통합, 관리
- GLKit 프레임 워크 : OpenGL ES의 오브젝티브-C 기반의 API 제공
- AV 파운데이션 프레임 워크 : 오디오 콘텐트의 재생, 녹음, 관리 기능

4) Cocoa Touch

Core Touch는 아이폰 Application 개발에 사용되는 대부분의 프레임워크 포함하고 있다.

- UIKit 프레임 워크
  (1) 유저 인터페이스 생성 및 관리
  (2) 멀티 태스킹
  (3) 무선 프린팅
  (4) 데이터 관리
  (5) 외부 디스플레이 연결
  (6) 파일 공유
  (7) 접근성
  (8) 터치 스크린 제스쳐
  (9) 블루투스 연결 등
- MapKit 프레임 워크 : 지도 관련 기능 제공.
- 푸시 노티피케이션 프레임 워크 : 애플리케이션 실행 여부에 관계없이 알림 제공.
- 메시지 UI 프레임 워크 : Email 및 메시지 전송 기능 제공.
- 주소록 UI 프레임 워크 : 주소록 연락처 정보를 접근해, 정보를 자여올 수 있다.

1.2.3 다른 모바일 운영체제 비교

iOS가 탑재된 스마트폰과 경쟁제품인 Androide 운영체제에 대해 비교분석을 하였다.

1) 모바일 운영체제

안드로이드는 무료 OS이기 때문에 개발자들이 자유롭게 이용할 수 있지만 구글사에서 1~2년에 한번씩 새로운 버전의 안드로이드를 출시함으로써 버전 호환성과 개발 툴의 변동에 의해 호환성의 문제로 개발자들은 간혹 곤혹을 치르기도 한다.

필자 역시 이러한 문제들로 의해 새로이 개발을 해야 되는 불편함을 경험해 본 결과 안드로이드의 역사에 따른 호환성과 메커니즘, 기능을 파악해야 그 상황에 따른 시간 단축을 할 수 있다.

먼저 모바일 운영체제에 대해 설명한다.

다음과 같이 모바일 운영체제에 대해 정의를 내릴 수 있다.

- 데스크탑이나 노트북등의 윈도우, 맥 OS, 리눅스와 같은 맥락
- 스마트폰, 개인 정보 단말기 (PDA), 태블릿 컴퓨터, 정보기기 (임베디드 시스템, 기타 모바일 장치)
- 종류로는;
  안드로이드(구글), 심비안(노키아), iOS(애플), 블랙베리 OS (RIM), 윈도우폰(MS)
  웹OS(리눅스, HP), 바다(삼성) 등

운영체제별 시장 점유율은 다음 표와 같다.

연도	심비안	안드로이드	RIM	iOS	마이크로소프트	기타 운영체제
2011	27.4%	36.0%	12.9%	16.8%	3.6%	3.3%
2010	37.6%	22.7%	16.0%	15.7%	4.2%	3.8%
2009	46.9%	3.9%	19.9%	14.4%	8.7%	6.1%
2008	52.4%	0.5%	16.6%	8.2%	11.8%	10.5%
2007	63.5%	N/A%	9.6%	2.7%	12.0%	12.1%

[출처 : 운영체제별 시장 점유율 현황, 가트너, 2011]

2) 안드로이드 대해

(1) 안드로이드의 역사

아래 표는 안드로이드의 역사에 대해 정리 하였다.

년 도	내 용
2005년 7월	구글 안드로이드사
2007년 11월 5일	OHA(개방형 휴대 전화 동맹), 리눅스 커널 2.6에서 빌드된 안드로이드
2008년 10월 21일	네트워크와 텔레폰 스택을 완전한 소스코드를 아파치 라이선스로 공개
2008년 12월 9일	아수스, 도시바 14개 멤버가 안드로이드
현재	중국산 보급형 태블릿 , 3 G, 와이파이 태블릿 .

(2) 안드로이드 코드명

구글사는 안드로이드 버전을 현재까지 7가지 버전을 선보였으며 현재 가장 많이 이용되고 있는 버전은 2.3버전 진저브레드로 안드로이드 개발을 할때 참고 하면 된다.

재미있게 안드로이드 버전 네임은 특이하게 사물의 이름과 음식이름을 붙여 유저들의 흥미를 유발시키며 각각의 버전마다 오류 수정 및 각각의 새로운 디바이스와 기능을 추가하여 더욱더 호환성을 좋게 하는 특징이 있다.

① 1.5 Cupcake (컵케이크)

- 2009년 4월 30일 배포
- 캠코더 모드를 통한 동영상 녹화 및 재생
- 전화를 통한 유튜브로의 피카사로의 그림업로드
- 문자 예측 기능을 제공하는 새로운 소프트 키보드
- 블루투스 A2DP 및 AVRCP 지원
- 일정 거리 안에서 블루투스 헤드셋으로의 홈 화면을 띄울 수 있는 새로운 위젯과 애니메이션 화면 효과

② 1.6 Donut (도너츠)

- 2009년 9월 15일 배포
- 개선된 안드로이드
- 카메라, 캠코더, 갤러리 인터페이스 내장
- 갤러리는 사용자가 여러 장의 사진을 삭제할 수 있게 함
- 전화 접속 연결을 포함하는 더 빠른 응답과 기본 응용프로그램과 심화된 통합이 업데이트된 보이스 검색
- 업데이트된 검색 체험을 통해 즐겨찾기, 열어본 사이트 목록, 연락처, 웹을 홈화면 으로부터 검색 할 수 있음
- CDMA, EVDO, 802.1 x, VPNs, 제스처, 문자열 음성 변환 엔진 기술 지원 업데이트
- WVGA 화면 해상도 지원
- 검색과 카메라 애플리케이션의 속도 향상

③ 2.0/2.1 Eclair (이클레어)

- 2009년 10월 26일 배포
- 하드웨어 속도 최적화
- 더 많은 화면 크기 및 해상도 지원
- 개편된 사용자 인터페이스
- 새로운 브라우저 UI와 HTML5 지원
- 새로운 연결 목록
- 배경을 위한 더 나은 흑백 비율
- 구글 맵 3.1.2의 향상
- 마이크로소프트 익스체인지
- 카메라를 위한 내장 플래쉬
- 디지털 줌
- 멀티 터치 이벤트를 추적하는 모션 이벤트 클래스
- 개선된 가상 키보드
- 블루투스 2.1
- 라이브 배경 화면

④ 2.2 Froyo (프로요)

- 2010년 5월 20일 배포
- 추가적인 안드로이드 OS의 속도, 메모리, 성능 최적화
- 추가적인 응용 프로그램 속도 개선(JIT 컴파일 이용)
- 크롬이 VS 자바스크립트 엔진 지원 브라우저 애플리케이션으로 통합됨
- 마이크로소프트 익스체인지 (보안 정책, 자동 복구, GAL 검색, 일정 동기화, 원격 와이핑)
- 폰과 USB 테더링 와이파이 핫스팟
- 일괄 및 자동 업데이트 기능을 포함한 마켓 응용 프로그램 지원
- 여러 키보드 언어와 해당 언어 사전들 간의 빠른 전환
- 블루투스를
- 브라우저 애플리케이션에서 파일 업로드 필드의 지원
- 확장 메모리에 응용 프로그램 설치 지원
- 어도비 플래쉬 10.1 지원

⑤ 2.3 Gingerbread (진저브레드)

- 2010년 12월 6일 배포
- UI 단순화 및 성능 개선
- 텍스트 입력 및 선택 개선 : 가상 키보드 재구성, 멀티터치 활용한 Shift 키 기능, 단어 선택을 위한 큰 커서 도입 등
- 적극적인 전원 관리 수행
- 향상된 Application 관리
- 인터넷 전화 지원(SIP)
- NFC(영어 : near-field communication) 지원
- 다운로드 관리
- 자이로스코프, 회전 벡터, 선형 가속, 중력, 기압계 센서에 대한 지원 추가
- OpenSL ES의 소프트웨어 구현 제공 : 오디오 출력 기능 향상
- 게임을 위한 성능 향상
- 달빅 머신의 가베지 콜렉터
- 빠른 입력 이벤트 전달
- 서드 3 D 성능 개선
- 네이티브
- 직접 입력/센서 이벤트 수신
- EGL 라이브러리에 직접 접근
- NativeActivity 구현
- Asset/Storage Manager 접근
- NDK 향상
- 다양한 오디오 효과를 조합해 쓸 수 있게 배려 : 이퀄라이저, 베이스 강화 등
- 새 코덱 지원, 다수 카메라 제어 가능하도록 카메라 API향상 오픈코어를 대처하는 새 미디어프로엠워크
- 달빅 가상 머신 개선
- 구글 토크에 화상대화 기능 도입

⑥ 3.0 Honeycomb (허니콤보)

- 2011년 2월24일 배포
- 태블릿 PC에 최적화 된 UI 지원
- 새로운 시스템 바, 액션 바, 최적화된 홈 스크린 화면
- 태블릿에 최적화된 가상 키보드
- 드래그 앤 드롭 기능으로 더 쉽게 개선된 글 복사 기능
- 새롭게 구성된 카메라/캠코더
- 새롭게 디자인 된 위젯을 3차원 데스크톱 화면
- 개선된 멀티 태스킹
- 인터넷 브라우저의 개선
- 개선된 탭 기능
- 개선된 자동 형식 완성 기능
- 프라이버시 브라우징
- 구글 계정에 구글 북마크 목록 동기화 지원
- G토크를 이용한 영상통화 지원

⑦ 4.0 Icecream sandwich (아이스크림샌드위치)

- 2011년 10월 19일
- 하드웨어 버튼의 삭제
- 폰트 추가
- 폴더 인터페이스 개선
- 강화된 음성 인식
- 얼굴 인식 잠금해제
- 웹브라우저 - 탭브라우징, 북마크 동기화
- Gmail 앱 - 제스쳐 조작 , 오프라인 모드
- 데이터 사용량 추적
- 진보된 카메라 앱 - 제스쳐 조작, 오프라인 모드
- NFC를 이용한 안드로이드

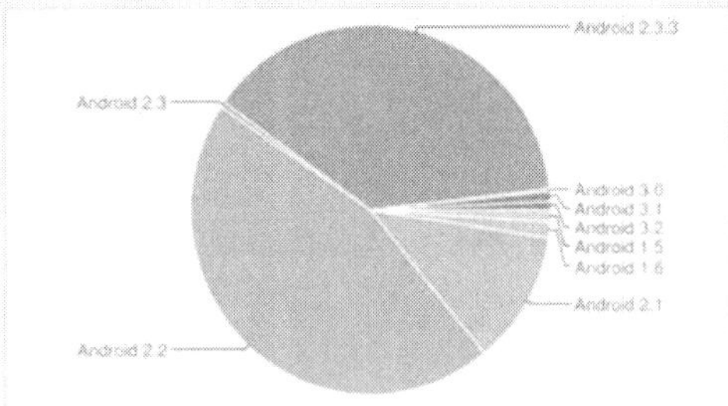

Platform	Codename	API Level	Distribution
Android 1.5	Cupcake	3	1.1%
Android 1.6	Donut	4	1.4%
Android 2.1	Eclair	7	11.7%
Android 2.2	Froyo	8	45.3%
Android 2.3 - Android 2.3.2	Gingerbread	9	0.5%
Android 2.3.3 - Android 2.3.7		10	38.2%
Android 3.0	Honeycomb	11	0.2%
Android 3.1		12	0.9%
Android 3.2		13	0.7%

Data collected during a 14-day period ending on October 3, 2011

(3) 버전 사용 비율

2011년 10월 3일 이전 14일 동안 안드로이드 마켓에 접속한 비율

(4) 구성 및 특징

- 커널 : 리눅스
- 그래픽 엔진 : Open GL의 휴대기기용 버전인 오픈 GL ES를 채택
- 폰트 : 프리타입
- 웹 렌더링 : 웹킷
- 보안 모듈 : SSL
- 개발 환경 : 이클립스와 이클립스에 ADT(안드로이드) 사용 권장

(5) 안드로이드 지원 센서

G 센서	조도센서
지자기 센서	근접 센서
방향 센서	온도감지 센서
압력 센서	

1.2.4 안드로이드 구조 및 특징

1) 안드로이드의 구조

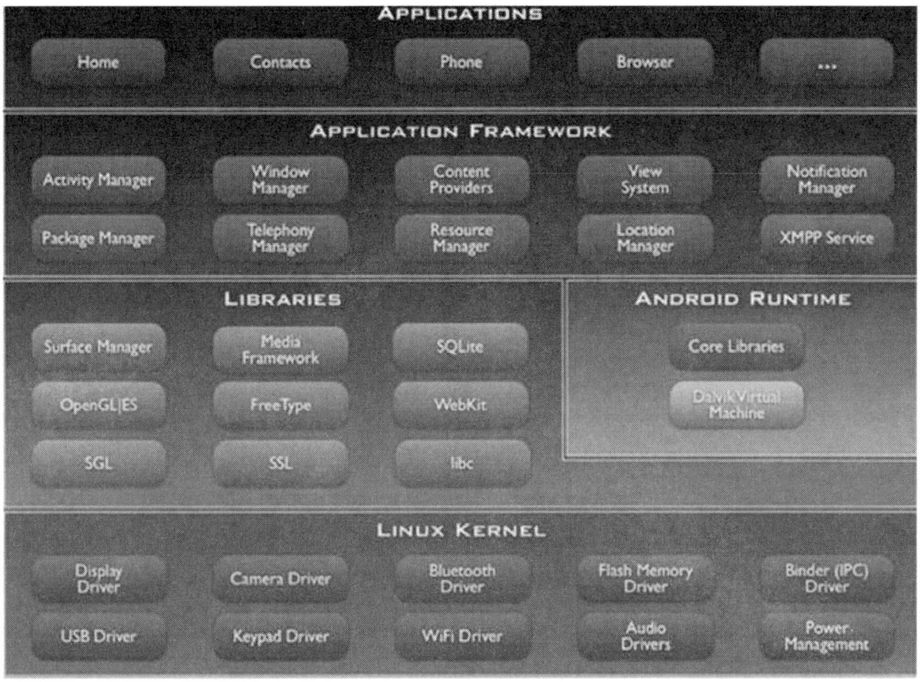

(1) LINUX KERNEL

- H/W와 내부 메모리 관리, 프로세스 관리, 네트워킹 관리 등을 담당

(2) LIBRARIES

- C, C++로 구성된 Laybrary 계층
- 핸드폰에 사용되는 H/W를 사용하기 위한 기능을 제공
- 안드로이드에서 Java Application을 동작 시키기 위한 Runtime 인 Dalvik VM이 위치

(3) APPLICATION FRAMEWORK

- 안드로이드 Application을 작성하기 위해 필요한 기능들을 제공

(4) APPLICATIONS

- 최상위 Application 계층
- Application 들이 배포되는 계층
- 개발자가 애플리케이션을 배포하면 여기에 포함되며 기본적으로 설치된 구글의 애플리케이션과 동등한 위치를 가짐

2) 안드로이드의 장점

- 단순하며 강력한 SDK
- 라이선스, 배포 무료
- 다양한 플랫폼에서 개발 가능
- 개발 자료 문서화
- 다양한 개발자 커뮤니티
- 스마트폰 이외의 각종 통신가능 장비에 탑재

3) 안드로이드의 단점

- SDK의 빈번한 업그레이드로 인한 불안전성,
- 개발툴의 버그
- 기기 제조사 및 통신사의 필요에 의한 OS 변경 → 호환성 문제
- 보안의 취약성

4) 안드로이드를 사용하는 이유

- 단말기 제조사
  - 기기는 제작했으나, 컨텐츠 개발이 부담
- Application 프로그래머
  - 단말기에 종속되지 않음
  - SDK 및 개발툴 무료 배포
  - 구글의 기술 지원
  - 스마트 폰 이외의 다양한 활용
- 사용자
  - 다양한 단말기
  - 다양한 위젯으로 화면 구성 변경 가능
  - 자유로운 이동통신사 선택

1.3 국내 안드로이드 전용 스마트폰 소개

1.3.1 스마트폰 OS

구분	회사명	OS명
1	Apple	iOS
2	Google	Android
3	RIM	BlackBerry OS
4	Nokia	Symbian
5	Microsoft	Windows phone 7
6	Samsung	바다

전세계적으로 많이 사용하고 있는 스마트폰 OS를 위의 표와 같이 5가지 종류이며 구글사에서 제작한 안드로이드 OS가 가장 많이 사용되고 있다.

1.3.2 안드로이드 제작 회사

전 세계적으로 안드로이드 스마트폰 제조업체는 총 8개 업체이다.

1.4 간단한 예제 (Hello World 출력)

새로운 플랫폼에 접근할 때 프로그램 전체 빌드과정을 확인해 보기 위해, 화면에 Hello World를 출력해 보는 것이 일반적이다. 이제부터 Simulator에 Hello World라는 문장을 표시하기 위한 과정을 알아보도록 하겠다.

1.4.1 프로젝트 생성

이 책에서 개발을 진행할 XCode란 프로그램을 실행시켜 보겠다. 프로젝트 생성을 위해 프로그램을 실행시켜 보도록 하겠다. 프로그램을 실행하기 위해

맥 OS의 하단 혹은 우측에 위치해 있는 Dock에서 점선 안의 아이콘을 클릭한다.

혹은 Dock 에 다음과 같은 아이콘이 없을 시,

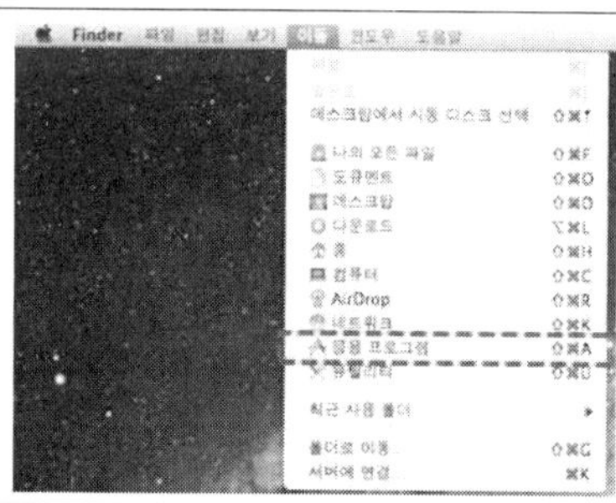

바탕화면 클릭 후 화면 상단에 이동 탭 메뉴에서 응용 프로그램을 실행한다. 그 중 Xcode 아이콘을 실행시킨다.

처음 XCode를 실행하면 다음과 같은 창을 볼 수 있다. 창 왼쪽의 메뉴 ① 은 새로운 프로젝트를 생성하는 메뉴이다. ② 은 다른 저장소에 있는 프로젝트를 불러 올 때 사용하는 메뉴이다. ③ 은 User Guide를 통해 Xcode에 대해 알아보는 메뉴이고, ④ 은 웹브라우저를 통해 Apple Development Portal로 이동하는 메뉴이다. ⑤ 은 최근 작업한 프로젝트 리스트로서, 리스트를 클릭하면 해당 프로젝트로 이동한다.

2장에서는 View 와 관련된 컨트롤에 대해 알아보는 장이므로, 새로운 프로젝트를 만들어 보도록 하겠다. Create a New Xcode project 메뉴를 클릭해 새로운 프로젝트를 만들어 보자.

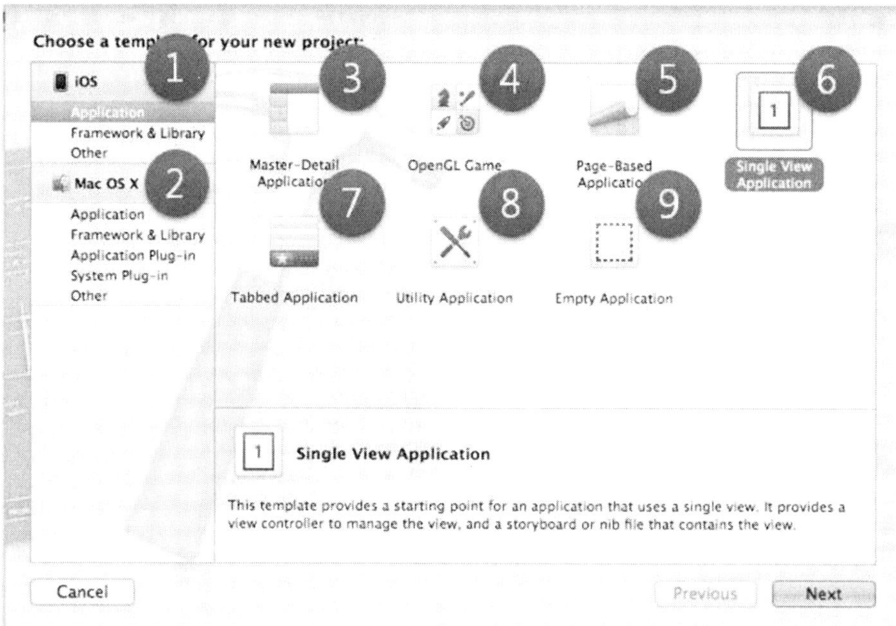

다음 화면에서는 어떤 프로젝트를 생성할 것인지 물어보는 창이 나타난다. Xcode는 Mac Application과 iOS Application을 개발하는 툴이므로 창의 왼쪽에는 iOS혹은 Mac OS X에 관련된 내용을 선택할 수 있다. 우리는 iOS와 관련된 Application을 개발할것이기 때문에 ❶의 Application 메뉴를 선택한다. iOS의 Application 메뉴를 선택하면 우측에 미리 가이드로 생성할 수 있는 여러 종류의 템플릿 종류가 보인다. ❸은 이전 버전에서 'Navigation-based Application'이 변경된 템플릿으로 NavigationController 와 TableView(추가, 삭제)이 포함되어 있다. ❹은 OpenGL을 통해 게임을 개발 할 수 있는 템플릿이다. ❺은 뷰 이동을 책 페이지 넘기는 것과 같은 효과를 주는 템플릿이다. ❻은 하나의 화면을 구성할 수 있는 Xib 파일과 ViewController의 Header파일(.h)과 구현파일(.m)을 기본적으로 생성한다. ❼은 탭이 하단에 포함되어 있는 템플릿이다. ❽ 은 페이지의 도움말을 보여주는 템플릿이고, ❾ 은 ViewController를 제외한 iOS Application을 구성하는데 가장 기본적인 요소만을 포함하고 있는 템플릿이다.

XIB Builder에서 뷰를 하나씩 추가하면서 뷰와 관련된 내용과 기타 내용을 알아볼 것이므로 ❻ 번 Single View Application을 선택해 진행해 보겠다.

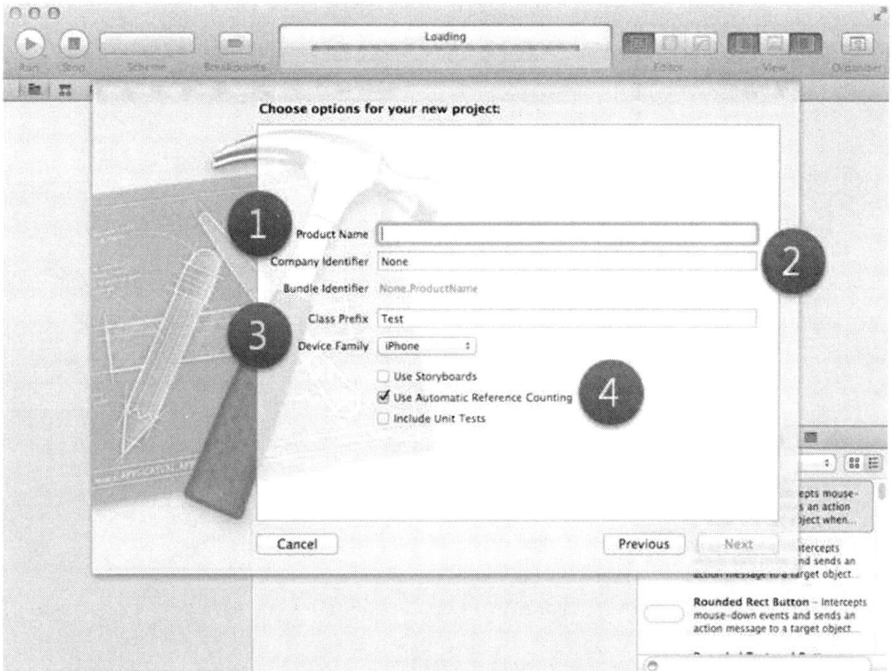

(1) 의 Product Name에 Application에 사용할 이름을 입력한다. (2) 의 Company Identifier는 고유의 Package Name으로써 회사 웹사이트 URL의 역순을 사용한다. 이 프로젝트는 기기테스트는 하지 않을 것이기 때문에 None으로 입력한다. (3) 의 Class Prefix는 프로젝트에서 만들어지는 클래스의 접두사로 사용된다. (4) 의 Use Storyboard는 새로 추가된 Storyboard 사용 여부이고, Use Automatic Reference Counting은 Objective-C에서 제공하는 자동 메모리 관리 기능 사용 여부이다.

필요한 내용을 입력하고 Next를 클릭한다.

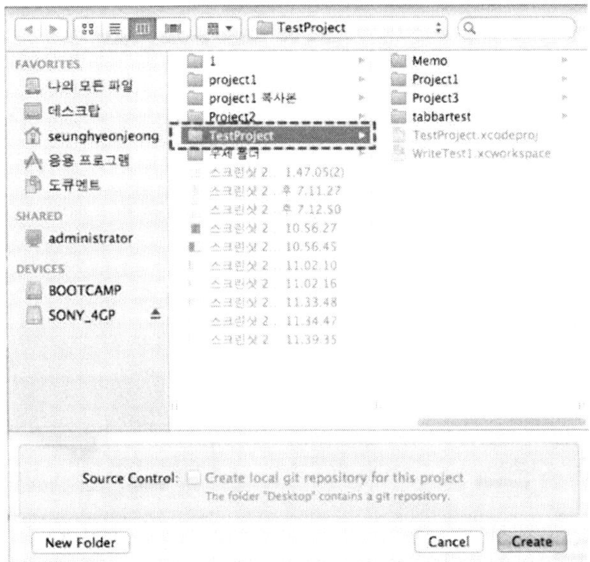

Next를 클릭하면 프로젝트를 생성할 위치를 선택하는 창이 생성된다. 창을 생성하고 싶은 위치를 선택하고 Create 버튼을 누른다.

프로젝트 생성에 관련된 내용을 모두 입력했으므로 아래와 같은 화면이 보이면서 Xcode가 실행된다.

1.4.2 XCode UI 설명

Xcode 화면 구성에 대해 한부분씩 살펴보도록 하겠다.

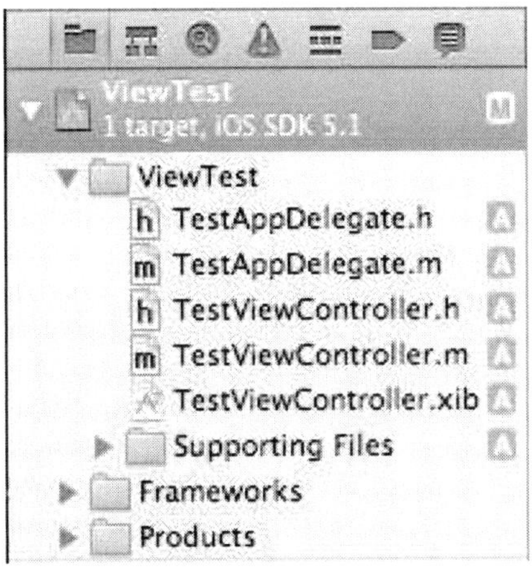

화면 좌측에 프로젝트 내비게이터가 보인다. 화면의 상단은 여러 가지 탭으로 구성되어 있다. Frameworks 폴더 안에는 프로젝트가 참조하는 프레임워크(라이브러리)들을 담고 있는 폴더이다. Products 폴더에는 이 프로젝트가 생성한 번틀 Application을 담고 있는 폴이다. 두 번째 탭은 Symbol navigator로서 클래스를 구성하고 있는 오브젝트들을 보여준다. 세 번째 탭은 Search Navigator로서 프로젝트 내용에 포함된 내용을 특정 단어를 검색할 수 있다. 네 번째 탭은 Issue Navigator로, Compiler error 등을 보여준다. 5번째 탭은 Debug Navigator이고, 6번째 탭은 Breakpoint navigator로 Break Point 지정 위치를 보여준다. 7번째 탭은 Log Navigator로 Compiler issue와 열려있는 프로젝트의 Log 내용을 보여준다.

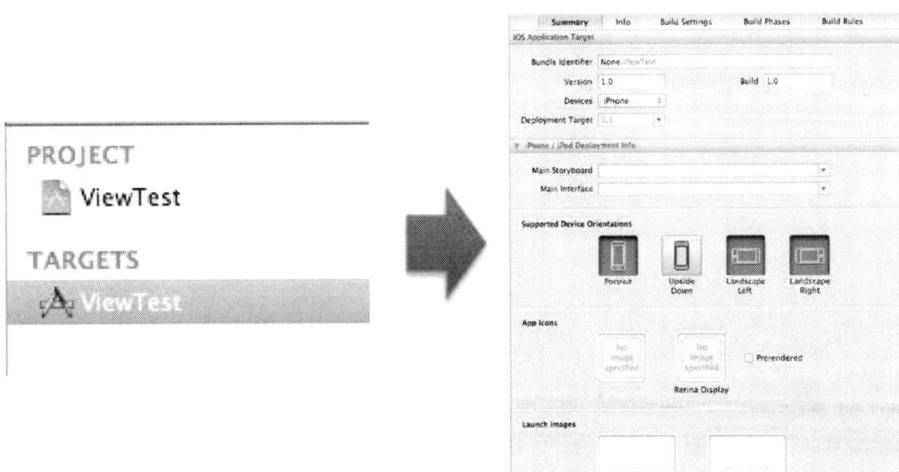

Editor Area 의 좌측에 Project와 Targets 설정에 대한 창이 있다. 해당 탭을 누르면 설정할 수 있는 창이 보인다.

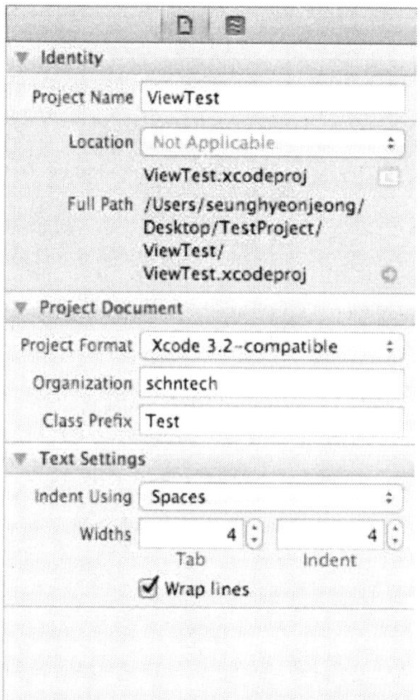

Editor Area 우측에는 Utility Area가 있다. Utility Area 중 상단에는 Inspector pane가 위치해 있다. 이 창은 선택한 내용에 대한 설정 내용이 담겨있다. Interface Builder 파일과 설정 파일에 관한 내용을 변경하고 싶은 경우 이 bar에서 변경 가능하다.

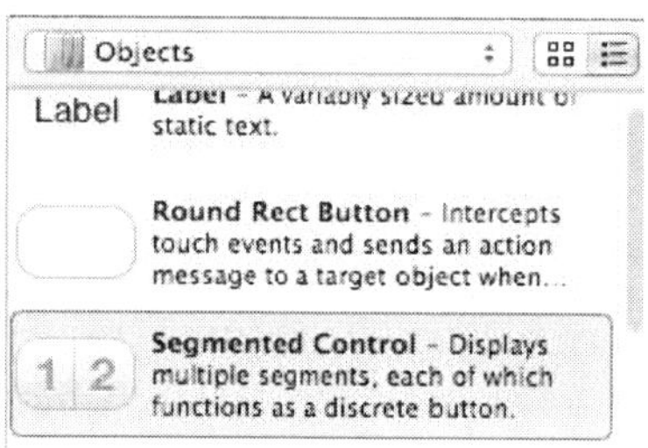

Inspector selector bar 하단에는 Library pane이 있다. UI 관련 라이브러리, 코드 템플릿 라이브러리, 파일추가 템플릿 라이브러리등으로 구성되어 있다.

Inspector selector bar 상단에는 화면 구성을 바꿀 수 있는 버튼 모음이 있다. ① 은 Standard Editor를 보여주는 버튼이고, ② 은 Standart Editor를 포함해 Assistant Editor를 추가로 보여주는 버튼이다. ③ 은 Version Editor이다.

④ 은 Navigater Area Show/Hidden 버튼이고,
⑤ 은 Debug Area Show/Hidden 버튼이다.
⑥ 은 Editor Area Show/Hidden 버튼이다.
⑦ 은 Organizer Show/Hidden 버튼이다.

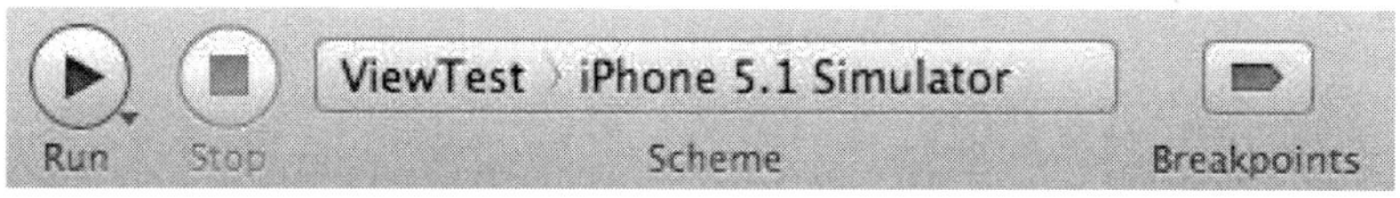

Emulator 및 Device에 Application 실행 및 정지 버튼과 실행 기기 선택 창이 화면 좌측 상단에 있다.

UIControl을 Interface Builder에 추가해 보기 위해 Project Navigator탭에 생성되어 있는 파일 중 .xib 확장자 파일을 가지고 있는 파일을 선택하면 아래와 같은 화면을 볼 수 있다.

위 화면에서 Library pane에서 Object 라이브러리 중 Label을 찾아 iPhone 화면과 같은 우측 창에 Drag & Drop 한다. Drop 된 Label을 클릭하고 우측에 Inspector pane의 속성 창 중 Attributes inspector 탭을 선택한다.

Text 부분을 Hello World! 로 수정한 후 Run 버튼을 눌러보자.

* 실행화면

위 화면과 같이 Hello World!가 시뮬레이터 위에 출력된 것을 확인 할 수 있다.

➡ **이번장에서는** XCode UI구성에 대한 전반적인 내용을 알아보았고, 시뮬레이터에 Hello World를 출력해 보았다.

2. 프로젝트 – View

2.1 Project 1

2.1.1 Label (UILabel)

1장에서 생성한 Label에 대한 속성을 변경해보도록 하자.

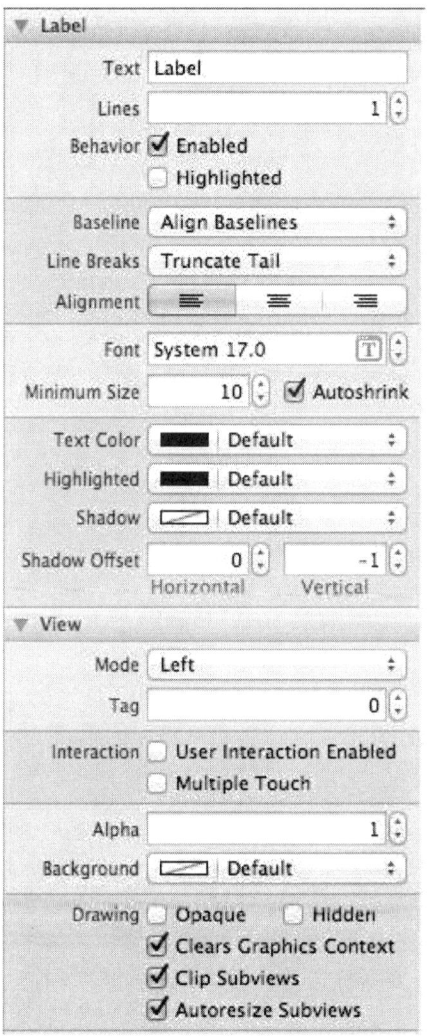

Text : Label에 보여질 텍스트
Lines : 텍스트 표현 Line 수
Behavior
- Enabled : 활성화 여부
- Highlighted : Text 선택시 강조효과 여부 선택

Baseline :
Line Breaks : 중간 생략할 위치 설정
Alignment : Text 가로축 정렬 속성
Font : 폰트 종류 및 사이즈 설정
Minimum Size :
Text Color : Normal 상태시 Text Color
Highlighted : 현재 오브젝트 선택시 Text Color
Shadow : Text 그림자 효과 선택
Shadow Offset
- Horizontal : Text 그림자 효과 가로 이동
- Vertical : Text 그림자 효과 세로 이동

Mode :
Tag : 객체를 구별하기 위한 숫자 아이디
Interaction
- User Interaction Enabled : 입력 활성화 여부
- Multiple Touch : 멀티 터치 허용 여부

Alpha : 투명도 설정 0(투명) ~ 1(불투명)
Background : 백그라운드 Color 설정
Drawing
- Opaque : 백그라운드 불투명 여부
- Hidden : 숨기기 여부
- Clears Graphics Context :
- Clip Subviews : 부모뷰를 벗어날 경우 삭제 여부
- Autoresize Subviews : SubView 자동 크기 조절

하나씩 뷰를 확인하면서 공통된 속성은 재확인하지 않도록 하겠다.

UI Object를 생성하는 방법은 Interface Builder에서 생성하는 방법과 Code에서 생성할 수 있다. 일단 이번장에서는 Interface Builder에서 UI Object를 생성하고 Code 상에서 참조하는 방식을 사용하겠다.

일단 이번 장에서는 Code상에서 UILabel의 Text 속성을 변경해 보는 것을 목표로 하겠다.

Interface Builder에서 만든 UI Object를 Code에서 참조하기 위해 Code 수정을 해보도록 하겠다. 좌측의 Project Navigator에서 TestViewController.h 파일을 선택한다.

TestViewController.h

```
#import <UIKit/UIKit.h>

@interface TestViewController : UIViewController
{
    UILabel *myLabel;
    UITextView *myTextView;
}
@property (strong, nonatomic) IBOutlet UILabel *myLabel;
@property (strong, nonatomic) IBOutlet UITextView *myTextView;

-(IBAction)hideKeyboard:(id)sender;

@end
```

Header 파일에서 입력이 끝났으면 같은 이름을 가지고 있는 확장자가 .m인 구현파일을 선택한다. 아직 버튼 사용을 해보지 않았으니 View가 처음 로드될 때 실행되는 Method 안에 Label의 텍스트를 변경하는 Method를 넣어보겠다.

TestViewController.m

```
#import "TestViewController.h"

@interface TestViewController ()

@end

@implementation TestViewController
@synthesize myLabel, myTextView;
- (void)viewDidLoad
{
    [super viewDidLoad];

    [myLabel setText:@"Text changed!"];
        // Do any additional setup after
    //loading the view, typically from a nib.
}

- (void)viewDidUnload
{
    [super viewDidUnload];
    // Release any retained subviews
    //of the main view.
}

- (BOOL)shouldAutorotateToInterfaceOrientation:
(UIInterfaceOrientation)interfaceOrientation
{
    return (interfaceOrientation
            != UIInterfaceOrientationPortraitUpsideDown);
}

@end
```

이제 구현파일 입력까지 끝났으니 Interface Builder에서 생성한 Label과 .h 파일에서 선언한 UILabel과 연동 시켜 보도록 하겠다.

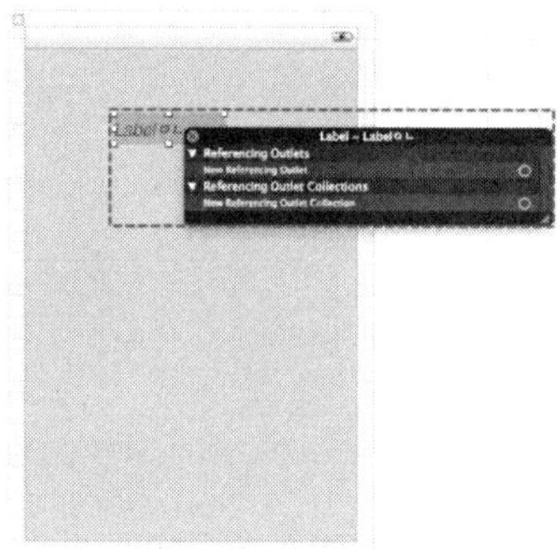

Drop한 Label을 선택후 마우스 우클릭

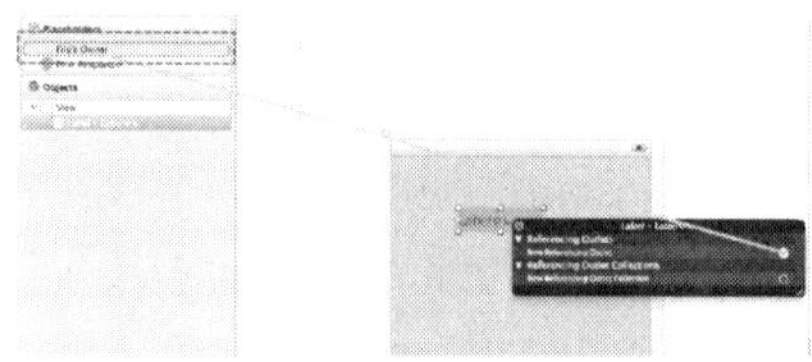

New Referenceing Outlet 항목을 마우스 좌클릭 후 드래그 해 File's Owner 로 Drop

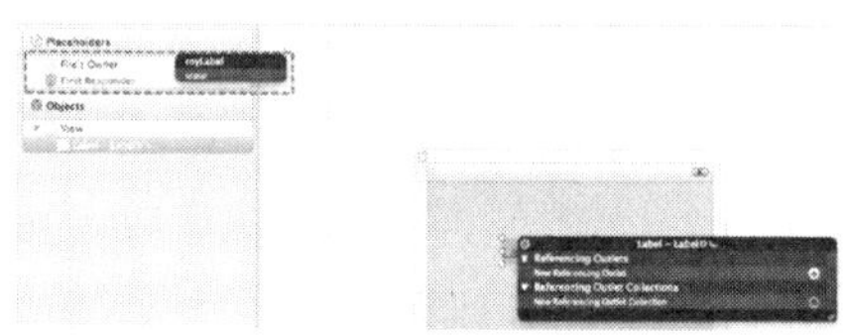

Header 파일에 추가한 Outlet 변수가 나타나면 클릭

UI Object와 myLabel이란 Outlet 변수 연결

이제 모든 입력을 다 했으니 실행을 시켜 보겠다. 왼쪽 상단의 Run 버튼을 클릭한다.

* 실행화면

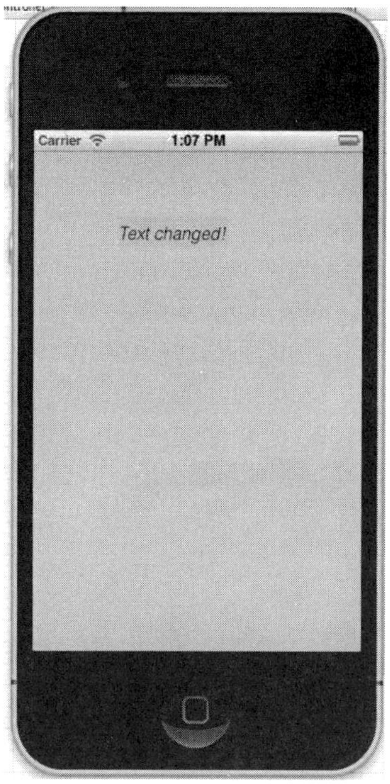

위 화면과 같이 뷰가 로드되는 동시에 텍스트가 바뀌는 것을 볼 수 있다.

➡ 이번장에서는.........

UILabel 속성을 변경해보았고, IBOutlet 변수와 Interface Builder에서 만든 오브젝트 연결하는 방법등을 알아보았다.

※ Tips

➛ 오브젝트 Method 호출

자동으로 생성된 TestViewController.m 파일을 보면 UIViewController 의 Instance Method가 몇 가지 자동으로 Override된 Method를 볼 수 있다. 아래 함수는 그 중 하나로, 화면 회전시 호출되는 Method이다.

```
- (BOOL)shouldAutorotateToInterfaceOrientation:(UIInterfaceOrientation)interfaceOrientation
```

```
{
    return (interfaceOrientation != UIInterfaceOrientationPortraitUpsideDown);
}
```

- Instance Method와 Class Method

  Class Method는 객체 생성을 하지 않고도 호출할 수 있는 메소드이다. Objective C에서는 NSObject를 확장함으로써 NSObject에 포함된 Class Method 인 alloc Method를 사용해서 객체 생성을 한다. 이러한 Method를 Class Method라고 한다.

  Instance Method는 객체가 가지는 기능들로, 객체가 생성된 후 사용할 수 있는 Method이다.

  이 Method를 구분하는 방법은 함수의 첫 부분에 표시된 -, +로 구분할 수 있다.

- Return 값

  기본적으로 Objective c Method 들은 오브젝트를 Return할 수 있다.

  Method에서 Return 값을 지정하는 방법은 Instance, Class 메소드를 구분짓는 +,- 기호 다음에 괄호 안에 Return형을 넣어 표시한다.

- Method 인수

  Return 값 다음에 선언하여 사용할 수 있다. 처음 Method 이름을 선언하고 콜론으로 인수와 Methd이름을 구분짓는다. 콜론 다음에 괄호안에 인수 형 선언 후 인수 이름을 선언한다

  . 위 Method에 대입하면 shouldAutorotateToInterfaceOrientation 이 Method 이름이고, (UIInterfaceOrientation)이 Method 인자 형이다. interfaceOrientation은 인자 이름이다. 인자를 여러 개 입력 받고 싶으면 한칸 띄우고 같은 방식으로 입력한다.

자동 생성 접근자 메서드

getter와 setter를 자동으로 생성할 있는 기능을 Object-C 2.0부터 지원한다. @property 지시어를 사용하여 인스턴스 변수를 사용하고, Objective-C Compiler에서 getter와 setter를 자동으로 생성해주도록

구현파일에서 @synthesize 지시어를 사용하여 선언해 줘야 한다.

2.1.2 TextView (UITextView)

UILabel에서의 Multiline지원의 복잡함 때문에 iOS에서는 다른 Text에 관련된 View를 지원한다. 이 TextView는 많은 Text를 입력할 경우 Scroll도 지원해 사용자가 긴 텍스트를 한정된 공간에서 표현하고 싶을 때 유용하게 쓰인다. 2.1.1장에서 생성한 프로젝트의 .Xib파일에 같은 방법으로 TextView를 Drag

& Drop 한 후 설정을 살펴보겠다.

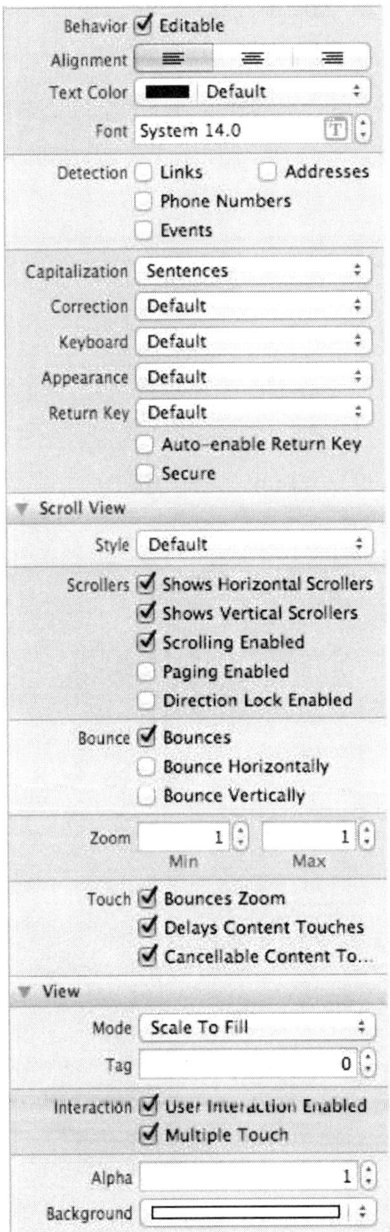

Detection
- Links : Text중 Links 링크 지원
- Addresses : Text중 주소 링크 지원
- PhoneNumbers : Text중 전화번호 링크 지원
- Events : Text중 Events 링크 지원

Capitalization :

Correction : Text 입력시 단어 자동완성 기능

Keyboard : 내용 편집시 나타나는 소프트 키보드 종류

Appearance : 내용 편집시 키보드 나타나는 방식

Return Key :

Auto-enable Return Key :

Secure :

Style :

Scrollers
- Shows Horizontal Scrollers : 가로 스크롤바 보여줌 여부
- Shows Vertical Scrollers : 세로 스크롤바 보여줌 여부
- Scrolling Enabled : 스크롤 활성화 여부
- Paging Enabled :
- Direction Lock Enabled :

Bounce
- Bounces : 스크롤 이동시 Bounce 활성화 여부
- Bounce Horizontally : 스크롤 이동시 가로 Bounce 활성화 여부
- Bounce Vertically : 스크롤 이동시 세로 Bounce 활성화 여부

Zoom
- Min :
- Max :

Touch
- Bounces Zoom :
- Delays Content Touches :
- Cancellable Content Touches :

위에서 TextView의 속성에 대해서 알아보았다. 그런데 TextView의 Text를 편집하고 난 후 나타난 Soft Keyboard를 숨길 수가 없다. 현재 상황에서는 특별한 기능을 위해 동작하는 것이 아니기 때문에 상관없지만 나중을 위해 백그라운드를 터치했을때 키보드를 숨기는 기능을 구현해 보도록 하겠다.

일단 Header 파일과 구현파일에 UITextView를 이전과 같은 방법으로 추가한다.

TestViewController.h

```
.....
    UILabel *myLabel;
    UITextView *myTextView;
}
@property (strong, nonatomic) IBOutlet UILabel *myLabel;
@property (strong, nonatomic) IBOutlet UITextView *myTextView;

-(IBAction)hideKeyboard:(id)sender;
.........
```

TestViewController.m

```
...........
@implementation TestViewController
@synthesize myLabel, myTextView;
............
- (BOOL)shouldAutorotateToInterfaceOrientation:
(UIInterfaceOrientation)interfaceOrientation
{
    return (interfaceOrientation
            != UIInterfaceOrientationPortraitUpsideDown);
}

-(IBAction)hideKeyboard:(id)sender
{
    [myTextView resignFirstResponder];
}
..........
```

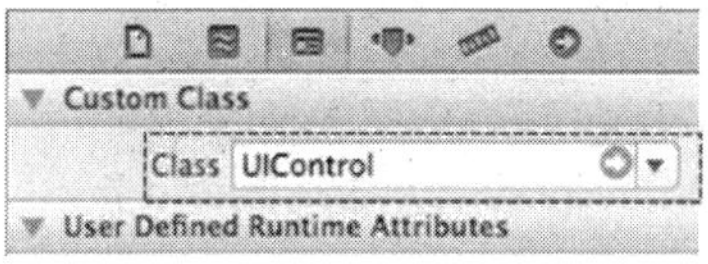

Interface Builder 좌측의 Objects의 최상단 View를 선택후 우측의 Inspector pane에서 Identity inspector를 선택 후 Custom Class에 UIControl 입력

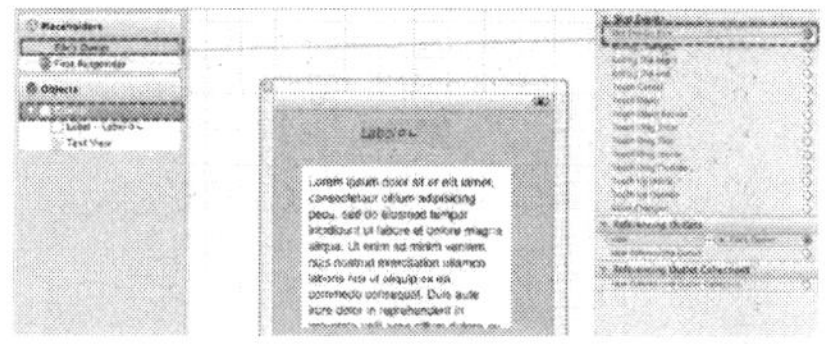

Connections inspector에서 좌클릭 후 Drag 해 File's Owner 에 Drop

미리 작성해 놓은 hideKeyboard를 선택

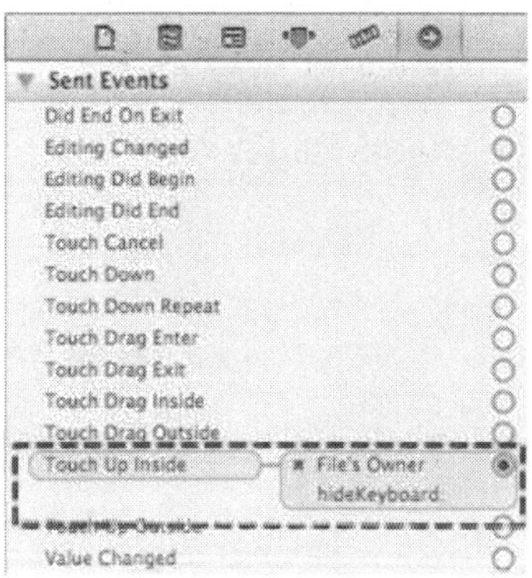

UIObject를 눌렀다 뗏을 때 발생하는 이벤트가 발생했을 때 hide Keyboard 메소드 호출

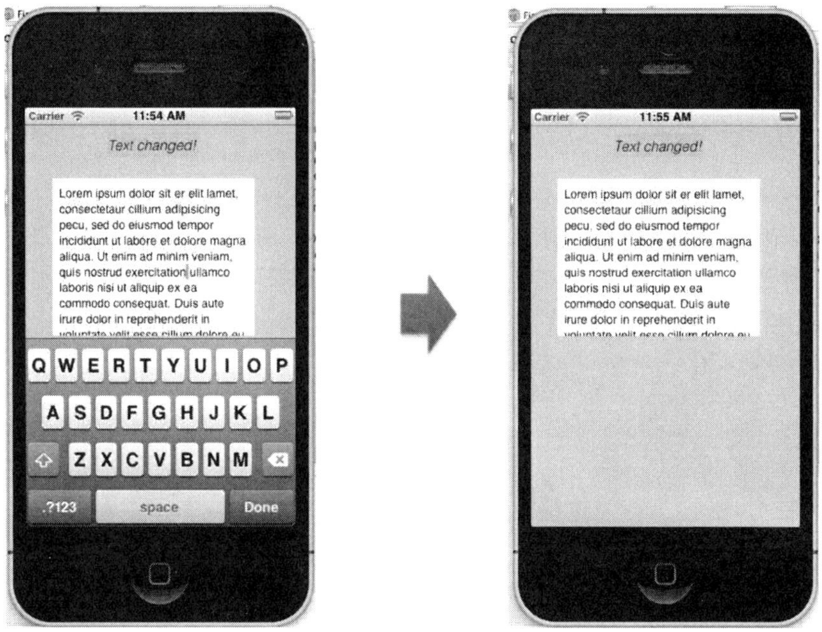

위와 같이 회색의 백그라운드 View를 Touch up 하면 Softkeyboard가 사라지는 것을 볼 수 있다.

➡ 이번장에서는.........

UITextView 속성을 변경해보았고, 화면을 터치 했을때 키보드가 사라지는 방법을 구현해 보았다.

※ Tips

➛ MVC (Modal View Controller) 란?

Modal View Controller 디자인 패턴은 데이터 처리와 로직을 담당하는 코드와 View를 표현하는 코드를 분리하는 것이다. 객체 지향 프로그래밍 기법이 보편화 이전에는 로직과 데이터 처리 코드에 UI 처리 코드가 하나에 묶여 있어 유지보수가 상당히 힘들었다.

MVC 디자인의 핵심은 Application에서 사용되는 데이터 캡슐화 기능 (Model), User Interface를 표현 및 관리하는 역할을 담당하는 기능 (View), 기본적인 Application 로직 처리를 하며 View의 입력을 받아 Model Data를 Update하고, Model Data 갱신에 따라 View를 Update하는 기능(Controller) 으로 나뉜다. 먼저 사용했던 IBAction, IBOutlet, Target - Action 패턴은 이러한 내용을 바탕으로 이해할 수 있다.

2.1.3 TextField (UITextField)

이전 장과 마찬가지로 TextField의 속성을 살펴보도록 하겠다.

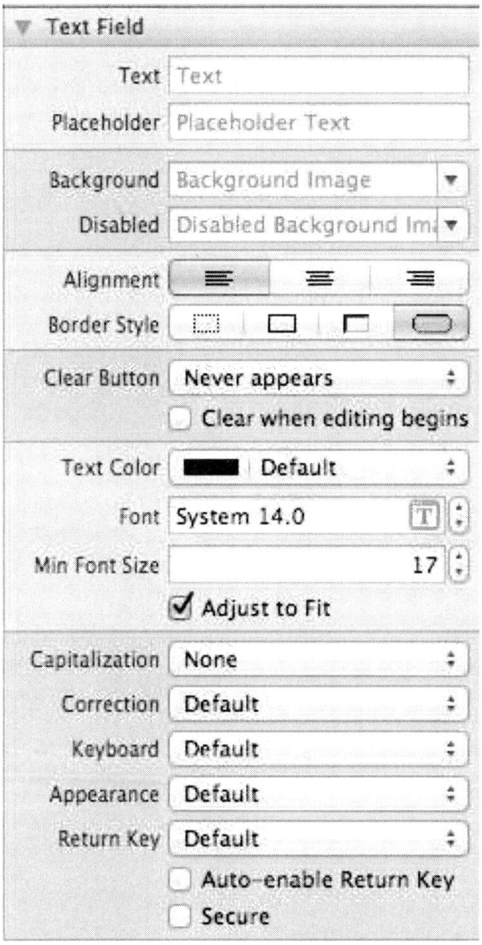

Place Holder : TextField 참조 Text
Background : TextField 뒷배경 이미지 설정
Border Style : TextField 테두리 선택
Clear Button : TextField 우측에 있는 X 모양 Text를 지우는 기능을 가진 버튼 생성 위치.
Min Font Size : Text Size가 Text Field Size보다 클 때 Text 미리보기 Size 설정
- Adjust to Fit : Text Size가 Text Field Size보다 클 경우 Text 크기를 TextField Size에 맞출지 여부.

TextField의 속성에 대해서 알아보았다. TextField의 입력 기능을 응용하여, TextField에 Text를 입력할 경우 미리 생성해 놓은 UILabel에 같은 Text를 설정하는 Code를 작성해 보자. 일단 TextField 하나를 Interface Builder에 Drag & Drop 한 후, Header 파일과 구현파일을 수정해 보겠다.

TestViewController.h

```
.....
    UILabel *myLabel;
    UITextField *myTextField;
}
@property (strong, nonatomic) IBOutlet UILabel *myLabel;
@property (strong, nonatomic) IBOutlet UITextView *myTextView;
@property (strong, nonatomic) IBOutlet UITextField *myTextField;

-(IBAction)hideKeyboard:(id)sender;
-(IBAction)setLabel:(id)sender;
```

TestViewController.m

```
........
@synthesize myLabel, myTextView;
@synthesize myTextField;
........
-(IBAction)hideKeyboard:(id)sender
{
    [myTextView resignFirstResponder];
}

-(IBAction)setLabel:(id)sender
{
    UITextField *tf = (UITextField *)sender;

    [myLabel setText:[tf text]];
}
@end
```

Outlet 선언후 Events와 Action을 설정해야 한다. TextField 선택 후 Inspector Pane의 Connections Inspector 의 Editing Changed와 setLabel을 연결한다.

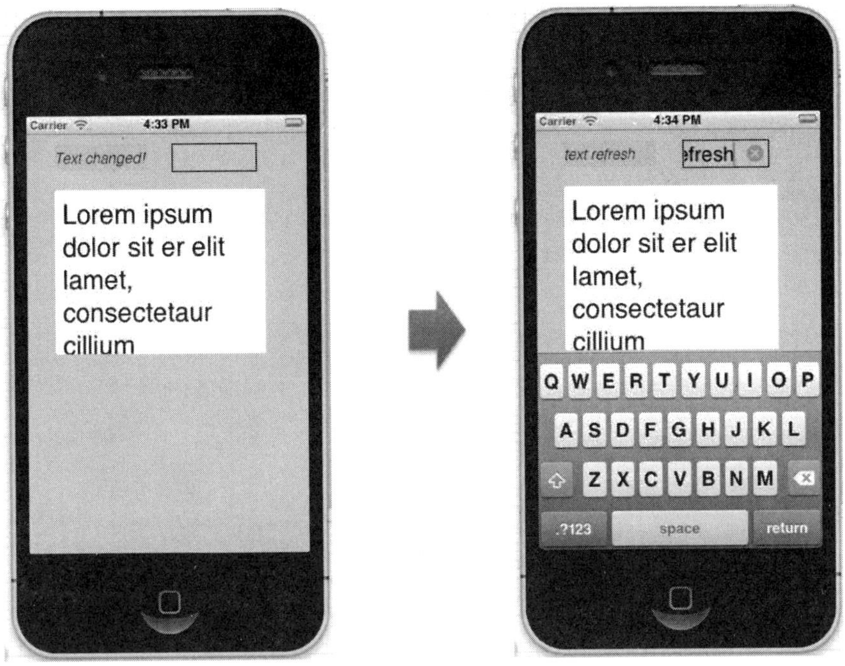

위와 같이 TextField의 Text를 입력하면 왼쪽의 Label의 Text가 TextField의 Text와 같은것을 볼 수 있다.

➡ 이번장에서는.........

UITextField의 속성을 변경해 보고, TextField의 입력 Text를 다른 Object의 Text에 입력하는 기능을 구현해보았다.

※ Tips

→ Object 문법 - 1

- 기본 데이터 타입
  Objective-C의 기본 데이터 타입은 'id'로 모든 객체들을 대입할 수 있는 범용으로 사용된다.

- function pointer data type
  C의 함수 Pointer와 같은 개념으로 (SEL)이라는 데이터 타입을 사용한다.

2.1.4 WebView (UIWebView)

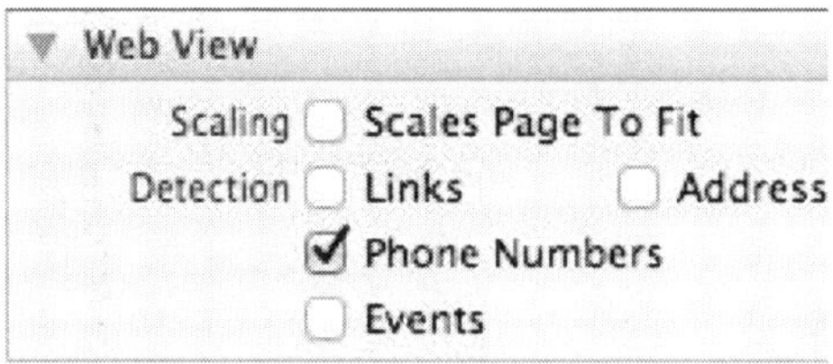

Scales Page To Fit : WebView크기에 따라 웹페이지의 크기를 줄임.

Detection

- Links : 링크 허용 여부
- Address : Address 허용 여부
- Phone Numbers : 전화번호 허용 여부

➡ 이번장에서는.........

UIWebView의 속성을 변경해 보았다.

※ Tips

➛ Delegation

Objectc의 기능들을 다른 Object에게 위임하는 것으로써, 다른 Class를 확장하지 않고도 다른 Object의 기능을 가질 수 있다. 이 기능은 Java에서 Interface와 비슷한 역할을 한다.

2.1.5 예제 코딩 - 1

2장에서 활용했던 내용을 토대로 예제 프로젝트를 만들어 보도록 하자. 제작해 볼 내용은 탭바를 활용해 한 View에서는 URL을 입력받고, 다른 View에서는 WebView를 활용해 WebPage를 띄우도록 하겠다.

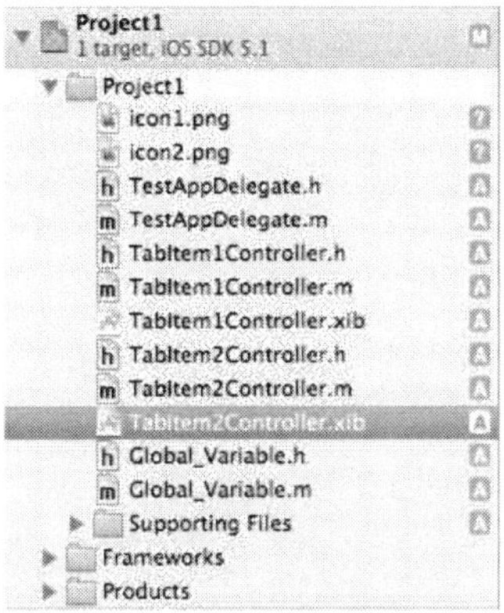

좌측과 같이 Project Navigator에 파일을 추가한다. 탭바 아이템 2개를 활용하기 때문에 ViewController 2개를 추가하고, 탭바에 활용될 아이콘 2개를 Project1 폴더에 추가한다. Internet에 무료 Icon들이 많으므로 Searching을 통해 2개를 구한다.

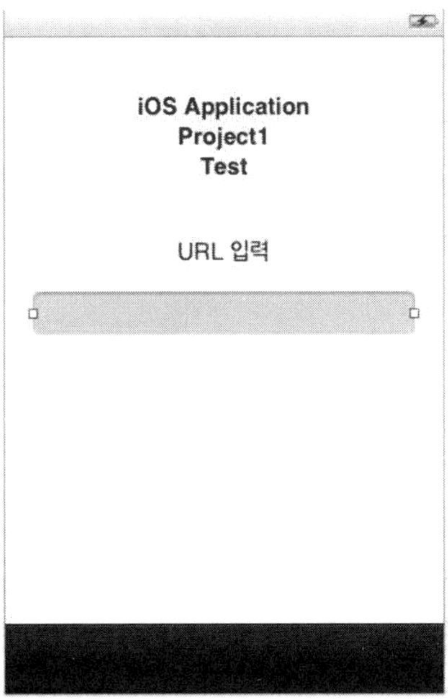

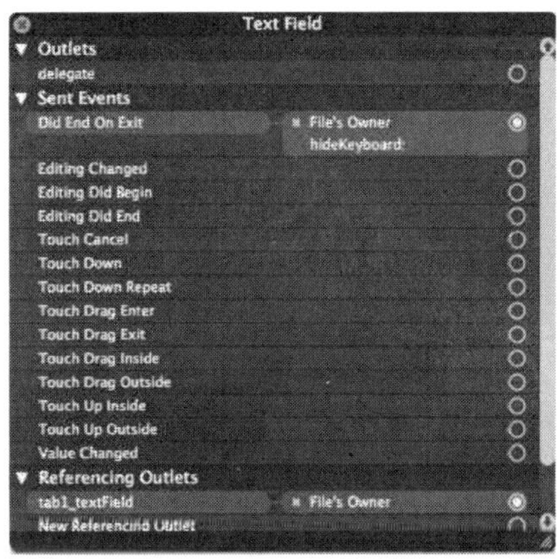

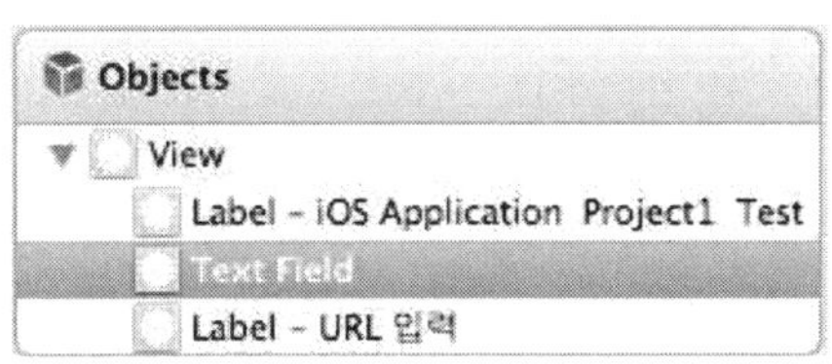

TabItem1Controler.xib 파일에 위젯을 위와 같이 배치한다. 특이점으로는 View 하단에 탭바가 추가될 것이기 때문에, Main View를 선택하고 Attributes Inspect에 Bottom Bar에 Tab Bar를 선택한다. 이것은 TabBar가 추가되었을때 View가 의도치 않은 변형이나 잘림 현상이 있을 수 있기 때문이다. Text Field와 IBOutlet 변수 tab1_textField를 연결해 주고, Return Key를 눌렀을 때 키보드를 숨기기 위해 IBAction hideKeyboard 함수를 연결한다.

TestAppDelegate.h 과 TestAppDelegate.m 파일을 아래와 같이 작성한다.

TestAppDelegate.h

```
#import <UIKit/UIKit.h>

@class TestViewController;

@interface TestAppDelegate : UIResponder <UIApplicationDelegate,

UITabBarControllerDelegate>

@property (strong, nonatomic) UIWindow *window;

@property (strong, nonatomic) UITabBarController *tabBarController;

@end
```

TestAppDelegate.m

```
#import "TestAppDelegate.h"

#import "TabItem1Controller.h"
#import "TabItem2Controller.h"

@implementation TestAppDelegate

@synthesize window = _window;
@synthesize tabBarController = _tabBarController;

- (BOOL)application:(UIApplication *)application
    didFinishLaunchingWithOptions:(NSDictionary *)launchOptions
{
    self.window = [[UIWindow alloc] initWithFrame:[
                                  [UIScreen mainScreen] bounds]];

    UIViewController *viewController1 = [[TabItem1Controller alloc]
                    initWithNibName:@"TabItem1Controller" bundle:nil];
    UIViewController *viewController2 = [[TabItem2Controller alloc]
                    initWithNibName:@"TabItem2Controller" bundle:nil];
```

```

    self.tabBarController = [[UITabBarController alloc]init];
    self.tabBarController.viewControllers
            = [NSArray arrayWithObjects:viewController1, viewController2, nil];
    self.window.rootViewController = self.tabBarController;

    [self.window makeKeyAndVisible];
    return YES;
}

- (void)applicationWillResignActive:(UIApplication *)application
{

}

- (void)applicationDidEnterBackground:(UIApplication *)application
{

}

- (void)applicationWillEnterForeground:(UIApplication *)application
{

}

- (void)applicationDidBecomeActive:(UIApplication *)application
{

}

- (void)applicationWillTerminate:(UIApplication *)application
{

}
@end

```

TabItem1Controller.h 과 TabItem1Controller.m 파일을 아래와 같이 작성한다.

TabItem1Controller.h

```
#import <UIKit/UIKit.h>

@interface TabItem1Controller : UIViewController
{
    UITextField *tab1_textField;
}

@property (strong, nonatomic) IBOutlet UITextField *tab1_textField;

-(IBAction)hideKeyboard:(id)sender;

@end
```

TabItem1Controller.m

```
#import "TabItem1Controller.h"
#import "Global_Variable.h"

@interface TabItem1Controller ()

@end

@implementation TabItem1Controller
@synthesize tab1_textField;
- (id)initWithNibName:(NSString *)nibNameOrNil bundle:
    (NSBundle *)nibBundleOrNil
{
    self = [super initWithNibName:nibNameOrNil bundle:nibBundleOrNil];
    if (self) {
        // Custom initialization
        self.title = NSLocalizedString(@"First", @"First");
        self.tabBarItem.image = [UIImage imageNamed:@"icon1"];
```

```

    }
    return self;
}

- (void)viewDidLoad
{
    [super viewDidLoad];
    // Do any additional setup after loading the view from its nib.
}

- (void)viewDidUnload
{
    [super viewDidUnload];
    // Release any retained subviews of the main view.
    // e.g. self.myOutlet = nil;
}

- (BOOL)shouldAutorotateToInterfaceOrientation:
    (UIInterfaceOrientation)interfaceOrientation
{
    return (interfaceOrientation == UIInterfaceOrientationPortrait);
}

-(IBAction)hideKeyboard:(id)sender
{

    [[Global_Variable sharedSingleton] setAddress_Homepage:
     [tab1_textField text]];

    NSLog(@"%@", [[Global_Variable sharedSingleton] address_Homepage]);
    [sender resignFirstResponder];
}

@end
```

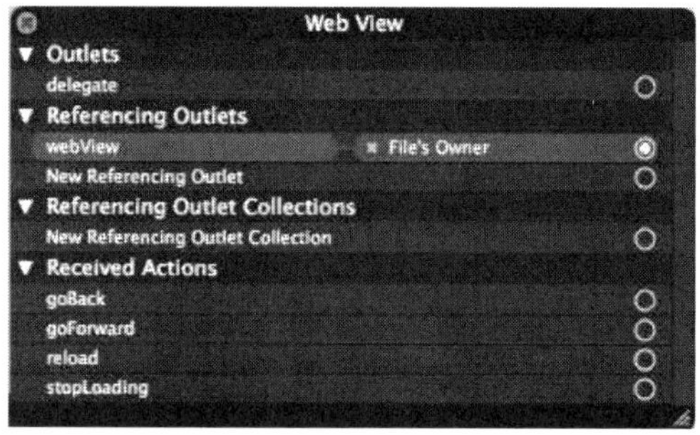

TabItem2Controler.xib 파일에 위젯을 위와 같이 배치한다. TabItem1Controler.xib과 같이 Bottom Bar를 Tab Bar로 선택하고, 라벨과 WebView를 배치한다. 그리고 WebView와 IBOutlet변수 webView를 연결한다.

TabItem1Controler에 입력한 URL을 TabItem2Controller에서 사용하기 위해 전역변수를 사용해야 한다. 전역변수를 사용하기 위해 NSObject를 확장한 Global_Variable 클래스를 작성한다. 그리고 Global_Variable 클래스를 아래와 같이 작성한다.

Global_Variable.h

```
#import <Foundation/Foundation.h>

@interface Global_Variable : NSObject
{
    NSString *address_Homepage;
}

@property (nonatomic, strong) NSString *address_Homepage;

+ (Global_Variable *)sharedSingleton;
@end

```

Global_Variable.m

```
#import "Global_Variable.h"

@implementation Global_Variable

@synthesize address_Homepage;

static Global_Variable *_globalValue = nil;

+ (Global_Variable *)sharedSingleton
{
    @synchronized([Global_Variable class])
    {
        if(!_globalValue)
        {
            [[self alloc] init];
        }
        return _globalValue;
    }
    return nil;
}

+(id)alloc
{
    @synchronized([Global_Variable class])
    {
        NSAssert(_globalValue == nil, @"TestGlobal");
        _globalValue = [super alloc];
        return _globalValue;
    }
    return nil;
}
@end
```

TabItem2Controller.h

```
#import <UIKit/UIKit.h>

@interface TabItem2Controller : UIViewController
{
    UIWebView *webview;
}

@property IBOutlet UIWebView *webView;

@end
```

TabItem1Controller.m

```
#import "TabItem1Controller.h"
#import "Global_Variable.h"

@interface TabItem1Controller ()

@end

@implementation TabItem1Controller
@synthesize tab1_textField;
- (id)initWithNibName:(NSString *)nibNameOrNil bundle:
    (NSBundle *)nibBundleOrNil
{
    self = [super initWithNibName:nibNameOrNil bundle:nibBundleOrNil];
    if (self) {
        // Custom initialization
        self.title = NSLocalizedString(@"First", @"First");
        self.tabBarItem.image = [UIImage imageNamed:@"icon1"];

    }
    return self;
}

```

```

- (void)viewDidLoad
{
    [super viewDidLoad];
    // Do any additional setup after loading the view from its nib.
}

- (void)viewDidUnload
{
    [super viewDidUnload];
    // Release any retained subviews of the main view.
    // e.g. self.myOutlet = nil;
}

- (BOOL)shouldAutorotateToInterfaceOrientation:
    (UIInterfaceOrientation)interfaceOrientation
{
    return (interfaceOrientation == UIInterfaceOrientationPortrait);
}

-(IBAction)hideKeyboard:(id)sender
{

    [[Global_Variable sharedSingleton] setAddress_Homepage:
     [tab1_textField text]];

    NSLog(@"%@", [[Global_Variable sharedSingleton] address_Homepage]);
    [sender resignFirstResponder];
}
@end
```

➡ 이번장에서는………

UITabBar, UIWebView, UITextField를 이용해 탭 전환시 TextField에 입력된 URL로 WebPage를 호출하는 예제 프로젝트를 만들어 보았다.

※ Tips

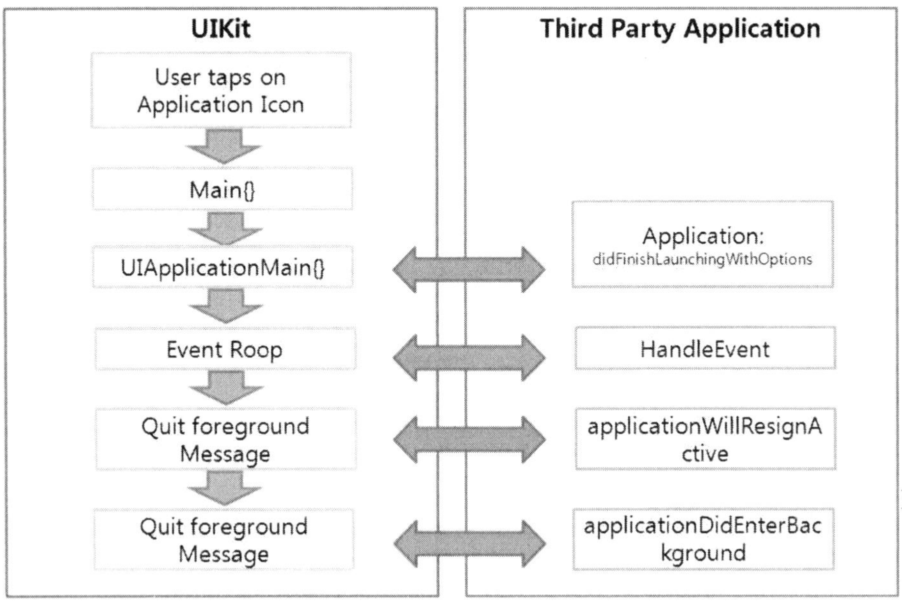

OS Life Cycle

2.2 Project 2

2.2.1 Button (UIButton)

2.1장에서 만들어 놓은 프로젝트를 재사용해 Widget을 배치해 보면서 속성을 확인해 보도록 하겠다. 이전에 만들어 놓은 Widget은 모두 지우고 Object Library에서 Button을 끌어 놓는다.

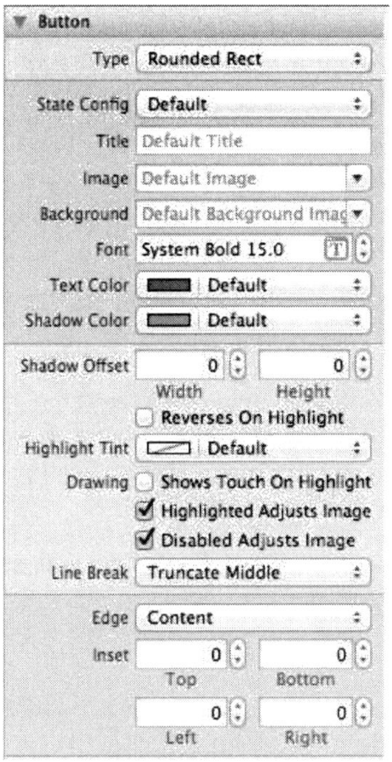

Type : 아래와 같은 다양한 형태의 버튼으로 설정 가능

 (Rounded Rect)

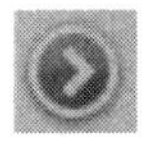 (Detail Disclosure)

 (Info Light)

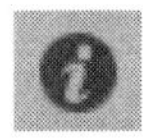 (Info Dark)

 (Add Contact)

State Config : 기본 상태(Default), 클릭하고 있는 중 (Highlighted), 선택된 상태(Selected), 비활성화(Disabled) 상태의 제목, 이미지, Text등을 각각 설정 가능.
Title : 버튼 글자 설정
Image : 버튼 이미지 설정
Background : 버튼 배경 이미지 설정

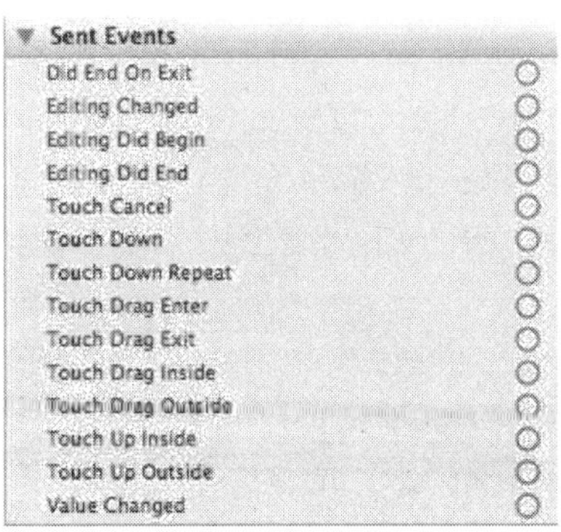

Did End On Exit
Editing Changed : 내용 변경시 발생
Editing Did Begin
Editing Did End
Touch Cancel : 터치가 취소되었을때 발생
Touch Down : 터치했을때 발생
Touch Down Repeat : 2회 이상 터치시 발생
Touch Drag Enter : 버튼 터치 후 드래그해서 외부를 드래그 하다가 다시 버튼위를 드래그 했을때 발생
Touch Drag Exit :
Touch Drag Inside : 버튼 터치 후 버튼 내부위를 드래그하고 있을때 발생
Touch Drag Outside : 버튼 터치 후 버튼 외부를 드래그하고 있을때 발생
Touch Up Inside : 버튼 내부위에서 터치를 뗐을 때 발생
Touch Up Outside : 버튼 외부에서 터치를 뗐을 때 발생
Value Changed

➡ 이번장에서는.........

UIButton 속성을 변경해 보고, UIButton의 Event에 대해 알아보았다.

※ Tips

➛ UIApplicationDelegate 프로토콜

UIApplication 객체의 Delegate를 선언하는 메소드 모음이다. 아래는 해당 메소드 설명이다.

- (void)application(UIApplication *)application didChangeStatusBarFrame:(CGRect)oldStatusarFrame
  - 상태바 프레임이 변경되었을때 호출된다. Application이 UIApplication Did ChangeStatusBarFrameNotification을 전달하며 이 Method 호출

- (void)application:(UIApplication *)application didChangeStatusBarOrientation:(UIInterfaceOrientation)oldStatusBarOrientation
  - Status Bar Interface의 방향이 변경되었을 때 호출된다.

- (void)application:(UIApplication *)application didFailToRegisterForRemoteNotificationWithError:(NSError *)error
  - Apple Push Service의 Register Process가 실패했을때 호출.

- (BOOL)application:(UIApplication *)application didFinishLaunchingWithOptions:(NSDictionary *()launchOptions

- Remote Notification 혹은 URL Resource를 여는 것으로 Application이 시작되었을때 호출. Application이 성공적으로 실행되었을 때 YES, 실패했을 때는 NO를 Return.

- (void)application:(UIApplication *)application didReceiveRemoteNotifications:(NSDictionary *)userInfo
  - Remote Notification으로 인해 Application이 실행되었을 때 호출.

- (void)application:(UIApplication *)application didRegisterForRemoteNotificationsWithDeviceToken:(NSData *)deviceToken
  - Apple Push Service에 성공적으로 등록했을 때 호출. UIApplication의

registerForRemoteNotification 메소드를 호출해서 성공했을 때만 호출됨.

- (BOOL)application:(UIApplication *)application handleOpenURL:(NSURL *)rul
  - URL을 구분해서 호출. 성공적으로 호출했을 때 YES, 실패했을 때 NO를 Return.

- (BOOL)application:(UIApplication *)application willChangeStatusBarFrame:(CGRect)newStatusarFrame
  - 상태바의 프레임이 변경될 때, 혹은 Application은 setStatusBarOrientation:animated: 메소드를 받아 방향이 변경되었을 때 호출.

- (void)application:(UIApplication *)application willChangeStatusBarOrientation:(UIInterfaceOrientation)newStatusBarOrientataionDurration:(NSTimeInterval)duration
  - Status Bar의 Interface 방향이 변경될 때 새방향의 창이나 View를 준비하기 위해 호출됨.

- (void)applicationDidBecomeActive:(UIApplication *)application
  - Application이 Non Active 상태에서 Active상태가 될 때 호출됨.

- (void)applicationDidFinishLaunching(UIApplication *)application
  - Application의 시작이 완료되었을 대 호출됨. Application의 변수 초기화 및 창과 뷰등의 초기설정, Application을 이전 상태로 되돌릴때 Override 해서 사용.

- (void)applicationDidReceiveMemoryWarning:(UIApplication *)application
  - System으로부터 Memory 경고를 받았을 때 호출됨. 이 메소드가 호출 될 때 이전의 상태를 저장하고, 불필요한 Memory를 해제해야함.

- (void)applicationSignificantTimeChange:(UIApplication *)application
  - 시작이 크게 변경되었을 경우 호출됨.

- (void)applicationWillResignActive:(UIApplication *)application
  - Application이 비활성화될 때 호출

- (void)applicationWillTerminate:(UIApplication *)application
  - application이 종료될 때 호출됨.

2.2.2 Segmented Control (UISegmentedControl)

UISegmentedControl을 TestViewController.xib 파일 위에 올려놓고 속성을 살펴 보자.

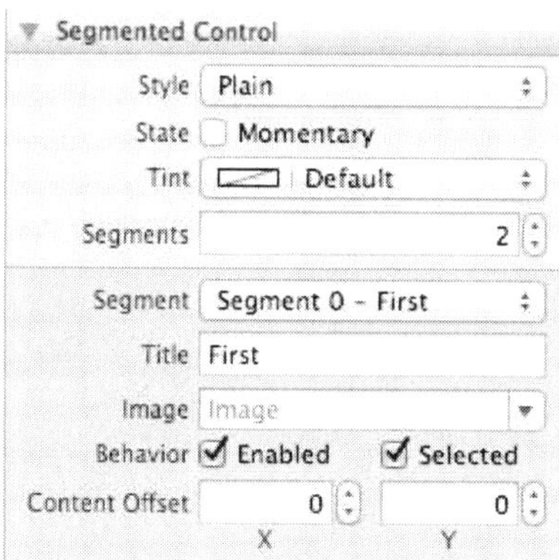

Style : 아래와 같은 다양한 형태의 Segment Control로 설정 가능

(Plain)

(Bordered)

(Bar)

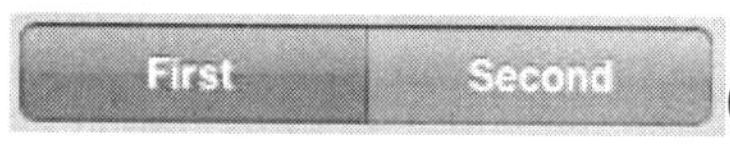

(Bezeled)

State : Segment Control이 눌려있는 상태를 순간적으로 할건지 (Momentary), 아니면 다른 Segment를 누를때까지 상태를 유지하고 있을 것인지(Non Momentary) 설정

Tint : Segment Control의 부분 색상을 변경

Segments : Segment Control의 Segment 수 설정

Segment : Segments에서 설정한 segment 들을 각각 선택해 설정할 수 있음.

➡ **이번장에서는.........**

UISegmented 속성에 대해 알아보았다.

※ Tips

→ Size Inspector

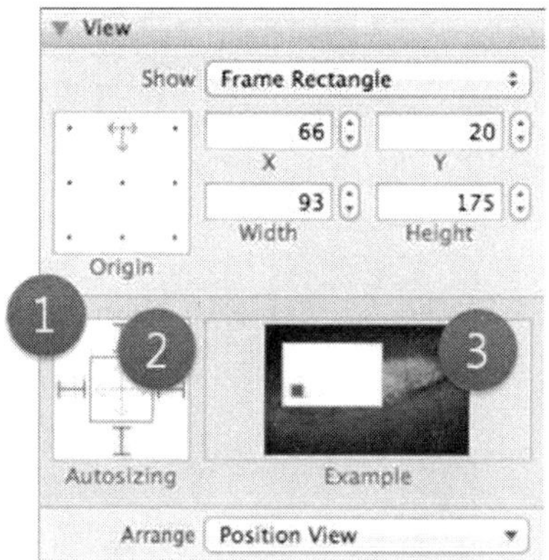

- X, Y : 좌표
- Width, Height : 크기
- ① 에서 바깥쪽 빨간선은 화면크기가 변경되었을 때 여백 고정 여부 결정선. 클릭을 하면 선 색깔이 진해지거나 옅어짐으로써 여부를 결정함.
- ① 에 마우스를 대고 있으면 ③ 의 그림이 바뀌면서 어떻게 적용되는지 볼 수 있음.
- ② 에 안쪽 빨간색 점선은 크기 변경 여부 결정선. 체크를 함으로써 화면 크기 변경에 따라 View의 크기 비율이 동일하게 늘어남.

2.2.3 Slider (UISlider)

UISlider를 TestViewController.xib 파일 위에 올려놓고 속성을 살펴보자.

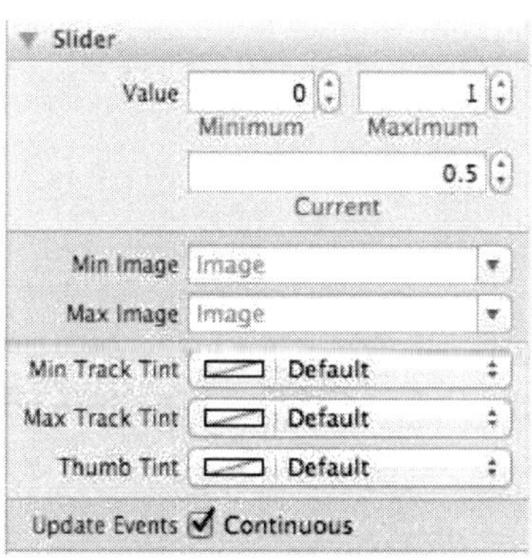

Value
- Minimum : 최소 값 설정
- Maximum : 최대 값 설정
- Current : 최초 실행시 현재 값 설정

Min Image : 현재 값보다 작은 값을 표현하는 Bar의 Image 설정

Max Image : 현재 값보다 높은 값을 표현하는 Bar의 Image 설정

Min Track Tint : Slider의 현재 값보다 작은 값을 표현하는 Bar의 색 설정

Max Track Tint : Slider의 현재 값보다 높은 값을 표현하는 Bar의 색 설정

Thumb Tint : 현재 값을 표현하는 버튼 색깔

➡ 이번장에서는.........

UISlider 속성을 변경해 보고, UIButton의 Event에 대해 알아보았다.

※ Tips

➛ 데이터 형

- int형
  - 정수 상수는 0을 포함한 연속된 숫자로 이루어져 있다. 이 숫자 앞에 - 부호가 있으면 음수이다.

- float형
  - 소수점이 있는 값을 저장할 수 있다. 부동 소수점 상수는 소수점의 유무로 구별할 수 있다.

- double형
  - float형의 범위가 충분하지 않을때 사용한다. 대부분의 컴퓨터는 64bit를 사용하여 표현한다.

- char형
  - 이 데이터 형을 사용하여 작은 따옴표로 둘러싸인 문자 하나를 저장 가능하다.

- id형
  - 어느 형태의 객체든 저장 가능하다. id형은 다형성과 동적 바인딩의 Objective의 매우 중요한 기능을 이루는 것이다.

2.2.4 Date Picker (UIDatePicker)

UIDatePicker를 TestViewController.xib 파일 위에 올려놓고 속성을 살펴보자.

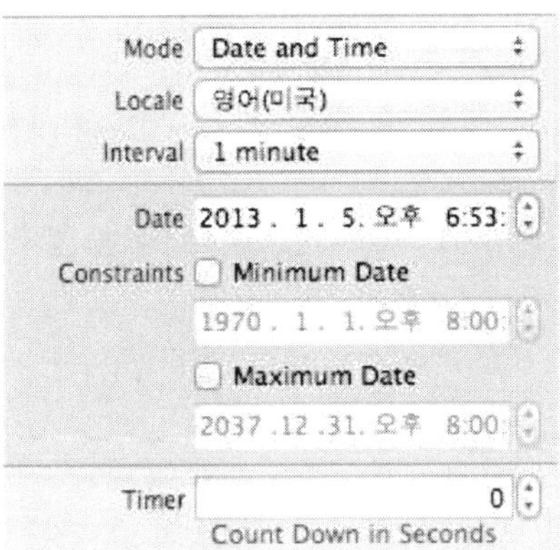

Mode : 아래와 같은 Mode 설정 가능

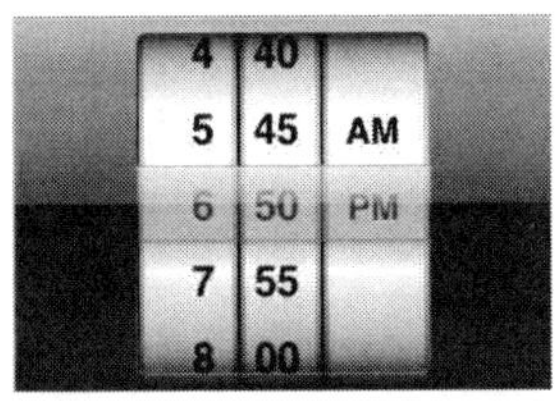

(Time)

(Date)

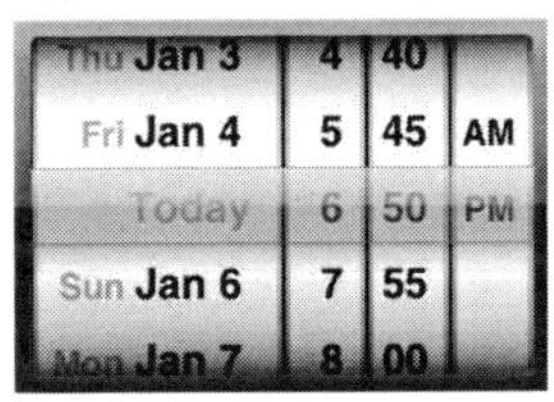

(Date and Time)

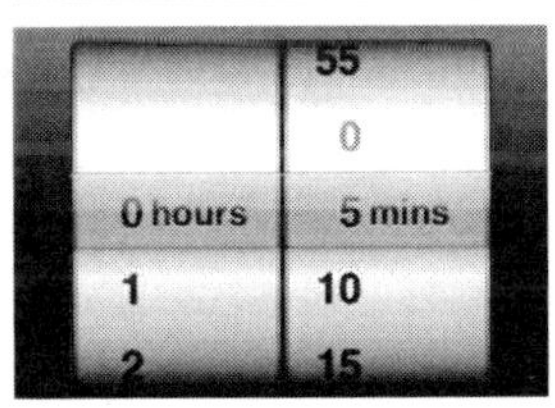

(Count Down Timer)

Locale : 영어설정
Interval : 항목 단계 설정
Date : 날짜 설정
Constraints
- Minimum Date :
- Maximum Date :

➡ 이번장에서는.........

DatePicker의 속성에 대해서 알아보았다.

※ Tips

➛ 상속

클래스는 다른 클래스의 기능 및 속성을 그대로 가져올 수 있다. 그것을 상속이라고 한다. iOS에서 제공하는 클래스는 대부분 NSObject를 상속하고 있다. NSObject를 상속하는 클래스를 선언하는 문법은 아래와 같다.

```
@interface 확장클래스이름 : NSObject
        ..........
        //속성
        //메소드
        ........
 @end
```

여기에서 NSObject는 부모 클래스, 수퍼 클래스라 하고, NSObejct를 상속하는 클래스는 자식 클래스, 서브 클래스라 한다.

2.2.5 PickerView (UIPickerView)

UIPickerView를 TestViewController.xib 파일 위에 올려놓고, "first" "second" "third" 문자열들을 나타내는 PickerView를 구현해보고, 버튼을 눌렀을 때 현재 선택된 문자열을 Log로 출력해보는 소스를 작성해 보도록 하겠다.

Header 파일을 아래와 같이 작성한다.

TestViewController.h

```
#import <UIKit/UIKit.h>

@interface TestViewController : UIViewController
                    <UIPickerViewDelegate, UIPickerViewDataSource>
```

```
{
      NSArray *testArray;
      UIPickerView *myPicker;
}
@property (strong, nonatomic) IBOutlet UIPickerView *myPicker;
@end
```

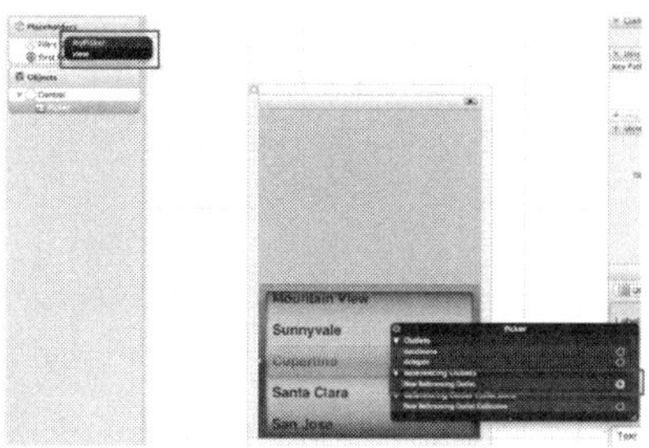

Header 파일에 선언한 IBOutlet변수 myPicker와 XIB에 Drag & Drop 해놓은 PickerView와 연결한다.

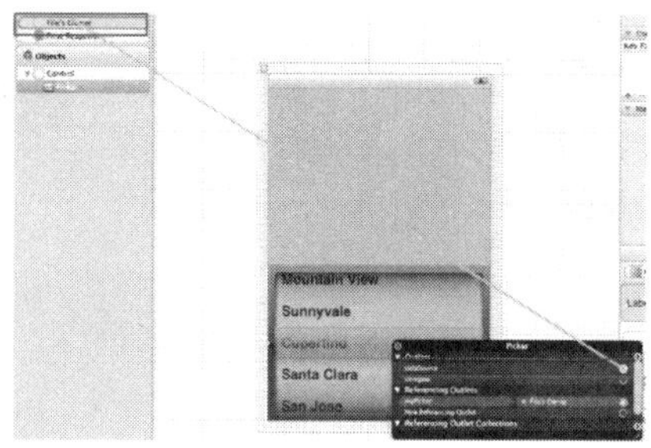

Xib에 Drag & Drop 해놓은 PickerView의 delegate 항목을 File's Owner로 끌어 놓는다.

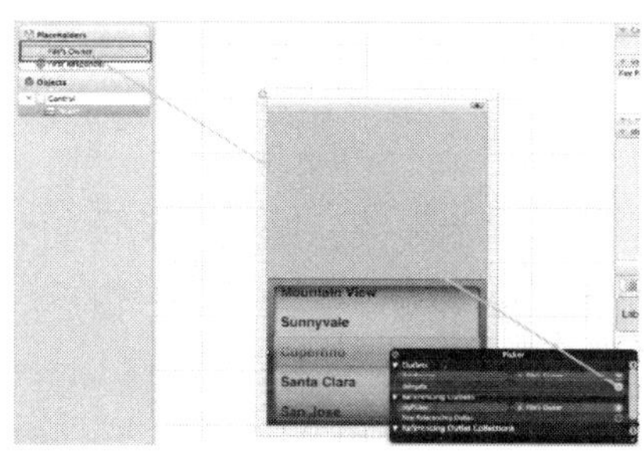

위와 같은 방법으로 data source도 연결한다.

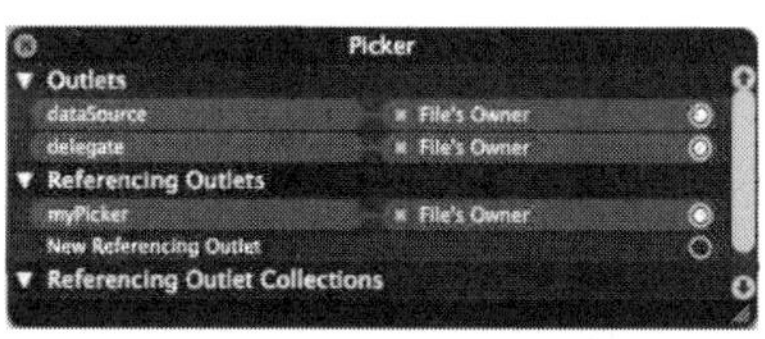

PickerView가 위와 같은 상태가 된다.

구현파일을 아래와 같이 작성한다.

TestViewController.m

```
#import "TestViewController.h"

@interface TestViewController ()

@end

@implementation TestViewController
@synthesize myPicker;
- (void)viewDidLoad
{
    [super viewDidLoad];
    testArray = [[NSArray alloc] initWithObjects:@"first", @"second", @"third", nil];


        // Do any additional setup after
    //loading the view, typically from a nib.
}

-(NSInteger) numberOfComponentsInPickerView:(UIPickerView *)pickerView
{
    return 1;
}

-(NSInteger)pickerView:(UIPickerView *)pickerView
numberOfRowsInComponent:(NSInteger)component
{
    return [testArray count];
}

-(NSString *)pickerView:(UIPickerView *)pickerView titleForRow:(NSInteger)row
forComponent:(NSInteger)component
{
    return [testArray objectAtIndex:row];
}
```

```
- (void)viewDidUnload
{
    [super viewDidUnload];
    // Release any retained subviews
    //of the main view.
}

- (BOOL)shouldAutorotateToInterfaceOrientation:
(UIInterfaceOrientation)interfaceOrientation
{
    return (interfaceOrientation
            != UIInterfaceOrientationPortraitUpsideDown);
}

@end
```

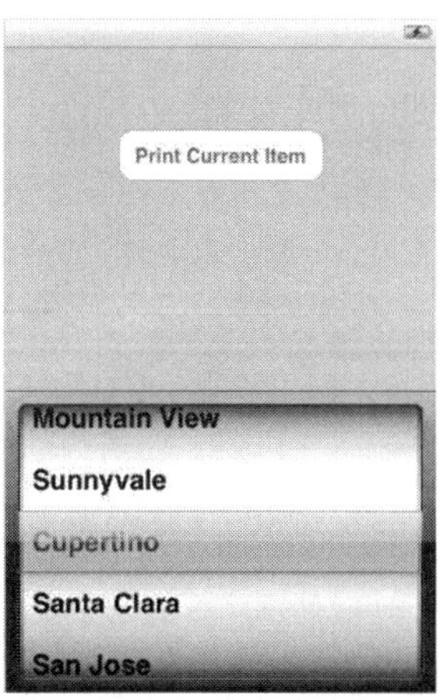

Log로 현재 선택된 아이템을 Print 하기위해 위와 같이 버튼 하나를 배치한 후 Header파일과, 구현파일에 아래와 같은 내용을 추가한다.

TestViewController.h

```
....
@property (strong, nonatomic) IBOutlet UIPickerView *myPicker;
-(IBAction)showCurrentItem:(id)sender;
@end
```

TestViewController.m

```
..........

-(NSString *)pickerView:(UIPickerView *)pickerView titleForRow:(NSInteger)row
forComponent:(NSInteger)component
{
    return [testArray objectAtIndex:row];
}

-(IBAction)showCurrentItem:(id)sender
{
    NSString *printdata = [testArray objectAtIndex:[myPicker
selectedRowInComponent:0]];
    NSLog(printdata);
}

- (void)viewDidUnload
........
```

PickerView를 회전시키면서 버튼을 누르면 좌측과 같은 Log가 Print되는 것을 확인 할 수 있다.

➡ 이번장에서는.........

PickerView의 기능들을 알아보았다.

※ Tips

언어 기능

- goto 문
  - goto 문은 실행되는 부분이 프로그램의 특정위치로 이동하게 해주는 문법이다. goto문을 사용하는 조건은 동일한 메소드 내에 있어야 한다는 것이다. 이동 선언은 goto 문 뒤에 label을 쓰고 ';'으로 마무리한다. 이동되는 부분은 label을 쓰고 ':'으로 종료한다.

    이동 선언은 아래와 같이

    ```
    goto label;
    ```

    으로 선언하고, 이동되는 부분은

    ```
    lable:
    메소드 내용;
    ```

    의 형식으로 마무리한다. 순차적 프로그래밍 방식을 사용함에 있어 goto문은 순서를 흐트려 놓기 때문에 지양하는 것이 좋다.

- ,(콤마) 연산자
  - 연산자 우선순위의 가장 아래에 콤마 연산자가 있다. for문, 선언문을 ,(콤마)로 구분하여 넣을 수 있다. 콤마 연산자 형식은 아래와 같다.

    ```
    for(int i=0, j=0, ..................)
    {
    }
    ```

- sizeof 연산자
  - sizeof 연산자는 지정된 항목의 크기를 byte 크기를 반환해 준다. 인수로는 변수, 기본 데이터 형의 이름, 객체, 표현식 등을 사용할 수 있다. sizeof연산자 사용 형식은 아래와 같다.

    ```
    sizeof(NSString)
    ```

2.2.6 예제 코딩 - 2

UIDatePicker와 UISlider, UISegmentControl를 사용해서 현재 시간과 설정 시간 간의 시간차를 구해보는 프로젝트를 코딩해 보자.

Single View Application 기반으로 프로젝트를 생성해 보자. 그리고 Xib 파일을 아래와 같이 배치한다.

UISegmentControl 1개, TextField 3개, UISlider 1개, UIDatePicker 1개, 버튼 1개를 배치한다.

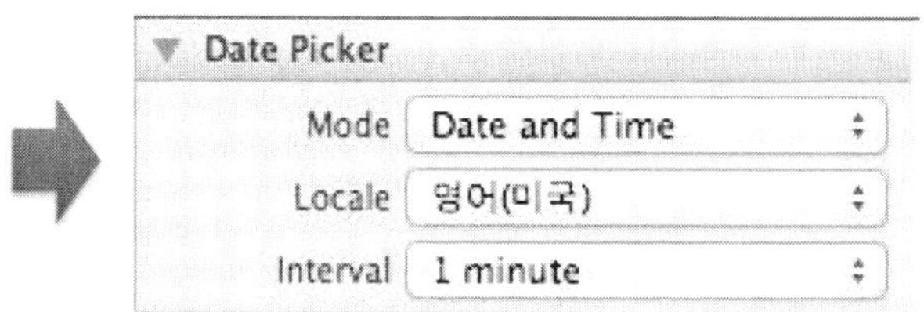

UIDatePicker Mode를 Date and Time으로 설정한다.

그리고 ViewController Header 파일을 아래와 같이 작성한다.

TestViewController.h

```
#import <UIKit/UIKit.h>

@interface TestViewController : UIViewController
{
    UITextField *textField_CurrentTime;
    UITextField *textField_TargetTime;
```

```
    UITextField *textField_RemainTime;

    UISegmentedControl *segmentControl;
    UISlider *slider;

    UIButton *button_SetTime;

    UIDatePicker *datePicker;


    NSDate *date_CurrentTime;
    NSDate *date_TargetTime;
}

@property (strong, nonatomic) IBOutlet UITextField *textField_CurrentTime,
                              *textField_TargetTime,
                              *textField_RemainTime;

@property (strong, nonatomic) IBOutlet UISegmentedControl *segmentControl;

@property (strong, nonatomic) IBOutlet UISlider *slider;

@property (strong, nonatomic) IBOutlet UIButton *button_SetTime;

@property (strong, nonatomic) NSDate *date_CurrentTime, *date_TargetTime;

@property (strong, nonatomic) IBOutlet UIDatePicker *datePicker;

//현재 시간 설정
- (void)setCurrentTime;

- (IBAction)setTargetTime:(id)sender;

- (void)setRemainTime;

- (IBAction)closeKeyboard:(id)sender;

```

```
- (NSString *)getStringByDate:(NSDate*)date;

- (NSString *)getStringByTimeInterval:(double)interval;

- (IBAction)setTargetDataBySlider:(id)sender;

- (IBAction)setTargetDataByDatePicker:(id)sender;
@end

```

그리고 아래와 같이 IBOutlet 변수와 Interface Builder 객체를 연결한다.

* Interface Builder화면

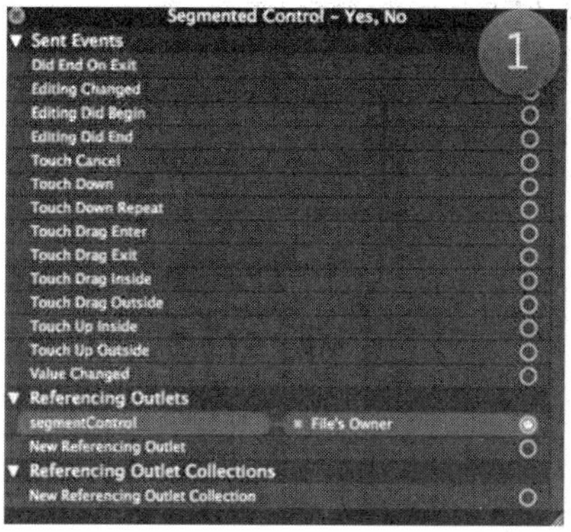

Segment Control을 위와 같이 설정한다.

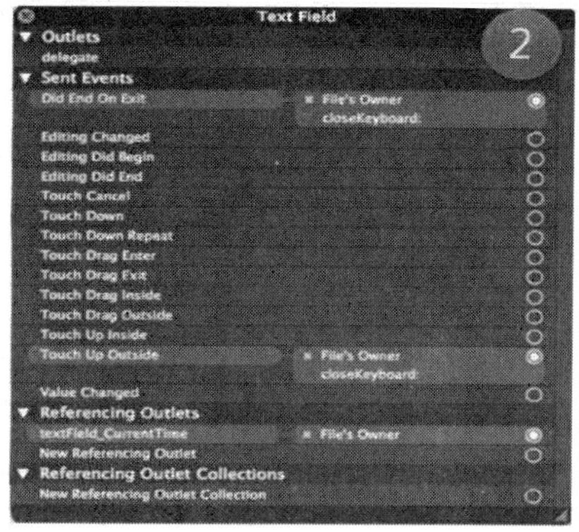

현재시간을 표현하는 TextField를 위와 같이 설정한다.

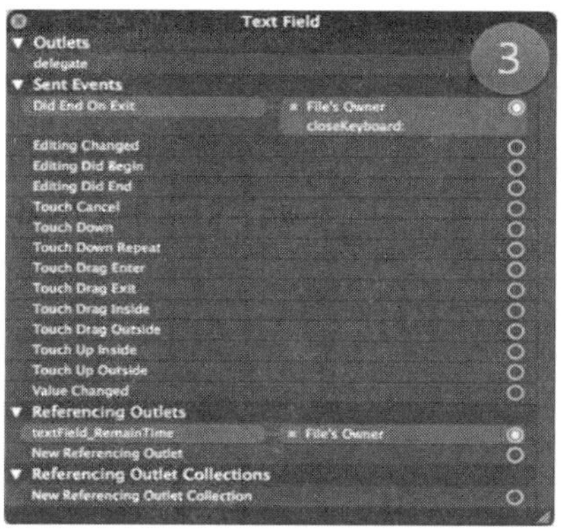

남은시간을 표현하는 TextField를 위와 같이 설정한다.

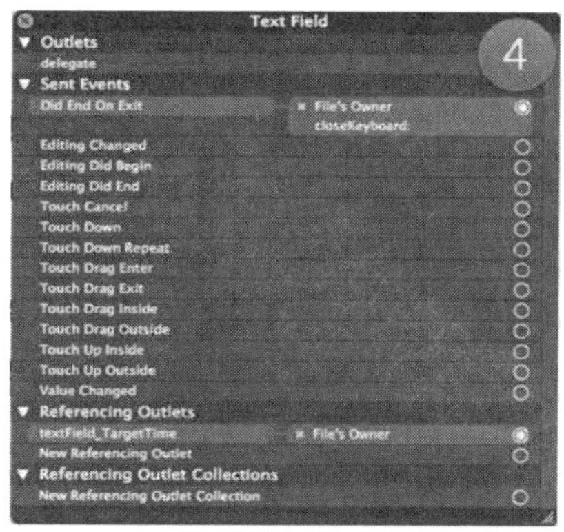

목표시간을 표현하는 TextField를 위와 같이 설정한다.

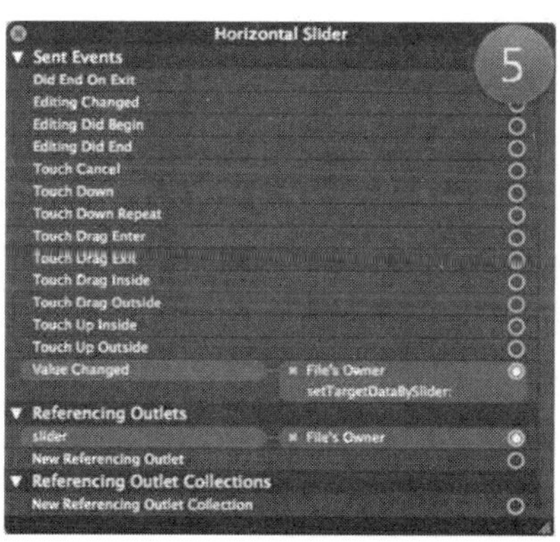

UISlider를 위와 같이 설정한다.

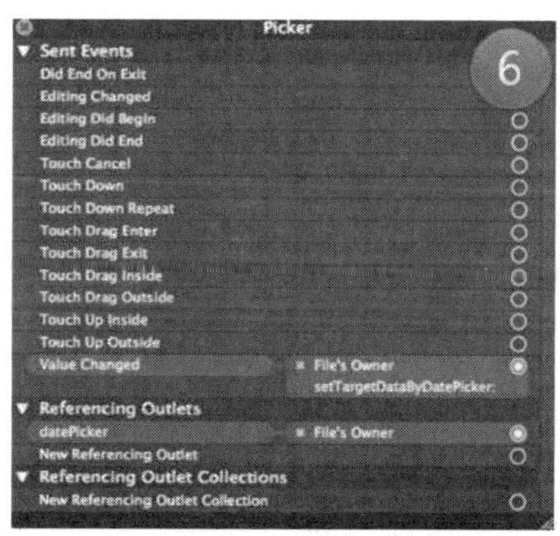

DatePicker를 위와 같이 설정한다.

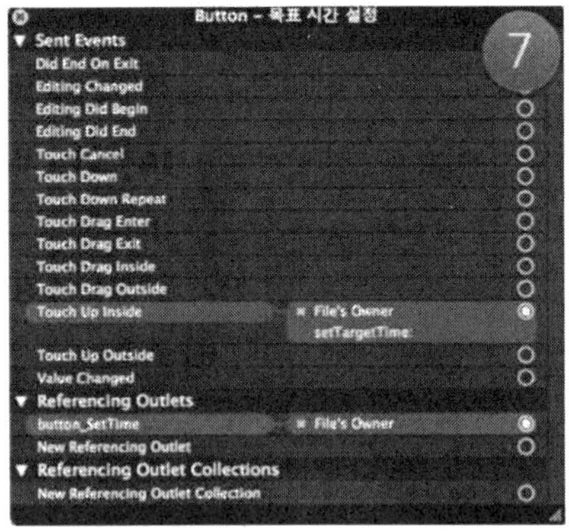

Button을 위와 같이 설정한다.

ViewController의 구현파일을 아래와 같이 작성한다.

TestViewController.m

```
#import "TestViewController.h"

@interface TestViewController ()

@end

@implementation TestViewController

@synthesize textField_RemainTime,
            textField_TargetTime,
            textField_CurrentTime;

@synthesize segmentControl, slider, button_SetTime;

@synthesize datePicker;

@synthesize date_TargetTime, date_CurrentTime;

- (void)viewDidLoad
{
```

```
    [super viewDidLoad];

    [self setCurrentTime];

    datePicker.minimumDate = [[NSDate alloc] initWithTimeInterval:0
                                      sinceDate:date_CurrentTime ];
    datePicker.maximumDate = [[NSDate alloc] initWithTimeInterval:3600*720
                                      sinceDate:date_CurrentTime ];
}

- (void)viewDidUnload
{
    [super viewDidUnload];
}

- (BOOL)shouldAutorotateToInterfaceOrientation:(UIInterfaceOrientation)
                                                    interfaceOrientation
{
    return (interfaceOrientation != UIInterfaceOrientationPortraitUpsideDown);
}

//현재 시간 설정
- (void)setCurrentTime
{
    date_CurrentTime = [NSDate date];

    [textField_CurrentTime setText:[self getStringByDate:date_CurrentTime]];
}

- (IBAction)setTargetTime:(id)sender
{
    date_TargetTime = [datePicker date];

    [textField_TargetTime setText:[self getStringByDate:date_TargetTime]];

    [self setRemainTime];
}
```

```

- (void)setRemainTime
{
    double ti = [date_TargetTime timeIntervalSinceDate:date_CurrentTime];;

    [textField_RemainTime setText:[self getStringByTimeInterval:ti]];
}

-(void)dateDidChange
{

}

- (IBAction)closeKeyboard:(id)sender
{
    [sender resignFirstResponder];
}

- (NSString *)getStringByDate:(NSDate *)date
{
    NSDateFormatter *dateFormat = [[NSDateFormatter alloc] init];
    [dateFormat setDateFormat:@"yyyy-MM-dd HH시mm분"];

    return [dateFormat stringFromDate:date];
}

- (IBAction)setTargetDataBySlider:(id)sender
{
    NSLog(@"%f", [slider value]);
    [datePicker setDate:[
                        [NSDate alloc]
                            initWithTimeInterval:3600*[slider value]
                            sinceDate:date_CurrentTime]];

    [textField_TargetTime setText:[self getStringByDate:[datePicker date]]];

    date_TargetTime = [datePicker date];
```

```
095         [self setRemainTime];
096     }
097
098     - (IBAction)setTargetDataByDatePicker:(id)sender
099     {
100         double ti = [[datePicker date] timeIntervalSinceDate:date_CurrentTime];
101
102         [slider setValue:(ti/3600) + 1800/3600];
103
104         [textField_TargetTime setText:[self getStringByDate:[datePicker date]]];
105
106         date_TargetTime = [datePicker date];
107         [self setRemainTime];
108     }
109
110     - (NSString *)getStringByTimeInterval:(double)interval
111     {
112         if([segmentControl selectedSegmentIndex] == 0)
113             return [[NSString alloc] initWithFormat:@"%d일 %d시간 %d분",
114                     (int)interval/(3600*24),
115                     ((int)interval%((int)(3600*24)))/(int)3600,
116                     (((int)interval%((int)(3600*24)))%(int)3600)/60];
117         else
118             return [[NSString alloc] initWithFormat:@"%d일",(int)interval/(3600*24)];
119     }
120
121     @end
```

→ 설명

007 : TextViewController 클래스 구현부 시작 부분.

009 ~ 017 : IBOutlet 변수를 구현파일에서 작성하여, 컴파일러에게 Header 파일의 @property와 바인딩시키는 부분.

019 ~ 029 : ViewController의 Load가 완료되면 호출되는 viewDidLoad 메소드의 구현부분. 현재 시간을 설정하고, DatePicker의 최소 날짜와 최대 날짜를 설정한다. 최소 날짜는 현재 시간으로 설정하고, 최대 날짜는 현재 시간부터 30일 후로 설정한다.

031 ~ 034 : ViewController가 Unload 되었을때 호출되는 메소드 구현 부분.
036 ~ 039 : View가 회전했을때 호출되는 메소드 구현 부분.
043 ~ 048 : 현재 시간 설정 부분. date_CurrentTIme 변수에 현재 시간을 저장하고, 현재 시간을 TextField에 출력한다.
050 ~ 057 : 목표 시간 설정 버튼 클릭 Event와 연결되는 부분.
059 ~ 064 : 현재 시간과 목표시간이 설정되었을 때 남은 시간을 TextField에 설정하는 부분.
066 ~ 069 : TextField 입력 SoftKeyboard를 받는 메소드 구현 부분.
071 ~ 077 : NSDate에 따라 'yyyy-MM-dd HH시 mm분' 형식의 NSString * 형태로 리턴하는 메소드 구현 부분.
079 ~ 091 : UISlider의 Value Changed 이벤트와 연결되는 IBAction 구현 부분. DatePicker의 설정 시각을 UISlider의 변화량만큼 설정한 후 목표시간을 표시하는 TextField를 DatePicker의 설정 시각으로 설정한다. 그리고 남은 시간을 TextField에 표시한다.
093 ~ 103 : DatePicker의 Value Changed 이벤트와 연결되는 IBAction 구현 부분. DatePicker의 설정 시간에 따라 Slider를 변화시키고, 목표시각을 DatePicker의 시각으로 설정한다. 그리고 남은 시간을 TextField에 표시하는 부분.
105 ~ 114 : 현재 시각과 목표 시각차이를 초단위 인자로 받아 Segment Control의 설정에 따라 남은 시간을 NSString *형태로 반환하는 부분.
116 : TextViewController 구현부분의 완료 지시어.

2.3 Project 3

이번장에서도 1장에서 만들어 놓았던 프로젝트를 재사용하도록 하겠다. 이전에 있던 내용을 삭제하자.

2.3.1 Switch (UISwitch)

Interface Builder에 Switch를 올려놓고, 속성을 확인해 보자.

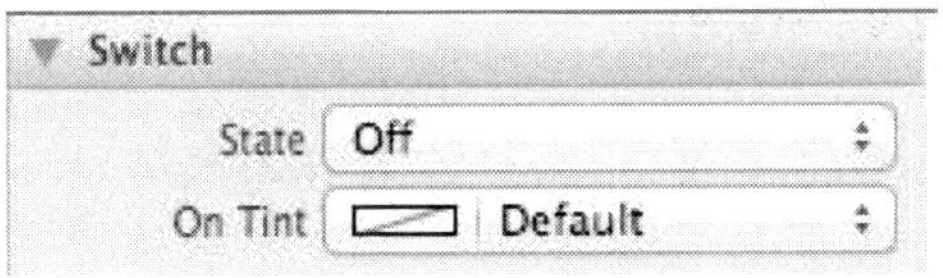

State : Switch의 On/Off 상태를 선택.
On Tint : On 상태의 Background Color 설정.

➡ 이번장에서는.........

Switch의 기능들을 알아보았다.

※ Tips

➛ 객체 집합 관련 클래스

한 개 이상의 객체를 리스트 형태로 다룰 수 있는 클래스로는 NSArray, NSDictionary, NSSet 등이 있다. 다른 객체 집합 관련 클래스는 이 세 개를 확장한 클래스로 이 세 가지의 특징에 대해 알고 있으면 다른 객체 집합 관련 클래스는 금방 이해할 수 있을 것이다.

- NSArray
  - 순서가 있는 배열을 관리하는 클래스이다. 순서가 있는 배열을 관리하는 클래스라고 하는 것은 배열을 구성하는 객체들의 위치를 통해 배열내의 오브젝트를 가져오고, 변경할 수 있다.
    인스턴스 메소드 - (id)objectAtIndex:(NSUInteger)index 를 통해 특정 위치의 오브젝트를 가져올 수 있다.

- NSDictionary
  - NSDictionary에서는 최초 생성할 때 넣은 Key값을 통해 배열에 접근할 수 있다. NSDictionary를 생성할 때 Object를 넣고, 그 다음에 Key 값을 넣어 배열을 생성한다. NSDictionary 선언 형식은 아래와 같다.
    NSDictionary *array = [NSDictionary dictionaryWithObjectsAndKeys:오브젝트, 키 값, 오브젝트, 키 값, nil];
    인스턴스 메소드 -(id)objectForKey:(id)aKey 를 호출해 키 값으로 특정 위치의 오브젝트를 가져올 수 있다.

2.3.2 Progress View (UIProgressView)

Interface Builder에 Progress View를 올려놓고, 속성을 확인해 보자.

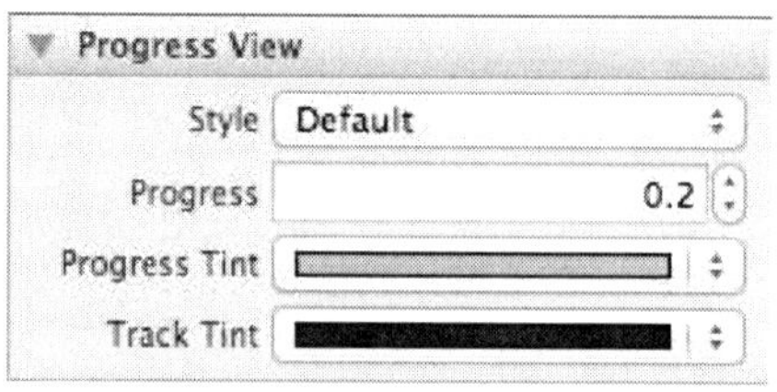

Style : 아래와 같은 다양한 형태의 Progress View로 설정.

 (Default)

 (Bar)

Progress : 단계 설정 (Min : 0 , Max : 1)

Progress Tint : 단계를 보여주는 Bar의 색 설정

Track Tint : Bar의 Background Color 설정

➡ 이번장에서는.........

ProgressView의 속성들을 알아보았다.

2.3.3 Search Bar (UISearchBar)

Interface Builder에 Search Bar를 올려놓고, 속성을 확인해 보자.

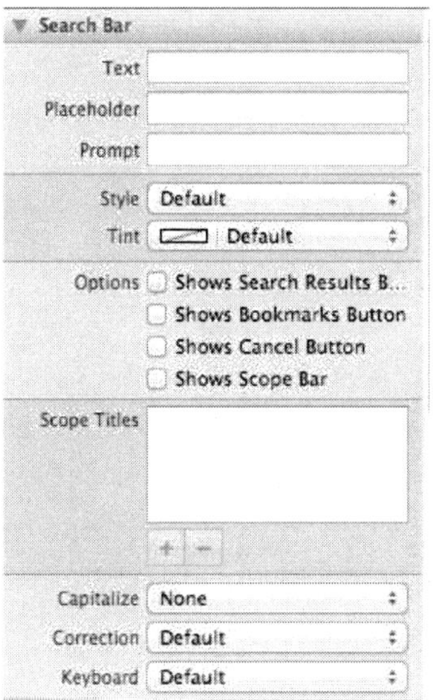

Text : Search Bar TextField 안의 텍스트 설정

Placeholder : Search Bar TextField 안에 아무런 텍스트도 입력되어 있지 않을 시 입력되어 있는, 무슨 텍스트를 입력해야 할지 알려주는 Hint 텍스트

Prompt : Search Bar 제목

Style : 아래와 같은 스타일의 Search Bar 설정.

 (Default)

 (Black Opaque)

 (Black Translucent)

Option : 여러 가지 버튼 추가

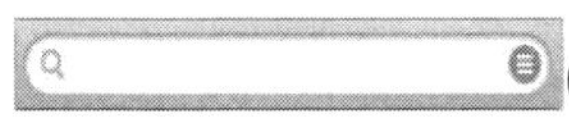 (Shows Search Results Button)

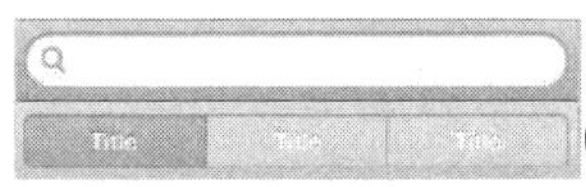 (Shows Bookmarks Button)

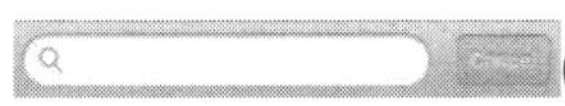 (Shows Cancel Button)

 (Shows Scope Bar)

Scope Titles : Scope Button활성화 시, Scope Button 리스트

Capitalize : 대문자 설정

Correction : TextField 아래 교정단어 표시 여부

Keyboard : SoftKeyboard 종류 설정

*** UISearchBarDelegate 중요 Method**

- (void)searchBar:(UISearchBar *)searchBar textDidChange:(NSString *)searchText
  : UISearchBar의 TextField 텍스트가 바뀌었을 때 호출되는 Method.

- (void)searchBarSearchButtonClicked:(UISearchBar *)searchBar
  : UISearchBar의 TextField SoftKeyboard의 Search 버튼 Click Event가 발생했을 때 호출되는 Method.

➡ 이번장에서는.........

UISearchBar의 속성 및 UISearchBarDelegate에 대해 알아보았다.

※ Tips

→ 키보드 종류

사용자의 문자 입력을 받는 UI 객체 속성에는 사용자의 편의성 혹은 강제성을 위해 아래와 같은 다양한 Soft Keyboard 종류를 한정 할 수 있다.

Default

ASCII Capable

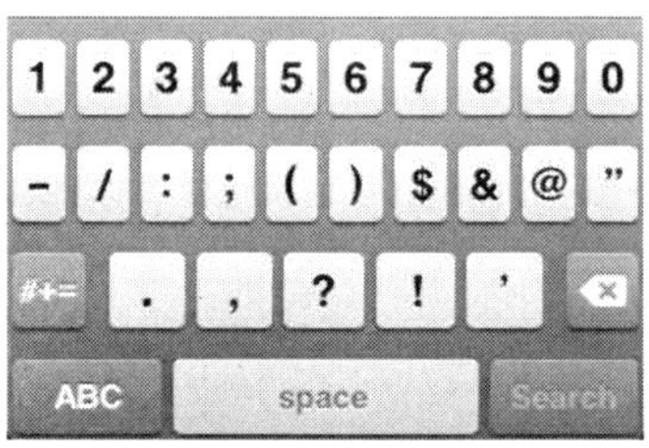

Numbers and Punctuation

URL

Number Pad

Phone Pad

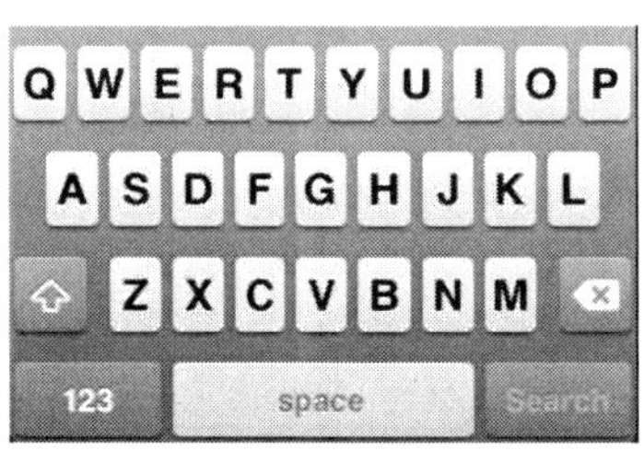

Name Phone Pad

E-mail Address

2.3.4 AlertView (UIAlertView)

코드상에 UIAlertView를 Application이 시작됨과 동시에 띄워보도록 하겠다. 앞서 사용하던 ViewTest 프로젝트 Appdelegate의 Header 파일과 구현 아래와 같이 수정해보자.

TestAppDelegate.h

```
.....
@class TestViewController;

@interface TestAppDelegate : UIResponder <UIApplicationDelegate,
                                                    UIAlertViewDelegate>

@property (strong, nonatomic) UIWindow *window;
........

```

TestAppDelegate.m

```
.........
@synthesize viewController = _viewController;

- (BOOL)application:(UIApplication *)application didFinishLaunchingWithOptions:(NSDictionary *)launchOptions
{
    self.window = [[UIWindow alloc] initWithFrame:[[UIScreen mainScreen] bounds]];
    // Override point for customization after application launch.
    self.viewController = [[TestViewController alloc] initWithNibName:@"TestViewController" bundle:nil];
    self.window.rootViewController = self.viewController;
    [self.window makeKeyAndVisible];

    [self showUsageAlertDialog];

    return YES;
}

- (void)showUsageAlertDialog
{
        NSString *message = @"확인 메세지";
        UIAlertView *alert = [[UIAlertView alloc] initWithTitle:@"Test" message:message delegate:self
cancelButtonTitle:@"Close" otherButtonTitles:nil];
        [alert show];
}
........

```

앱이 실행됨과 동시에 좌측과 같은 창이 생성 되는 것을 확인 할 수 있다.

➡ **이번장에서는.........**

Application의 Load가 끝남과 동시에 AlertView를 띄우는 작업을 코드로 작성해 보았다.

2.3.5 예제 코딩 - 3

앞서 알아본 Label, Switch, Progress View를 활용해서 0.01씩 증가 혹은 감소 하는 Progress View를 작성해 보도록 하겠다. Search Bar의 Scope에 따라 업데이트 시간을 설정하고, switch에 따라 증가 혹은 감소 여부를 결정하도록 하겠다.

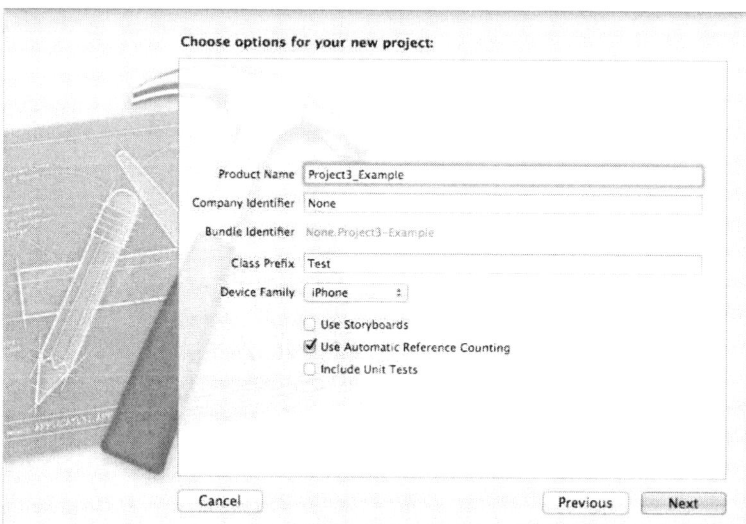

우선 Project3_Example 프로젝트를 위와 같이 생성한다.

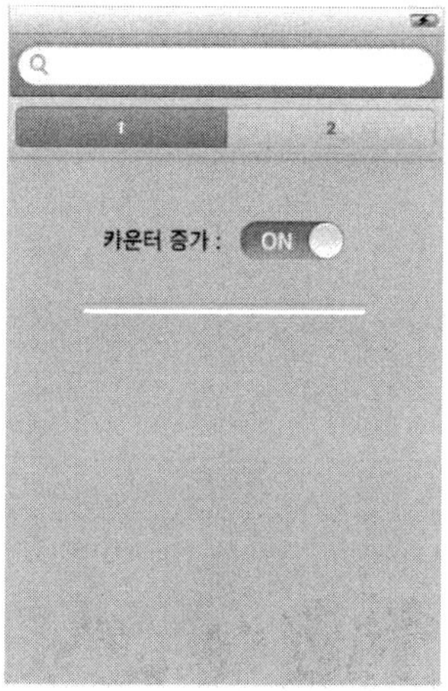

좌측과 같이 Interface Builder로 TestViewController.xib 파일을 Search Bar 1개, Label 1개, Progress View 1개, Switch 1개로 좌측과 같이 구성한다.

TestViewController.h 파일을 아래와 같이 작성한다.

TestViewController.h 파일 내용

```
#import <UIKit/UIKit.h>

@interface TestViewController : UIViewController<UISearchBarDelegate>
{
    NSTimer *timer;
    UIProgressView *pView;
    UISwitch *mSwitch;
}

@property (strong, nonatomic) NSTimer *timer;
@property (strong, nonatomic) IBOutlet UIProgressView *pView;
@property (strong, nonatomic) IBOutlet UISwitch *mSwitch;

-(void)releaseTimer;
-(void)excuteTimer;

@end
```

Interface Builder에서 Xib의 View를 아래와 같이 설정한다.

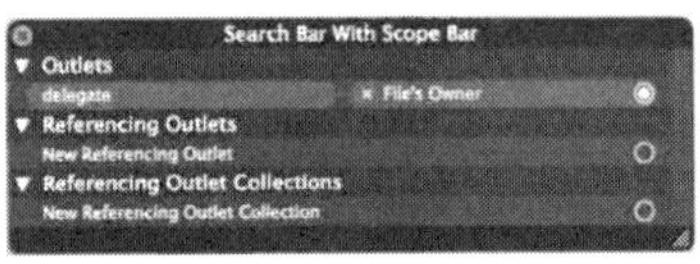

Search Bar Outlet의 delegate 와 File's Owner를 연결한다.

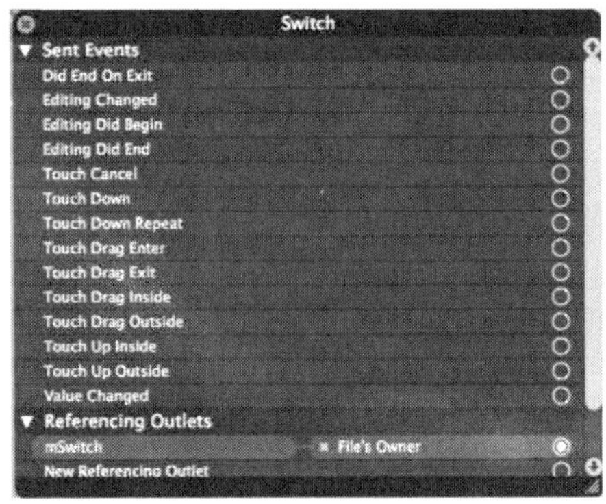

Switch와 IBOutlet 변수 mSwitch와 연결한다.

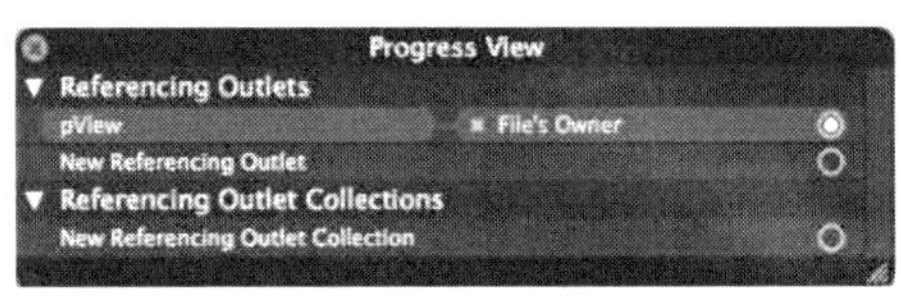

ProgressView와 IBOutlet 변수 pView와 연결한다.

TestViewController.m 파일을 아래와 같이 작성한다.

TestViewController.m 파일 내용

```
#import "TestViewController.h"

@interface TestViewController ()

@end
```

```

@implementation TestViewController

@synthesize timer;

@synthesize pView;

@synthesize mSwitch;

- (void)viewDidLoad
{
    [super viewDidLoad];


        // Do any additional setup after loading the view, typically from a nib.
}

- (void)viewDidUnload
{
    [super viewDidUnload];
    // Release any retained subviews of the main view.
}

- (BOOL)shouldAutorotateToInterfaceOrientation:
                        (UIInterfaceOrientation)interfaceOrientation
{
    return (interfaceOrientation != UIInterfaceOrientationPortraitUpsideDown);
}

-(void)excuteTimer
{
    NSLog(@"excuteTimer");
    int var;
    if([mSwitch isOn])
    {
        var = 1;

```

```
043             if([pView progress] >= 1)
044                 [pView setProgress:0];
045         }else {
046             var = -1;
047
048             if([pView progress] <= 0)
049                 [pView setProgress:1];
050         }
051         [pView setProgress:([pView progress] + (0.01f * var))];
052     }
053
054     -(void)releaseTimer
055     {
056         [timer invalidate];
057         timer = NULL;
058     }
059
060     - (void)searchBar:(UISearchBar *)searchBar
061                  selectedScopeButtonIndexDidChange:(NSInteger)selectedScope
062     {
063         [self releaseTimer];
064
065         timer = [NSTimer scheduledTimerWithTimeInterval:selectedScope+1
066                                  target:self
067                                  selector:@selector(excuteTimer)
068                                  userInfo:nil
069                                  repeats:YES];
070     }
071
072     @end
```

설명

035 ~ 052 : 타이머가 동작할 때 사용될 메소드 선언 부분. 현재 ProgressView의 Value에서 -0.01 혹은 +0.01 하는 동작을 수행.

054 ~ 058 : 타이머를 해제하는 메소드 선언 부분.

060 ~ 070 : Search Bar의 Scope 부분의 다른 버튼이 눌렸을 때 호출되는 메소드 선언 부분. 타이머를 선언하는 동작을 수행.

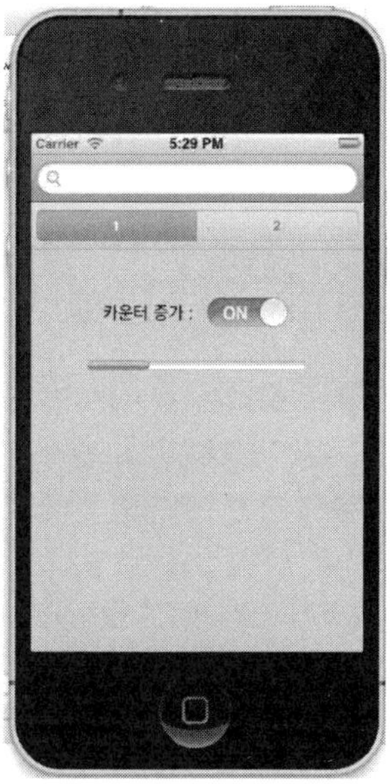

앱이 실행됨과 동시에 좌측과 같은 창이 생성되고, Search Bar의 Scope Bar 버튼을 누르면 동작하는 것을 확인 할 수 있다.

2.4 Project 4

2.4.1 Activity Indicator (UIActivityIndicatorView)

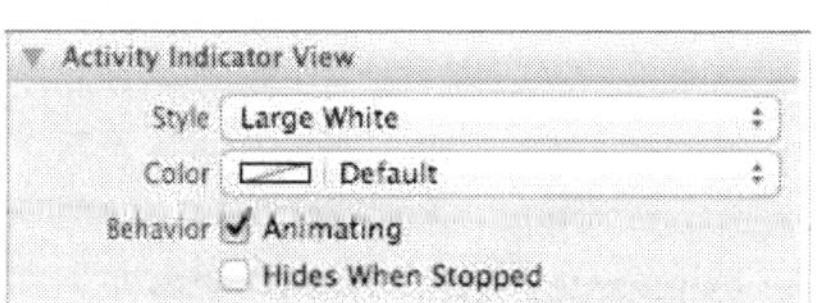

Style : 아래 여러 가지 형태를 가진 Indicator 설정

 (Large White)

 (White)

 (Gray)

Color : Indicator Background 설정

Behavior

- Animating : Indicator 화면 표시될 때 회전 여부 설정
- Hides When Stopped : Animation 설정을 FALSE로 설정할 때 Indicator 보이기 여부

➡ **이번장에서는........**

Activity Indicator의 속성에 대해서 알아보았다.

※ Tips

- Human Interface Principle (휴먼 인터페이스 원칙)
  iOS Application을 배포하기 위해서는 Apple의 1주일 정도 걸리는 심사를 받아야 한다. 이 과정에서 UI 구성하는 방법에 대해 Apple은 휴먼 인터페이스 원칙을 배포하고 있다. 이 부분을 벗어난다면 심사가 rejec되어 다시 한번 심사를 받아야할 것이다.
  이 원칙은 한정된 모바일 기기 화면을 통해 사용자가 효과적으로 Application에 접근하기 위해서는 이러한 과정이 반드시 필요하다. 이 원칙들은 기계의 성능이 아닌 사람, 생각, 동작에 근간을 두고 있는 Apple의 정책에 따른다.

- Aesthetic Integrity (심미적 통합)
  - 앱의 외형과 기능의 통합 정도를 나타낸다. Application은 표준 컨트롤과 동작을 제공하여 사용자에게 친숙함과 통일감을 준다.

- Consistency (일관성)
  - 앱을 사용하여 얻은 Interface 경험들을 다른 Application을 사용할때도 적용해 사용할 수 있는 것을 말한다.

- Direct Manipulation (직접적 조작)
  - 인터페이스를 자유자재, 사용자의 의지대로 조작을 하면 동작되는 것을 의미하는 것이다.

- Feedback (피드백)
  - 사용자의 액션에 의해 processing하는 것에 대해서 즉각적으로 Feedback을 주는 것이다.

- Metaphors (은유/ 암유)
  - 실제 생활에서 사용하는 행동들이나 객체들을 앱에 적용시키는 것들을 말한다.

- User Control (사용자 컨트롤)
  - 사용자 컨트롤은 사용자가 익숙해져 있는 표준 Control과 Action을 사용하고, 작업 진행전에는 그것을 취소할 수 있는 많은 기회를 제공하도록 한다.

2.4.2 Stepper (UIStepper)

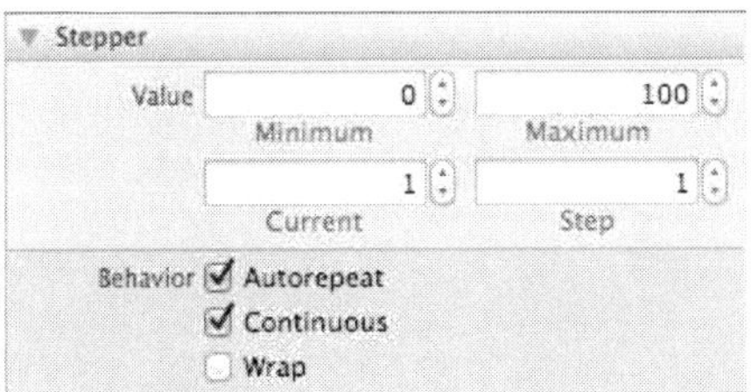

Value
- Minimum : Stepper 최소값
- Maximum : Stepper 최대값
- Current : Stepper가 화면에 보일 때, Stepper Value 설정
- Step : + 혹은 - 버튼을 눌렀을 때 Current Value가 증가 혹은 감소하는 폭 설정

Behavior
- Autorepeat : Stepper가 버튼을 Holding 하고 있을 때 Current Value를 변경 여부 설정.
- Continuous : 사용자와 Interaction중에도 value changed 이벤트 호출 설정 여부.
- Wrap : Current Value가 Maximum 혹은 Minimum Value를 넘어섰을 때 Minimum 혹은 Maximum Value로 설정

➡ 이번장에서는.........

UIStepper의 속성에 대해 알아보았다.

2.4.3 Page Control (UIPageControl)

Pages
- of Pages : Page 개수 설정.
- Current : Page Control이 화면에 표시될 때 보여주는 Page 설정.

Behavior
- Hides for Single Page : Page가 1개일 경우 Page Control 숨김 여부 설정.
- Defers Page Display : Page를 Update 시기 설정.

➡ 이번장에서는.........

페이지 컨트롤 속성에 대해 알아보았다.

2.4.4 예제 코딩 - 4

UIStepper와 UIActivityIndicator를 이용해 1부터 정해진 숫자까지 모두 더해 합을 출력하는 기능을 가진 Application을 작성해보록 하겠다. Stepper로 숫자를 증가시켜 1000000 * 숫자까지 합을 구하는 동안 UIActivityIndicator를 표시했다가 숨기도록 작성하겠다.

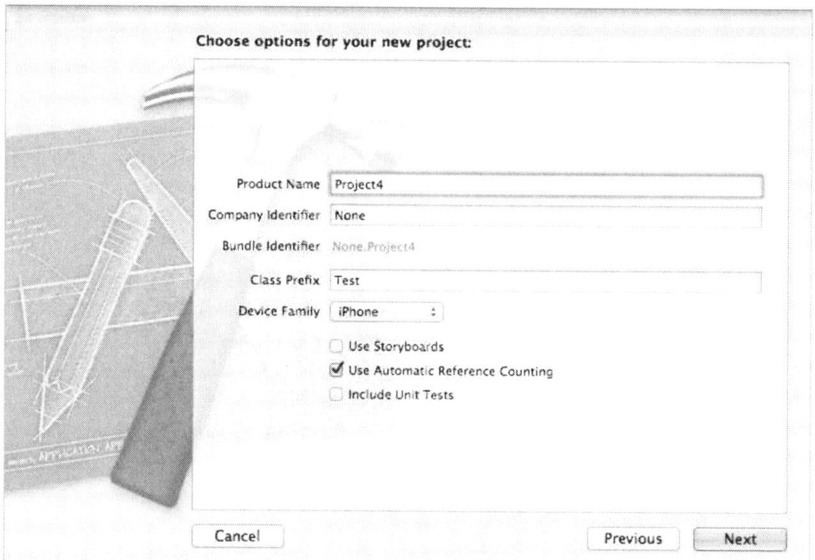

우선 Project4 프로젝트를 위와 같이 생성한다.

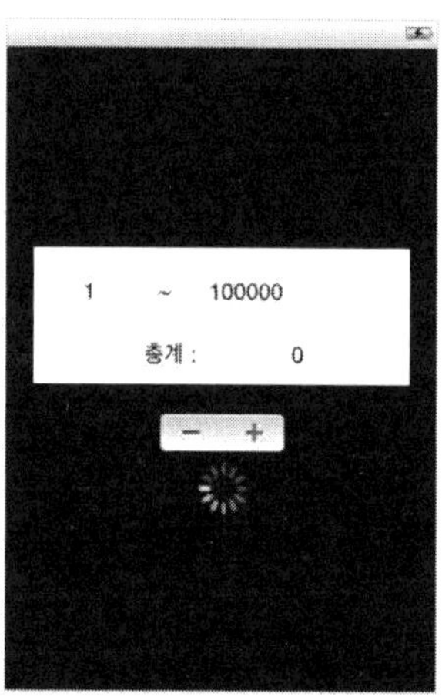

좌측과 같이 Interface Builder로 TestViewController.xib 파일을 Label 5개, Stepper 1개, Activity Indicator개로 좌측과 같이 구성한다.

TestViewController.h 파일을 아래와 같이 작성한다.

TestViewController.h 파일 내용

```
#import <UIKit/UIKit.h>

@interface TestViewController : UIViewController
                    <UIPageViewControllerDelegate, UIPageViewControllerDataSource>
{
    UILabel *label_Maximum;
    UILabel *label_Result;
    UIActivityIndicatorView *activityIndicator;
    double mValue;
}

@property (strong, nonatomic) IBOutlet UILabel *label_Maximum;
@property (strong, nonatomic) IBOutlet UILabel *label_Result;
@property (strong, nonatomic) IBOutlet
                                    UIActivityIndicatorView *activityIndicator;

-(IBAction)changValue_Stepper:(id)sender;
-(void)plusValue;
@end
```

Interface Builder에서 Xib의 View를 아래와 같이 설정한다.

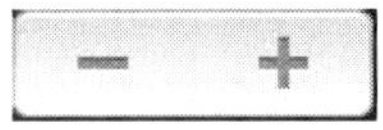

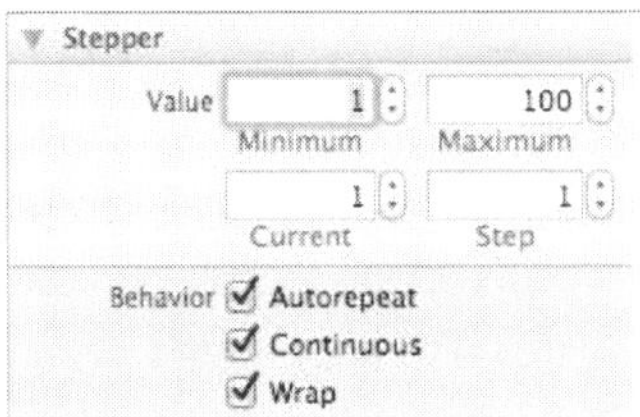

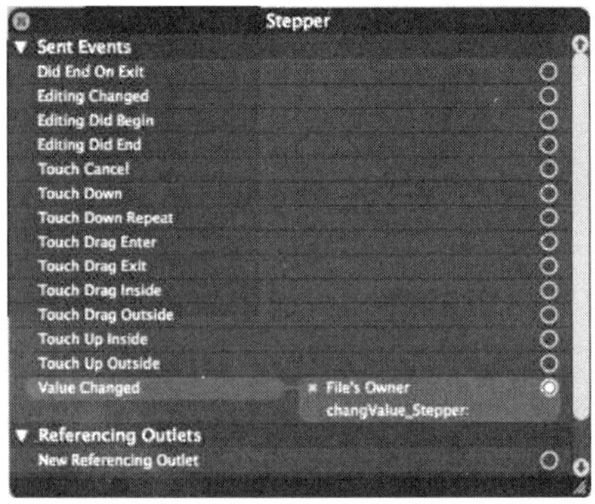

Stepper의 UI 설정을 위와 같이 한다.

Stepper의 Value Changed 이벤트와 IBAction 메소드 changeValue_Stepper와 연결한다.

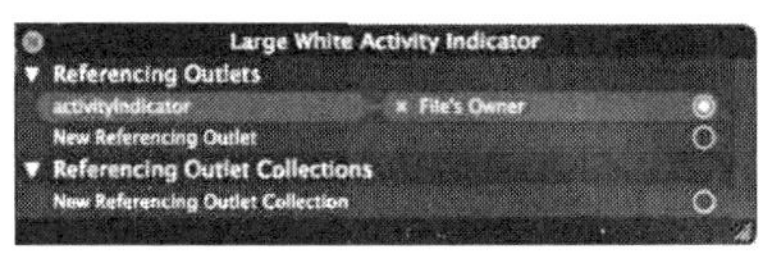

ActivityIndicator와 IBOutlet 변수 activityIndicator를 연결한다.

label과 IBOutlet 변수 label_Maximum을 연결한다.

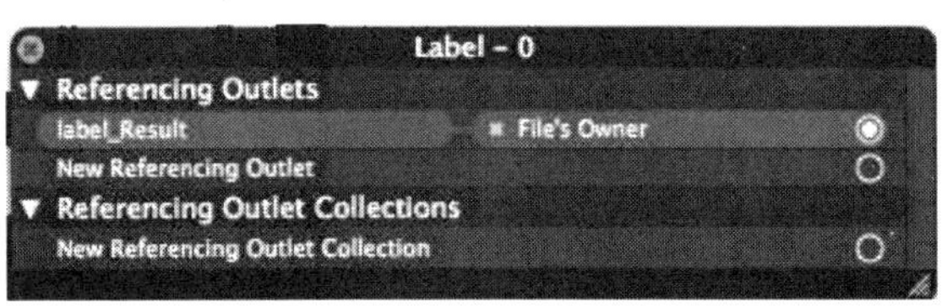

label과 IBOutlet 변수 label_Result를 연결한다.

TestViewController.m 파일을 아래와 같이 작성한다.

TestViewController.m 파일 내용

```
#import "TestViewController.h"

@interface TestViewController ()

@end

@implementation TestViewController

@synthesize label_Maximum;

@synthesize label_Result;

@synthesize activityIndicator;

- (void)viewDidLoad
{
    [super viewDidLoad];
    [activityIndicator stopAnimating];

    mValue = 100000;

    [self changValue_Stepper:NULL];
        // Do any additional setup after loading the view, typically from a nib.
}

- (void)viewDidUnload
{
    [super viewDidUnload];
    // Release any retained subviews of the main view.
}

- (BOOL)shouldAutorotateToInterfaceOrientation:
            (UIInterfaceOrientation)interfaceOrientation
```

```
{
    return (interfaceOrientation != UIInterfaceOrientationPortraitUpsideDown);
}

-(IBAction)changValue_Stepper:(id)sender
{

    [activityIndicator startAnimating];

    mValue = [(UIStepper *)sender value] * 100000;

    [NSThread detachNewThreadSelector:@selector(plusValue)
                             toTarget:self
                           withObject:NULL];
    NSLog(@"%f",mValue);
}

-(void)plusValue
{
    @autoreleasepool {
        if(mValue == 0)
            mValue = 100000;

        [label_Maximum setText:[[NSString alloc] initWithFormat:@"%f", mValue]];

        double result = 0;

        for(int i = 1; i <= mValue; i++)
        {
            result += i;
            [NSThread sleepForTimeInterval:0.001];
        }

        [label_Result setText:[[NSString alloc] initWithFormat:@"%f", result]];

        [activityIndicator stopAnimating];
    }
```

```
071  }
072  @end
```

➤ 설명

018 : Activity Indicator의 애니메이션을 종료하는 부분.

038 ~ 049 : Stepper의 Value가 변했을 때 실행되는 메소드 선언 부분. 작업은 시간이 걸리기 때문에 새로운 Thread를 생성해 작업하였다.

051 ~ 070 : Thread에서 실제로 작업을 할 메소드 선언 부분. 숫자들의 총 숫자들을 더해서 라벨에 표시되고, ActivityIndicator 애니메이션을 종료시키는 작업을 한다. 여기에서 작업속도가 너무 빠르기 때문에 값들을 더할 때마다 0.001초동안 Sleep시킨다.

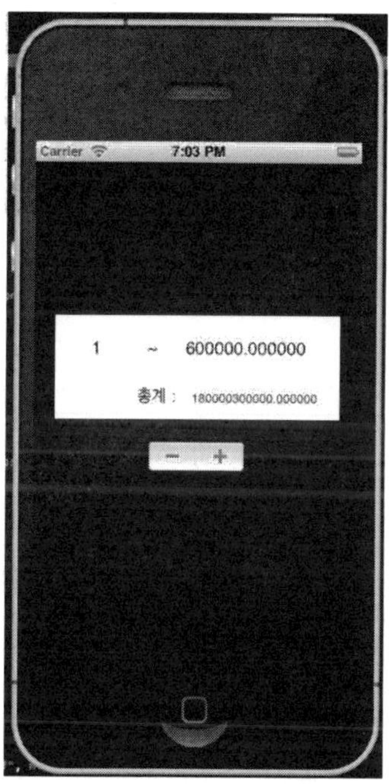

앱이 실행됨과 동시에 좌측과 같은 창이 생성되고, 계산되는 동안 Activity Indicator가 애니메이션을 하는 것을 볼 수 있다.

3. 프로젝트 – 개발

Application을 실행시켜 보면 Console View에 우측과 같은 Log가 출력되는 것을 볼 수 있다.

```
2013-01-11 09:59:25.698 ViewTest[569:14203] 3
2013-01-11 09:59:25.699 ViewTest[569:14203] 1
2013-01-11 09:59:25.702 ViewTest[569:14203] 4
2013-01-11 09:59:25.740 ViewTest[569:14203] 2
```

결과가 원하는 값이 나오지 않는다. NSMutableDictionary는 순서대로 값들을 출력해주지 않기 때문에, 순서대로 출력해주기 위해 NSArray로 다시 출력해 보도록 하겠다. 다시 TestViewController.m의 -(void)ViewDidLoad의 내용을 아래와 같이 다시 수정해 보도록 하자.

TestViewController.m 의 -(void)viewDidLoad 내용

```
[super viewDidLoad];

NSString *plistoriginPath = [[NSBundle mainBundle]
                        pathForResource:@"plist_save" ofType:@"plist"];

NSMutableDictionary *array = [[NSMutableDictionary alloc]
                        initWithContentsOfFile:plistoriginPath];

NSArray *sortedArray = [[array allKeys]
            sortedArrayUsingSelector:@selector(caseInsensitiveCompare:)];

int i = 0;
for(NSString *str in sortedArray)
{
    NSString *obj = [array objectForKey:str];
    NSLog(@"%@", obj);

    i++;
}
```

```
2013-01-11 12:06:55.778 ViewTest[1424:14203] first
2013-01-11 12:06:55.780 ViewTest[1424:14203] second
2013-01-11 12:06:55.781 ViewTest[1424:14203] third
2013-01-11 12:06:55.781 ViewTest[1424:14203] fourth
```

다시 Application을 실행시켜 보면 아래와 같은 Console View를 볼 수 있다.

Property List의 설정된 값을 가져오는 Code를 테스트 해 보았다. 이제 Property List의 값을 수정, 추가, 삭제 하는 Code를 테스트 해보도록 하겠다. plist_save.plist 파일의 2번째 값을 'second'에서 'SECOND'로 변경하는 것을 목적으로 Code를 작성한다.

TestViewController.m 의 -(void)viewDidLoad 내용

```
001    [super viewDidLoad];
002
003    NSString *plistoriginPath = [[NSBundle mainBundle]
004                          pathForResource:@"plist_save" ofType:@"plist"];
005
006    NSMutableDictionary *array = [[NSMutableDictionary alloc]
007                          initWithContentsOfFile:plistoriginPath];
008
009    [array setObject:@"SECOND" forKey:@"2"];
010
011    BOOL resut = [array writeToFile:plistoriginPath atomically:YES];
012    NSLog(@"is saved = %@", (resut? @"YES":@"NO"));
013
014    array = [[NSMutableDictionary alloc]
015                          initWithContentsOfFile:plistoriginPath];
016
017    NSArray *sortedArray = [[array allKeys]
018                      sortedArrayUsingSelector:@selector(caseInsensitiveCompare:)];
019
020    for(NSString *str in sortedArray)
021        NSLog(@"%@", [array objectForKey:str]);
```

→ 설명

003 ~ 004 : plist_save.plist 파일의 경로를 알아와 NSString * 변수에 저장하는 변수

006 ~ 007 : NSMutableDictionary 구조체에 plist_save.plist 파일 내용을 가져오는 부분

009 : NSMutableDictionary 배열의 '2'라는 KEY를 가진 변수에 Value를 "SECOND"로 저장하는 부분

011 : NSMutableDictionary 변수를 plist_save.plist파일에 저장하는 부분

012 : NSLog로 저장 결과를 출력
014 ~ 015 : 파일에 저장한 내용을 다시 가져와 array 변수에 저장하는 부분.
017 ~ 018 : NSMutableDictionary 내용을 다시 정렬해 NSArray변수에 저장하는 부분. (NSMutableDictionary 에서는 순서를 지원하지 않아 NSArray로 다시 가져옴)
020 ~ 021 : sortArray 순서대로 array 배열 Value 내용출력

```
2013-01-11 12:20:59.289 ViewTest[1594:14203] is saved = YES
2013-01-11 12:20:59.291 ViewTest[1594:14203] first
2013-01-11 12:20:59.291 ViewTest[1594:14203] SECOND
2013-01-11 12:20:59.292 ViewTest[1594:14203] third
2013-01-11 12:20:59.292 ViewTest[1594:14203] fourth
```

다시 Application을 실행시켜 보면 아래와 같이 값이 정상적으로 저장되었고, 원하는 대로 값이 변경되어서 저장되는 것을 볼 수 있다.

위와 같이 내용을 수정하는 부분을 알아보았다. 추가도 역시 같은 방식이다. 단지 List에 없는 KEY값으로 설정하면 되는 것이다. 다시 'fifth' 란 Value를 가진 값을 추가해 보도록 하겠다. 위 코드에서 한 줄만 바꿔주면 된다. 아래와 같이 TestViewController.m 파일을 수정한다.

TestViewController.m 의 -(void)viewDidLoad 내용

```
...........
    NSMutableDictionary *array = [[NSMutableDictionary alloc]
                          initWithContentsOfFile:plistoriginPath];

    [array setObject:@"fifth" forKey:@"5"];

    BOOL resut = [array writeToFile:plistoriginPath atomically:YES];
..............
```

```
2013-01-11 13:13:19.846 ViewTest[1666:14203] is saved = YES
2013-01-11 13:13:19.847 ViewTest[1666:14203] first
2013-01-11 13:13:19.847 ViewTest[1666:14203] second
2013-01-11 13:13:19.848 ViewTest[1666:14203] third
2013-01-11 13:13:19.848 ViewTest[1666:14203] fourth
2013-01-11 13:13:19.849 ViewTest[1666:14203] fifth
```

다시 Application을 실행시켜 보면 좌측과 같이 'fifth'를 추가한 모습을 볼 수 있다.

TestViewController.m 의 -(void)viewDidLoad 내용

```
......................
        for(NSString *str in sortedArray)
            NSLog(@"%@", [array objectForKey:str]);

        for(int i = 1; i < [sortedArray count]; i++)
        {
            [array removeObjectForKey:[sortedArray objectAtIndex:i]];
        }

        resut = [array writeToFile:plistoriginPath atomically:YES];
        NSLog(@"is saved = %@", (resut? @"YES":@"NO"));

        array = [[NSMutableDictionary alloc]
                    initWithContentsOfFile:plistoriginPath];

        sortedArray = [[array allKeys]
                        sortedArrayUsingSelector:@selector(caseInsensitiveCompare:)];

        for(NSString *str in sortedArray)
            NSLog(@"%@", [array objectForKey:str]);
```

다시 Application을 실행시켜 보면 좌측과 같이 'first' value만 남아있는 모습을 볼 수 있다.

'fourth'를 추가한다

추가, 수정 Code 작성 방법외에 삭제 방법을 알아야 한다. 위 내용에서 젤 위 value 인 'first'만 남겨놓고 모두 삭제하는 code를 작성해보도록 하겠다. TestViewController.m의 -(void)viewDidLoad 내용을 아래와 같이 수정해보록 하자.

TestViewController.m 의 -(void)viewDidLoad 내용

```
    [super viewDidLoad];

    NSString *plistoriginPath = [[NSBundle mainBundle]
                        pathForResource:@"plist_save" ofType:@"plist"];

    NSMutableDictionary *array = [[NSMutableDictionary alloc]
                        initWithContentsOfFile:plistoriginPath];

    NSString *value = [[NSString alloc]initWithFormat:@"First", NULL];

    [array setObject:@"fifth" forKey:@"5"];

    BOOL resut = [array writeToFile:plistoriginPath atomically:YES];
    NSLog(@"is saved = %@", (resut? @"YES":@"NO"));

    array = [[NSMutableDictionary alloc]
                        initWithContentsOfFile:plistoriginPath];

    NSArray *sortedArray = [[array allKeys]
                sortedArrayUsingSelector:@selector(caseInsensitiveCompare:)];

    for(NSString *str in sortedArray)
        NSLog(@"%@", [array objectForKey:str]);

    NSArray *paths =
        NSSearchPathForDirectoriesInDomains(
                                NSDocumentDirectory, NSUserDomainMask, YES);
    NSString *documentsDirectory = [paths objectAtIndex:0];
    NSString *plistnewPath =
        [documentsDirectory stringByAppendingPathComponent:@"plist_save_new.plist"];

    resut = [array writeToFile:plistnewPath atomically:YES];
    NSLog(@"is saved = %@", (resut? @"YES":@"NO"));

    array = [[NSMutableDictionary alloc]
```

```
            initWithContentsOfFile:plistnewPath];

    sortedArray = [[array allKeys]
                      sortedArrayUsingSelector:@selector(caseInsensitiveCompare:)];

    for(NSString *str in sortedArray)
        NSLog(@"%@", [array objectForKey:str]);
```

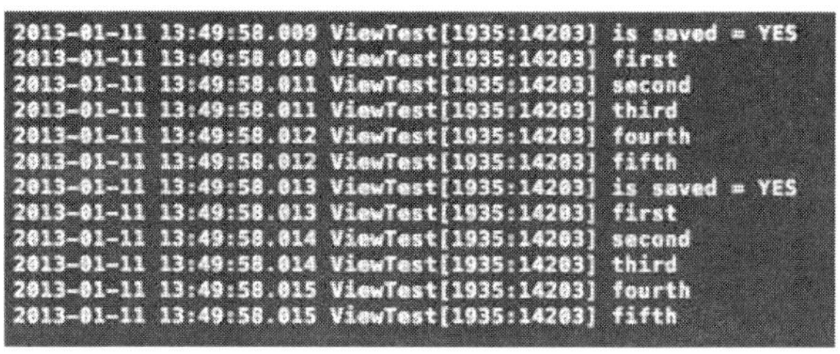

다시 Application을 실행시켜 보면 좌측과 같이 내용이 복사된 모습을 볼 수 있다.

➡ **이번장에서는.........**

이번 장에서는 Property List 의 내용 추가, 갱신, 삭제, 생성 등을 알아보았다.

3.2.2 코어 데이터 (Core Data)

코어 데이터는 iOS SDK에서 제공하는 데이터 관리 Framework 이다. 이전에는 Objective-C의 저장 API를 활용하여 데이터를 저장 및 관리해야 했는데 코어데이터를 사용하면 객체지향기반의 Core Data Framework api를 활용하여 효과적으로 데이터를 저장 및 관리 가능하다.

Core Data를 테스트 해보기 위해 프로젝트를 생성해 보자.

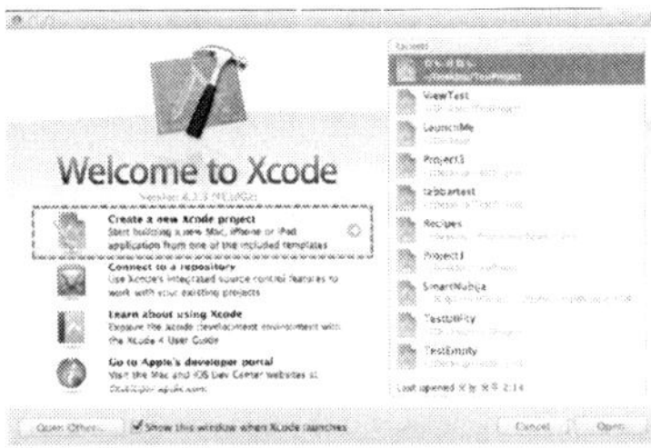

CoreData 동작 Test를 위해 새로운 프로젝트를 생성한다.

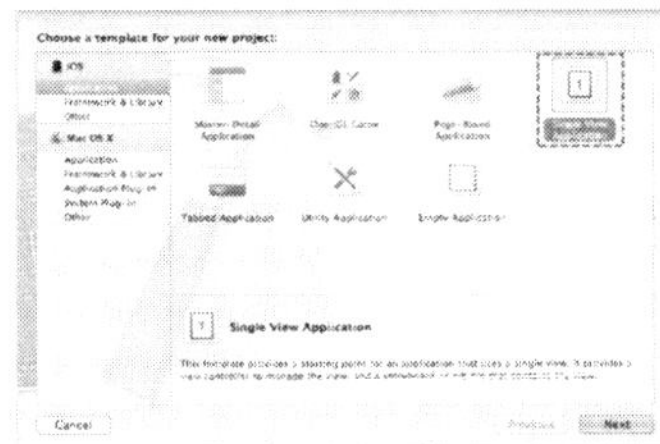

Master-Detail Application을 선택하면 Core데이터에 내용이 자동으로 추가되지만, 어떤 방식으로 구동되는지 확인해보기 위해 Single View Application을 선택한다.

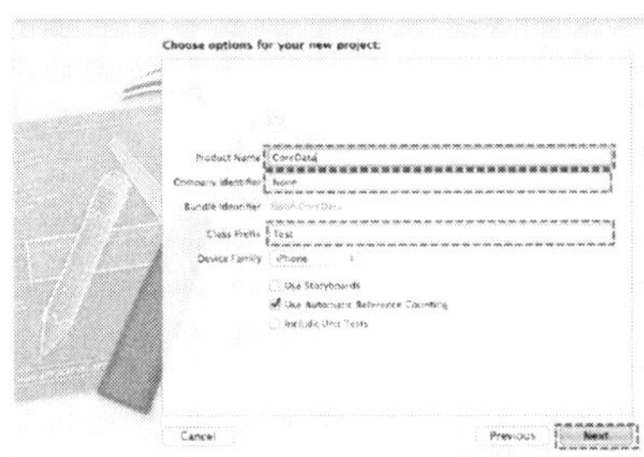

여러분들이 사용할 프로젝트 이름 등을 설정한다.

저장될 폴더를 선택한다.

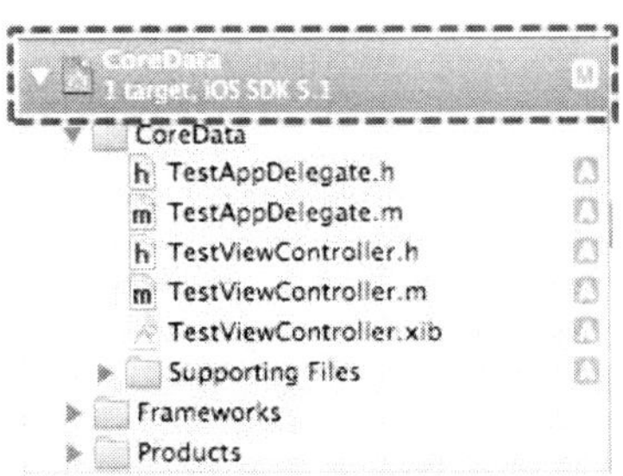

Navigator area의 Project navigator 탭을 선택한 후 프로젝트를 선택한다.

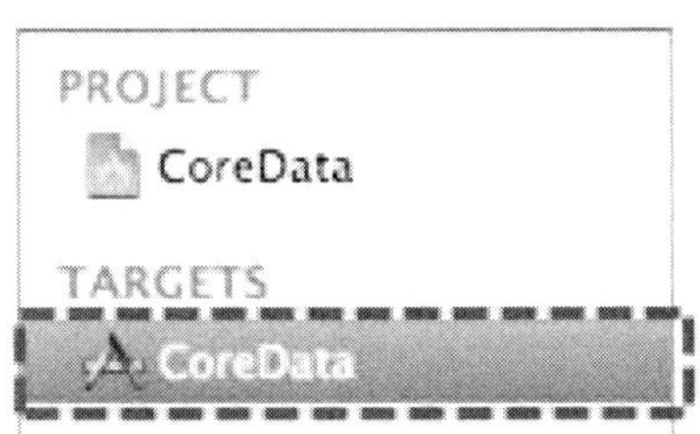

프로젝트의 Editor area 좌측의 TARGETS를 선택한다.

코어 데이터를 사용하기 위해 Linked Frameworks and Libraries 에 +버튼을 누른다.

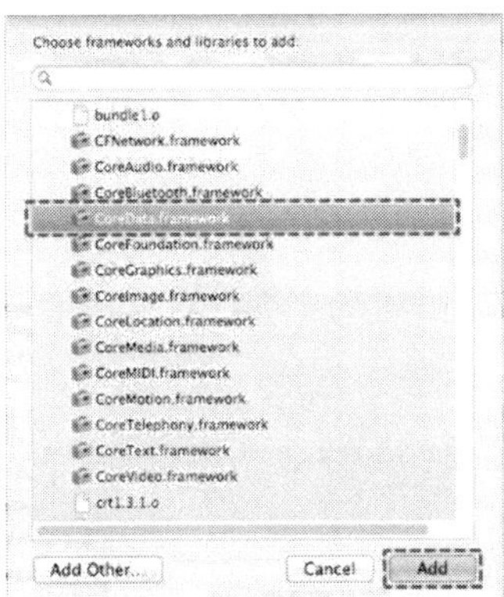

Framework and Libraries 중 CoreData Framework를 선택한 후 Add 버튼을 누른다.

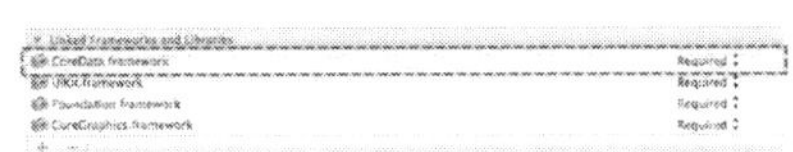

위와 같이 CoreData.framework가 추가된 모습을 확인 할 수 있다.

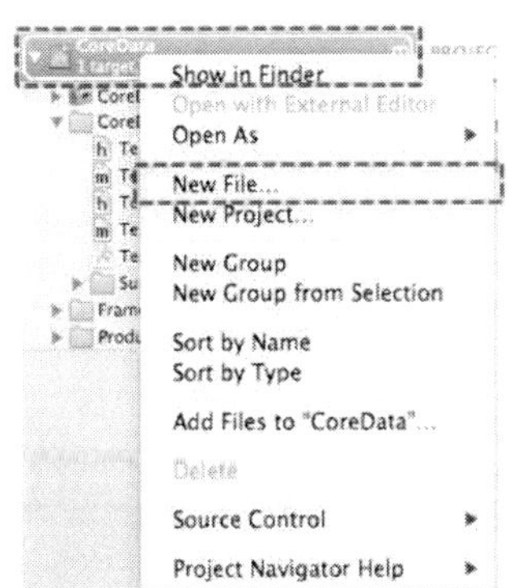

코어 데이터 모델을 시각적으로 관리하기 위한 코어 데이터 모델 관리 파일을 생성하기 위해 New File을 선택한다.

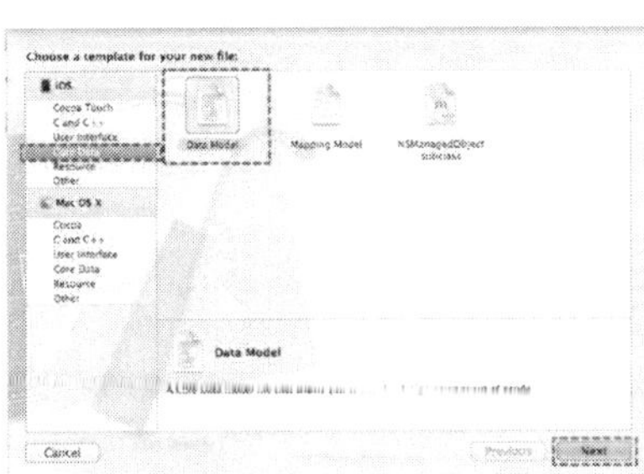

iOS의 Core Data 탭의 Data Model 을 선택한다.

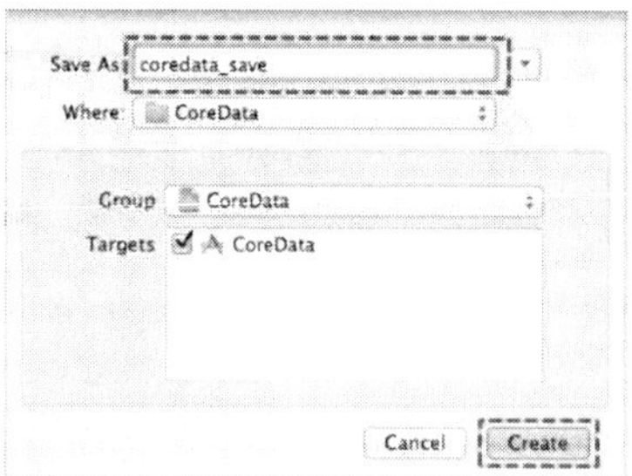

Core Data Model의 이름 설정 후 Create 버튼을 누른다.

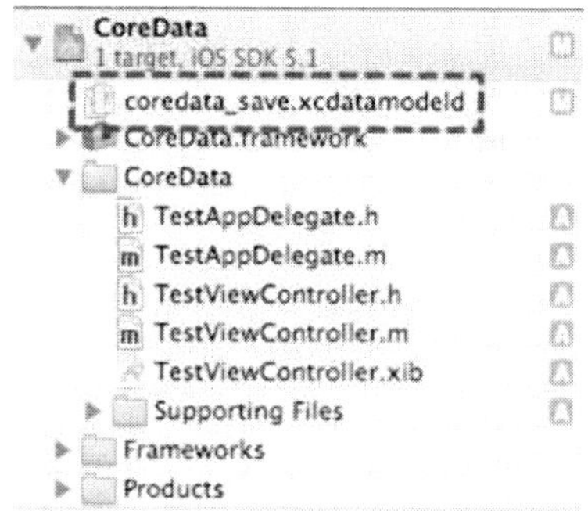

Project navigator에 위와 같은 파일이 추가된 것을 볼 수 있다.

Editor 좌측 하단에 있는 Add Entity 버튼을 눌러 코어 데이터 모델 Entity를 추가한다.

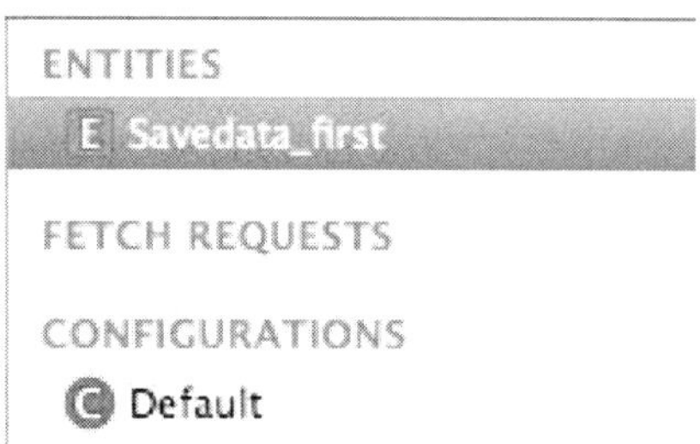

추가된 Entity의 이름을 위의 그림과 같이 설정한다.

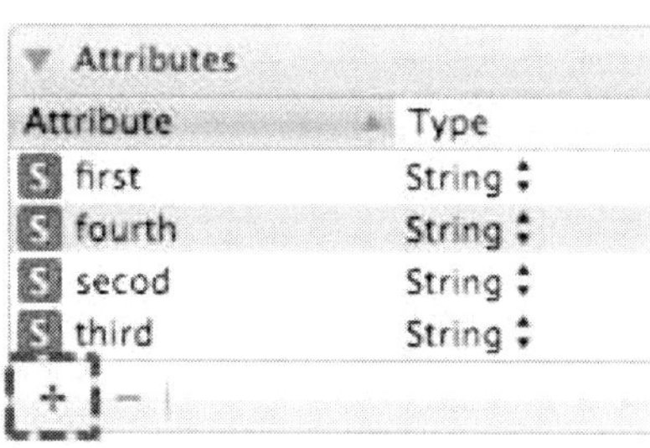

추가된 Entity를 선택 후 Attributes를 추가한다.

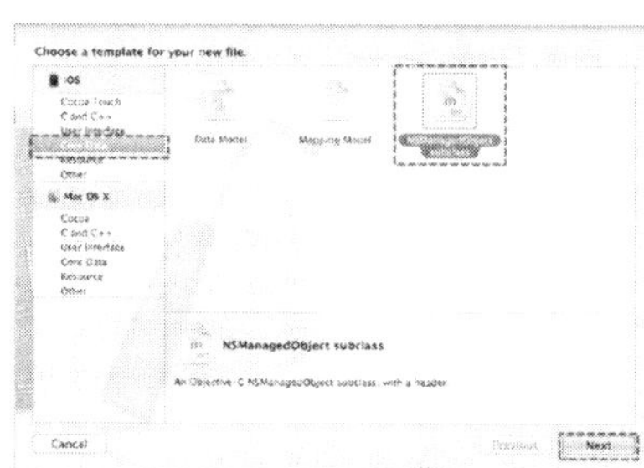

추가된 Entity를 관리하기 위한 NSManagedObject subclass 를 추가하기 위해 Next 버튼을 누른다.

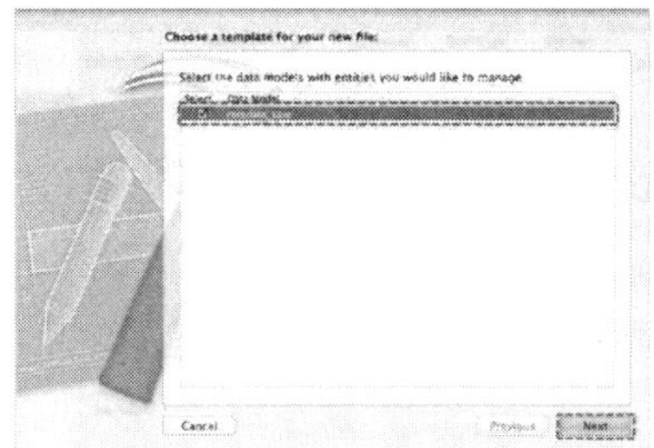

Core Data Model을 coredata_save 로 선택한다.

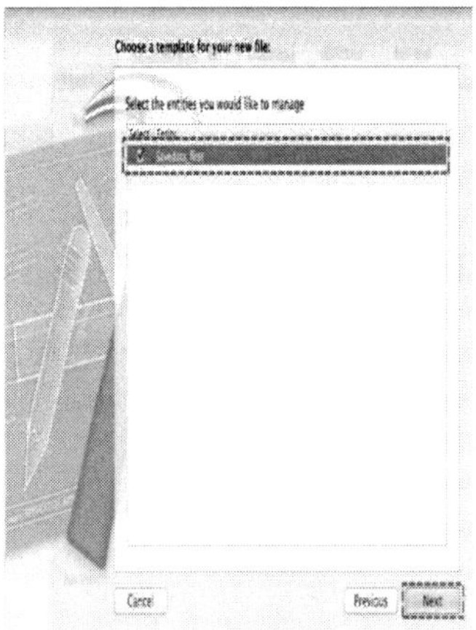

NSManagedObject가 관리할 entity를 선택한다.

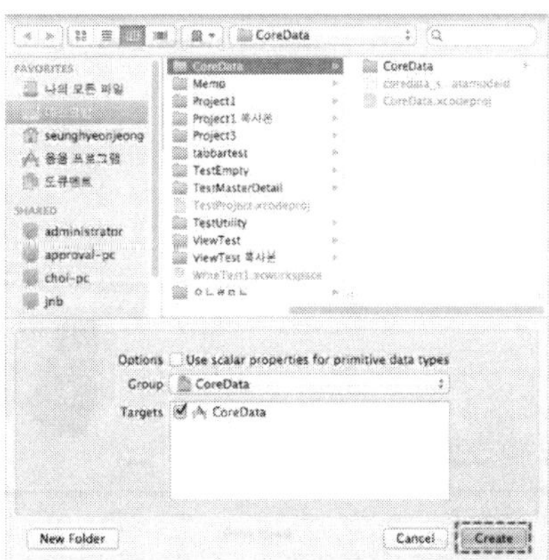

파일이 생성될 위치를 선택한다.

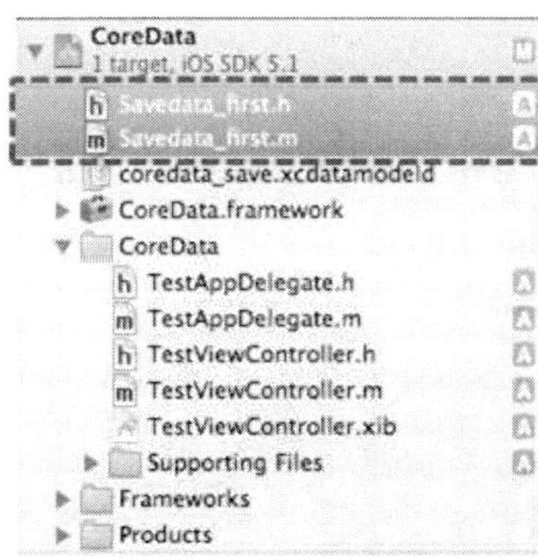

위와 같이 파일이 생성되었다.

TestAppDelegate.h 파일을 아래와 같이 작성한다.

TestAppDelegate.h

```
#import 〈UIKit/UIKit.h〉

@class TestViewController;

@interface TestAppDelegate : UIResponder 〈UIApplicationDelegate〉
{
    NSManagedObjectModel *managedObjectModel;
    NSManagedObjectContext *managedObjectContext;
    NSPersistentStoreCoordinator *persistentStoreCoordinator;
}

- (NSURL *)applicationDocumentsDirectory;

@property (strong, nonatomic) UIWindow *window;

@property (strong, nonatomic) TestViewController

*viewController;

@end
```

TestAppDelegate.m 파일을 아래와 같이 수정한다.

TestAppDelegate.m

```
#import "TestAppDelegate.h"

#import "TestViewController.h"
#import "Savedata_first.h"

@interface TestAppDelegate (CoreDateStack)
@property (nonatomic, retain, readonly) NSManagedObjectModel
                                                    *managedObjectModel;
```

```
@property (nonatomic, retain, readonly) NSManagedObjectContext
                                            *managedObjectContext;
@property (nonatomic, retain, readonly) NSPersistentStoreCoordinator
                                            *persistentStoreCoordinator;
@end

@implementation TestAppDelegate

@synthesize window = _window;
@synthesize viewController = _viewController;

- (BOOL)application:(UIApplication *)application
        didFinishLaunchingWithOptions:(NSDictionary *)launchOptions
{
    self.window = [[UIWindow alloc]
                initWithFrame:[[UIScreen mainScreen] bounds]];
    // Override point for customization after application launch.
    self.viewController = [[TestViewController alloc]
                initWithNibName:@"TestViewController" bundle:nil];
    self.window.rootViewController = self.viewController;
    [self.window makeKeyAndVisible];

    //저장할 객체 생성
    Savedata_first *newData =
        [NSEntityDescription insertNewObjectForEntityForName:@"Savedata_first"
                  inManagedObjectContext:self.managedObjectContext];
    newData.data1 = @"FIRST";
    newData.data2 = @"SECOND";
    newData.data3 = @"THIRD";
    newData.data4 = @"FOURTH";



    NSManagedObjectContext *context = [[NSManagedObjectContext alloc] init];
    [context setPersistentStoreCoordinator:persistentStoreCoordinator];


```

```
    //저장
    NSError *savingError = nil;


    if([self.managedObjectContext save:&savingError] == YES)
    {
        NSLog(@"Saved.");
    }else {
        NSLog(@"Save Failed.");
    }

    //저장된 내용 출력
    NSFetchRequest *fetchRequest = [[NSFetchRequest alloc] init];

    NSEntityDescription *entity =
        [NSEntityDescription entityForName:@"Savedata_first"
                inManagedObjectContext:self.managedObjectContext];

    [fetchRequest setEntity:entity];

    NSError *requestError = nil;

    NSArray *array_data =
        [self.managedObjectContext
                executeFetchRequest:fetchRequest error:&requestError];

    int count  = 0;
    if([array_data count] > 0)
    {
        for(Savedata_first *data in array_data)
        {
            NSLog(@"Savedata_first - %d", count);

            NSLog(@"Savedata_first.data1 = %@", data.data1);
            NSLog(@"Savedata_first.data2 = %@", data.data2);
            NSLog(@"Savedata_first.data3 = %@", data.data3);
            NSLog(@"Savedata_first.data4 = %@", data.data4);
```

```

            NSLog(@"-----------------------------------------------");
            count++;
        }

    }

    return YES;
}

#pragma mark -
#pragma mark Core Data stack

- (NSManagedObjectContext *) managedObjectContext {

    if (managedObjectContext != nil) {
        return managedObjectContext;
    }

    NSPersistentStoreCoordinator *coordinator =
                        [self persistentStoreCoordinator];
    if (coordinator != nil) {
        managedObjectContext = [[NSManagedObjectContext alloc] init];
        [managedObjectContext setPersistentStoreCoordinator: coordinator];
    }
    return managedObjectContext;
}


- (NSManagedObjectModel *)managedObjectModel {

    if (managedObjectModel != nil) {
        return managedObjectModel;
    }
    managedObjectModel = [NSManagedObjectModel mergedModelFromBundles:nil];
    return managedObjectModel;
}
```

```
120
121  - (NSPersistentStoreCoordinator *)persistentStoreCoordinator {
122
123      if (persistentStoreCoordinator != nil) {
124          return persistentStoreCoordinator;
125      }
126      NSURL *storeURL =
127          [[self applicationDocumentsDirectory]
128                  URLByAppendingPathComponent:@"AAD.sqlite"];
129
130      NSError *error = nil;
131      persistentStoreCoordinator =
132          [[NSPersistentStoreCoordinator alloc]
133                  initWithManagedObjectModel:[self managedObjectModel]];
134      if (![persistentStoreCoordinator
135                  addPersistentStoreWithType:NSSQLiteStoreType
136                  configuration:nil URL:storeURL
137                  options:nil error:&error]) {
138          NSLog(@"Unresolved error %@, %@", error, [error userInfo]);
139          abort();
140      }
141
142      return persistentStoreCoordinator;
143  }
144
145  - (NSURL *)applicationDocumentsDirectory
146  {
147      return
148          [[[NSFileManager defaultManager]
149                  URLsForDirectory:NSDocumentDirectory
150                  inDomains:NSUserDomainMask] lastObject];
151  }
152
153  @end
```

설명

007 ~ 012 : Core Data를 관리하기 위한 변수 선언

023 ~ 029 : Appdelegate에서 ViewController를 추가하기 위해 자동 생성된 부분
032 ~ 038 : 저장할 데이터를 생성한 후 변수에 Value를 저장하는 부분
042 ~ 043 : CoreData를 관리할 NSManagedObjectContext를 생성하는 부분.
047 : 저장할 때 생성되는 Error를 저장할 NSError 변수 선언 부분.
050 ~ 055 : 저장 성공여부 메시지 출력 부분
058 : 저장 내용 가져올 NSFetchRequest 변수 선언.
060 ~ 062 : NSFetchRequest에서 가져올 Entity 형태 선언 부분.
064 : NSFetchRequest에서 가져올 Entity 형태 지정 부분.
066 : 데이터 불러올 때 생성되는 Error를 저장할 NSError 변수 선언 부분.
068 ~ 070 : 지정된 Entity 형태를 가진 데이터를 NSArray 변수에 저장하는 부분.
072 : NSArray를 카운트 할 변수 count선언 부분.
075 ~ 086 : NSArray 내용을 출력하는 부분

```
2013-01-11 15:51:39.721 CoreData[2872:14503] Saved.
2013-01-11 15:51:39.723 CoreData[2872:14503] Savedata_first - 0
2013-01-11 15:51:39.724 CoreData[2872:14503] Savedata_first.data1 = FIRST
2013-01-11 15:51:39.724 CoreData[2872:14503] Savedata_first.data2 = SECOND
2013-01-11 15:51:39.725 CoreData[2872:14503] Savedata_first.data3 = THIRD
2013-01-11 15:51:39.725 CoreData[2872:14503] Savedata_first.data4 = FOURTH
2013-01-11 15:51:39.726 CoreData[2872:14503]
--------------------------------------------------
2013-01-11 15:51:39.726 CoreData[2872:14503] Savedata_first - 1
2013-01-11 15:51:39.727 CoreData[2872:14503] Savedata_first.data1 = FIRST
2013-01-11 15:51:39.727 CoreData[2872:14503] Savedata_first.data2 = SECOND
2013-01-11 15:51:39.727 CoreData[2872:14503] Savedata_first.data3 = THIRD
2013-01-11 15:51:39.728 CoreData[2872:14503] Savedata_first.data4 = FOURTH
2013-01-11 15:51:39.728 CoreData[2872:14503]
--------------------------------------------------
2013-01-11 15:51:39.729 CoreData[2872:14503] Savedata_first - 2
2013-01-11 15:51:39.729 CoreData[2872:14503] Savedata_first.data1 = FIRST
2013-01-11 15:51:39.730 CoreData[2872:14503] Savedata_first.data2 = SECOND
2013-01-11 15:51:39.760 CoreData[2872:14503] Savedata_first.data3 = THIRD
2013-01-11 15:51:39.760 CoreData[2872:14503] Savedata_first.data4 = FOURTH
2013-01-11 15:51:39.761 CoreData[2872:14503]
--------------------------------------------------
2013-01-11 15:51:39.761 CoreData[2872:14503] Savedata_first - 3
2013-01-11 15:51:39.762 CoreData[2872:14503] Savedata_first.data1 = FIRST
2013-01-11 15:51:39.762 CoreData[2872:14503] Savedata_first.data2 = SECOND
2013-01-11 15:51:39.763 CoreData[2872:14503] Savedata_first.data3 = THIRD
2013-01-11 15:51:39.763 CoreData[2872:14503] Savedata_first.data4 = FOURTH
2013-01-11 15:51:39.763 CoreData[2872:14503]
--------------------------------------------------
2013-01-11 15:51:39.764 CoreData[2872:14503] Savedata_first - 4
2013-01-11 15:51:39.764 CoreData[2872:14503] Savedata_first.data1 = FIRST
2013-01-11 15:51:39.765 CoreData[2872:14503] Savedata_first.data2 = SECOND
2013-01-11 15:51:39.765 CoreData[2872:14503] Savedata_first.data3 = THIRD
2013-01-11 15:51:39.766 CoreData[2872:14503] Savedata_first.data4 = FOURTH
2013-01-11 15:51:39.766 CoreData[2872:14503]
--------------------------------------------------
```

Application을 다섯 번 재실행 하면 데이터가 누적되면서 위와 같은 ConsolView를 확인 할 수 있다.

➡ 이번장에서는.........

코어 데이터를 활용해 형식 지정 및 데이터 저장, 호출하는 Method를 사용해 데이터 저장 및 내용 을 Log로 출력해 보았다.

3.2.3 SQLite 데이터 베이스

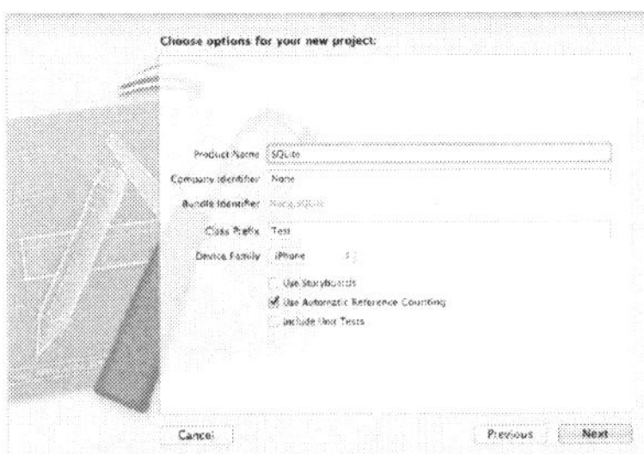

프로젝트를 위와 같은 설정으로 만든다.

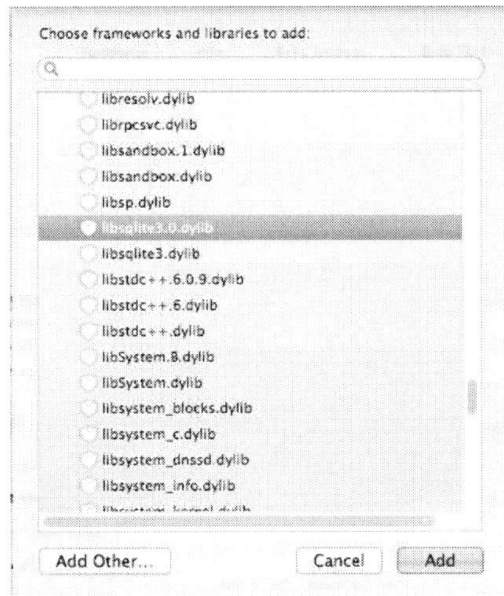

Linked Frameworks and Libraries에서 libsqlite3.0.dylib 를 선택한다.

위와 같이 libsqlite3.0dylib 가 추가된 모습을 볼 수 있다.

SQLite는 모바일 기기에 최적화된 경량 Database로서, Android에서도 포함되어 있다. 이 프로젝트에서는 SQLite Library의 메소드와 rowQuery 를 활용해 Table을 만든 후 번호와 이름 Culumn을 만든 후 1가지의 row를 입력하고, NSLog로 출력해보도록 하겠다.

TestAppDelegate.m의 - (BOOL)application:(UIApplication *)application didFinishLaunchingWithOptions : (NSDictionary *) launchOptions 의 메소드를 아래와 같이 수정한다.

TestAppDelegate.m 의 - (BOOL)application:(UIApplication *)application didFinishLaunchingWithOptions:(NSDictionary *)launchOptions 메소드 수정

```
self.window = [[UIWindow alloc] initWithFrame:
                    [[UIScreen mainScreen] bounds]];
// Override point for customization after application launch.
self.viewController = [[TestViewController alloc]
                    initWithNibName:@"TestViewController" bundle:nil];
self.window.rootViewController = self.viewController;
[self.window makeKeyAndVisible];


NSString *documentsDirectory =
        [NSSearchPathForDirectoriesInDomains
         (NSDocumentDirectory, NSUserDomainMask, YES)
            objectAtIndex:0];

NSString *filePath = [documentsDirectory
                    stringByAppendingPathComponent:@"db.sqlite"];

sqlite3 *database;

if(sqlite3_open([filePath UTF8String], &database) != SQLITE_OK)
{
    sqlite3_close(database);

    NSLog(@"Can't Open Database");
}

//테이블 생성
char *sql =
    "CREATE TABLE IF NOT EXISTS test (no INTEGER PRIMARY KEY NOT NULL, name VARCHAR)";

if(sqlite3_exec(database, sql, nil, nil, nil) != SQLITE_OK)
{
    sqlite3_close(database);

    NSLog(@"Can't Open Database");
}


//데이터 삽입
sqlite3_stmt *insertStatement;

```

```
    char *insertSql = "INSERT INTO test (no,name) VALUES(?, ?)";

    //프리페어스테이트먼트를 사용
    if (sqlite3_prepare_v2(database, insertSql, -1, &insertStatement, NULL)
        == SQLITE_OK)
    {

        //?에 데이터를 바인드
        sqlite3_bind_int(insertStatement, 1, 1);
        sqlite3_bind_text(insertStatement, 2,
                          [@"이승기" UTF8String],  -1, SQLITE_TRANSIENT);

        // sql문 실행
        if (sqlite3_step(insertStatement) != SQLITE_DONE) {
            NSLog(@"Error");
        }
    }

    //데이터 출력
    sqlite3_stmt *selectStatement;

    char *selectSql = "SELECT no, name FROM test";

    if (sqlite3_prepare_v2(database, selectSql, -1, &selectStatement, NULL)
                                                                 == SQLITE_OK)
    {

        // while문을 돌면서 각 레코드의 데이터를 받아서 출력한다.
        while (sqlite3_step(selectStatement)==SQLITE_ROW) {
            int no = sqlite3_column_int(selectStatement, 0);
            NSString *name = [NSString stringWithUTF8String:
                          (char *)sqlite3_column_text(selectStatement, 1) ];

            NSLog(@"no : %i, name : %@",no,name);
        }
    }


    //statement close
    sqlite3_finalize(insertStatement);
    sqlite3_finalize(selectStatement);

    //db close
    sqlite3_close(database);
```

```
086
087         return YES;
088
```

→ 설명

010 ~ 013 : 저장공간의 Path 를 NSString * 형태로 구하는 부분.
015 ~ 016 : 저장공간의 Path에 File 이름을 더해 파일의 전체 Path를 구하는 부분.
020 ~ 025 : SQLite API를 활용해 sqlite3 * Type의 변수에 저장하는 중, Error 발생 시 Exception 처리 부분.
028 ~ 030 : Integer형을 가진 no Culumn과 VARCHAR 형을 가진 name Culumn을 가진 test테이블 을 생성하는 rowQuerry문.
032 ~ 037 : 테이블을 생성하는 Query문을 처리하는 중의 예외처리 부분.
043 ~ 059 : test 테이블에 1, '이승기' row를 입력하는 부분.
064 : test 테이블에서 no, name Culumn을 모두 리턴 요청하는 Query문 작성.
066 ~ 078 : test 테이블의 내용을 Print.

➡ 이번장에서는.........

이번 장에서는 SQLite rowQuery문을 호출할 수 있는 메소드와 SQLite 테이블 생성, 데이터 저장 및 수정, 삭제 하는 RowQuery를 알아보았다.

※ Tips

→ Application 상태

- Not Running
  - 사용자에 의해 실행되기 전이나, 실행 후 종료된 후 상태이다.

- ForeGround
  - 사용자에게 보여지는 애플리케이션 상태이다. 오직 한 Application만 사용자에게 보일 수 있으므로 이 상태를 가지는 Application은 한 기기에 하나 뿐이다. ForeGround는 Active상태와 Not Active 상태를 가진다.
  - Active : 이벤트를 수신하고 있거나 데이터 처리 중인 상태이다.
  - Not Active : 전화가 걸려오거나 화면 잠금 상태 등의 실행중이지만 이벤트를 수신할 수 없는 상태이다.

- Background
  - 다른 Application이 ForeGround로 전환될 때 현재 ForeGround에 있는 Application은 BackGround 상태를 가진다.

- Susptension
  - Background의 상태를 가진 Applicatio이 더 이상 작업을 하지 않으면 Suspend 상태를 가지게 된다. Suspend 상태를 가지고 있는 Application은 메모리에 상주하고 있지만 메모리 부족같은 시스템의 요구로 종료될 수 있으므로 Background 상태로 변환되면 중요한 데이터는 상시 지워지지 않는 데이터 공간에 저장할 필요가 있다.

3.3 Thread 활용

iOS Application은 UI작업을 처리하는 Main Thread 하나는 존재하고 있다. 그 이외에 Navigator등을 활용하면 2, 3개 정도 더 늘어날 수도 있다. UI작업이나 Event 안에 데이터 처리 부분을 넣어 Main Thread가 그 모든 처리를 하게 Coding을 한다면, 그 작업이 끝날 때가지 UI가 잠시 멈춰있는 경우들이 있다. 이런 경우에는 사용자가 Application이 멈춰버린 줄 알고, Touch Event를 통해 확인을 계속 하려고 할 것이다. 이럴 때 사용자의 무리한 동작으로 Exception이 일어날 확률이 높아진다.

이와 같이, 한 Method안에서 처리가 오래 걸리는 작업을 해야 할 경우에는 새로운 Thread를 사용해 작업을 한 후, 작업이 끝났을 때 Main Thread에서 처리 결과를 받아야 UI가 멈춰있는 경우가 없이 코딩을 할 수 있다.

3.3.1 Thread API 구조

iOS Thread에서 다양한 상황처리를 위해 몇가지 Method를 제공한다.

첫 번째, NSThread Class의 +(void)detachNewThreadSelector:(SEL)aSelector toTarget:(id)aTarget withObject:(id)anArgument 를 활용할 수 있다. 이 Method의 인자 aSelector는 Method로써, 하나의 인자만을 가지고 반드시 Return형이 void 여야 한다.

이 인자로 활용되는 Method는 특정한 형태를 띄고 있어야 한다. Method 첫 부분에서 NSAutoreleasePool이 생성되고 마지막에서는 해제되어야 한다. 그 형태는 아래와 같다.

Method 형태

```
-(void)methodName
{
        NSAutoreleasePool *pool = [[NSAutoreleasePool alloc] init];

        ..........
        ..........

        [pool release];
}
```

다른 형태로 NSThread를 alloc 메소드로 생성한 후, Thread를 시작하는 구조이다. 그 구조는 아래와 같은 형태를 띈다.

Thread 생성 형태

```
        ........

        NSThread *thread
                = [[NSThread alloc]
                        initWithTarget:self selector:@selector(threadFunc:) object:nil];

        [threa start];

        .........
```

이 Thread Method 활용 중 단순 연산 동작이 아닌 UI객체의 상태를 변경해야 하는 경우가 있다. 만약 이 Thread에서 UI객체의 상태를 변경하게 되면 같은 Thread에서 만들어진 객체가 아니므로 Exception이 일어난다. 이럴 경우에는 NSObject의 Method -(void)performSelectorOnMainThread:(SEL)aSelector withObject:(id)arg waitUntilDone:(BOOL)wait 를 활용한다. aSelector 인자에 메소드를 입력해서 적절히 사용한다.

➡ 이번장에서는.........

Thread 생성 메소드 및 사용 방법을 알아보았다.

※ Tips

➛ iAds

애플의 아이튠즈 앱 스토어는 일반 소프트웨어 CD구매가 아니라, 인터넷에 연결되어 있는 PC라면 자신에게 필요한 기능을 가진 Application을 다운 받을 수 있는 온라인 상점이다. 아이튠즈 앱 스토어에서는 유료로 Application을 판매할 수도 있지만, 한번에 비싼 비용을 들여 Application을 구매할 수 없는 소비자에게는 Application을 무료로 배포하고, 광고를 통해 수익을 창출 할 수도 있다.

iOS 애플리케이션의 초창기 광고 네트워크는 애플에서 직접 제공하는 것이 아니라 애드몹이란 회사가 SDK를 제공하여 광고시장을 장악하고 있었다. 애드몹이란 회사가 구글에게 인수된 후 애플은 콰트로 와이어리스라는 회사를 인수해 기존 서비스를 종료하고, iAds를 시작하였다.

3.3.2 Thread 활용

3-3-1장에서 알아본 메소드를 활용해서 버튼을 누르면 0.001초씩 증가되는 StopWatch를 제작해 보도록 하자. 이 StopWatch는 Start, Stop, Pause, Reset 버튼을 가지고 있고, 분 2자리, 초 2자리, millisecond 세자리를 표현하도록 구성하도록 해보겠다.

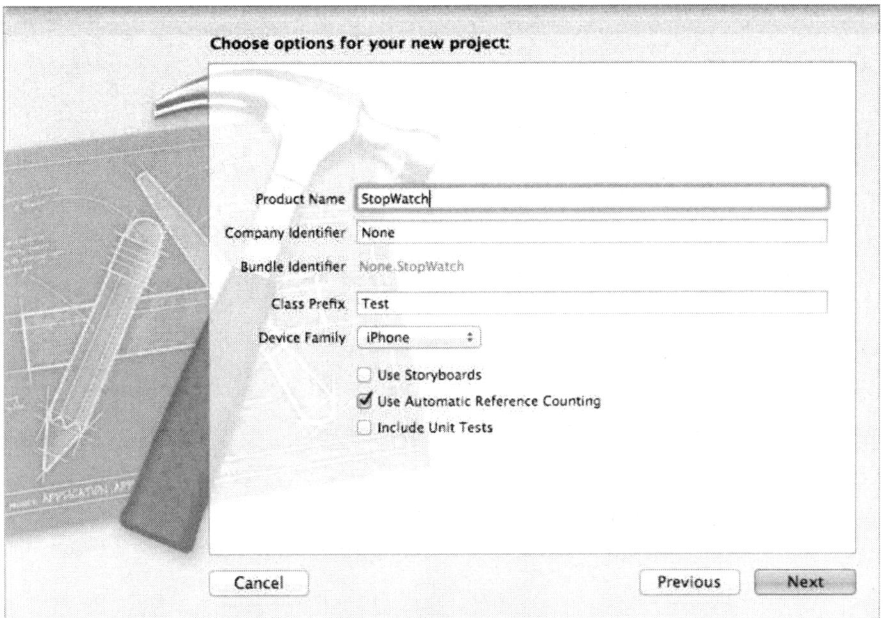

우선 StopWatch 프로젝트를 위와 같이 생성한다.

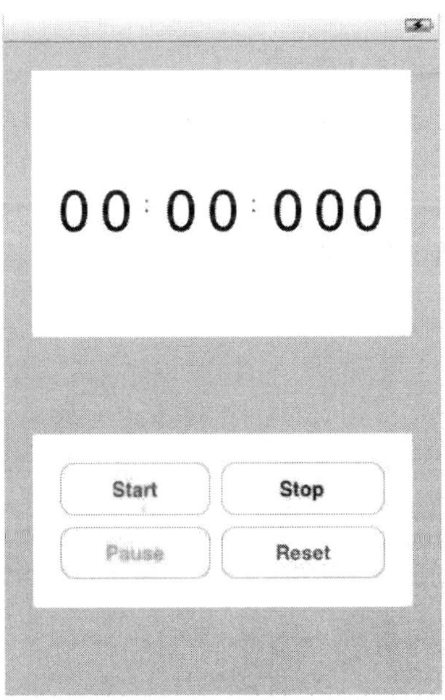

좌측과 같이 Interface Builder로 TestView Controller.xib 파일을 View 2개, Label 9개, Button 4개로 좌측과 같이 구성한다.

TestViewController.h 파일을 아래와 같이 작성한다.

TestViewController.h 파일 내용

```
#import <UIKit/UIKit.h>

@interface TestViewController : UIViewController
{
    BOOL bIsCanceled;

    NSThread *myThread;

    UILabel *label1_1, *label1_2, *label2_1,
            *label2_2, *label3_1, *label3_2, *label3_3;

    NSDate *date_StartTime;
}

@property (strong, nonatomic) NSThread *myThread;

@property (strong, nonatomic) IBOutlet UILabel *label1_1, *label1_2,
                                      *label2_1, *label2_2, *label3_1,
                                      *label3_2, *label3_3;

@property (strong, nonatomic) NSDate *date_StartTime;

-(IBAction)startStopwatch:(id)sender;

-(IBAction)stopStopwatch:(id)sender;

-(IBAction)pauseStopwatch:(id)sender;

-(IBAction)resetStopwatch:(id)sender;

-(void)countStopWatch;

-(void)setUILabel;
```

```
-(void)setUILabel_Zero;

@end
```

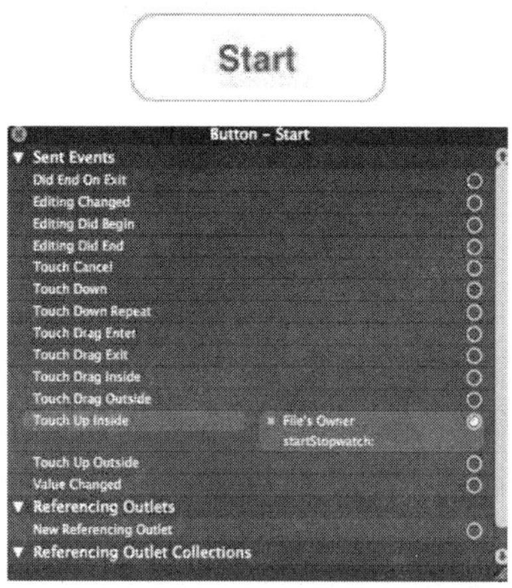

Start 버튼 Touch Up Inside 이벤트와 Header파일에 선언한 IBAction Method startStopwatch를 연결한다.

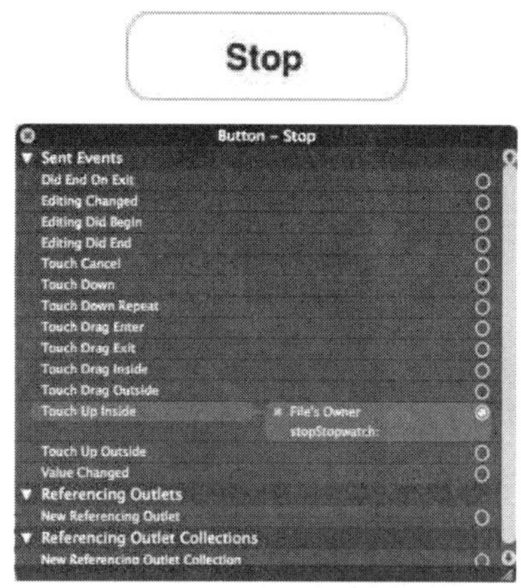

Stop 버튼 Touch Up Inside 이벤트와 Header파일에 선언한 IBAction Method stopStopwatch를 연결한다.

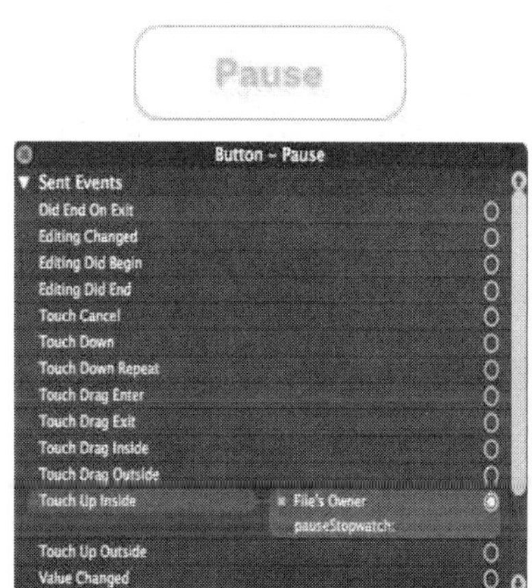

Pause 버튼 Touch Up Inside 이벤트와 Header파일에 선언한 IBAction Method pauseStopwatch를 연결한다.

Reset 버튼 Touch Up Inside 이벤트와 Header파일에 선언한 IBAction Method resetStopwatch를 연결한다.

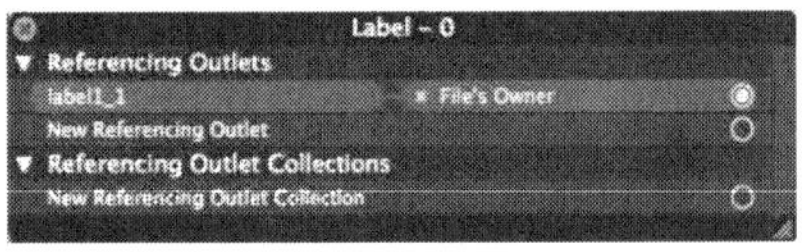

1 번 라벨과 IBOutlet 변수 label1_1 을 연결한다.

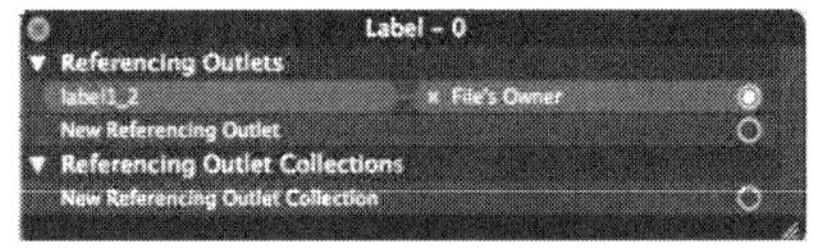

2 번 라벨과 IBOutlet 변수 label1_2 을 연결한다.

3 번 라벨과 IBOutlet 변수 label2_1 을 연결한다.

4 번 라벨과 IBOutlet 변수 label2_2 을 연결한다.

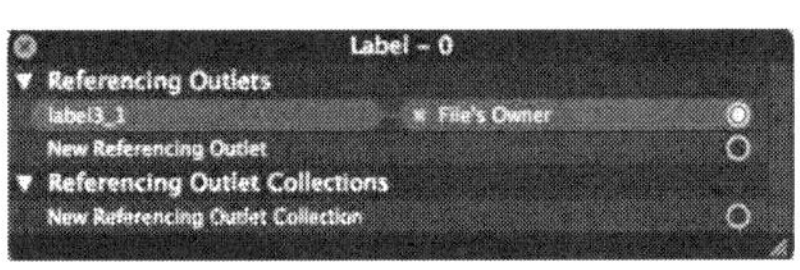

5 번 라벨과 IBOutlet 변수 label3_1 을 연결한다.

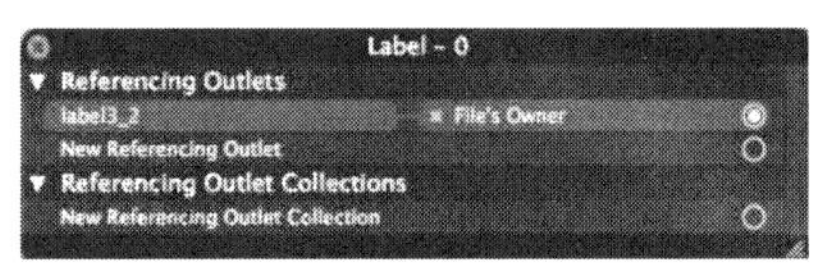

6 번 라벨과 IBOutlet 변수 label3_2 을 연결한다.

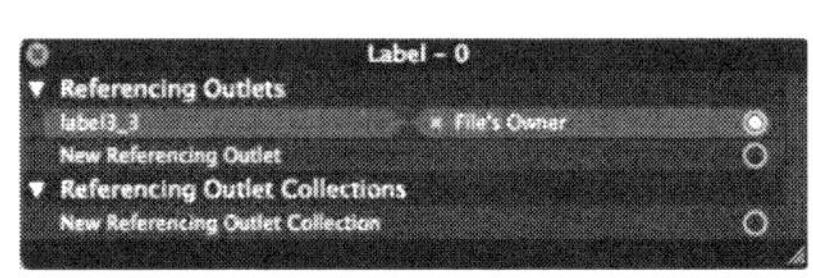

7 번 라벨과 IBOutlet 변수 label3_3 을 연결한다.

TestViewController.m 파일을 아래와 같이 작성한다.

TestViewController.m 파일 내용

```
#import "TestViewController.h"

@interface TestViewController ()

@end

@implementation TestViewController

@synthesize myThread;

@synthesize label1_1, label1_2, label2_1,
            label2_2, label3_1, label3_2, label3_3;

@synthesize date_StartTime;

- (void)viewDidLoad
{
    [super viewDidLoad];
    bIsCanceled = YES;
}

- (void)viewDidUnload
{
    [super viewDidUnload];
}

- (BOOL)shouldAutorotateToInterfaceOrientation:
            (UIInterfaceOrientation)interfaceOrientation
{
    return (interfaceOrientation !=
            UIInterfaceOrientationPortraitUpsideDown);
}

```

```
-(void)countStopWatch
{
    NSLog(@"countStopWatch");
    bIsCanceled = NO;
    if(date_StartTime == NULL)
    {
        date_StartTime = [NSDate date];
    }

    @autoreleasepool
    {
        while ( bIsCanceled == NO)
        {
            [self performSelectorOnMainThread:
                 @selector(setUILabel)
                 withObject:nil
                 waitUntilDone:YES];
        }
    }

}

-(void)setUILabel
{
    @autoreleasepool
    {
        NSDate *current = [NSDate date];

        if(date_StartTime == NULL)
            return;

        double seconds = [current timeIntervalSinceDate:date_StartTime ];

        NSLog(@"%f", seconds);

        [label1_1 setText:[[NSString alloc]
                 initWithFormat:@"%d", (int)((((int)seconds)/60)/10)]];
```

```
            [label1_2 setText:[[NSString alloc]
                     initWithFormat:@"%d", (int)((((int)seconds)/60)%10)]];

            [label2_1 setText:[[NSString alloc]
                     initWithFormat:@"%d", (int)((((int)seconds)%60)/10)]];
            [label2_2 setText:[[NSString alloc]
                     initWithFormat:@"%d", (int)((((int)seconds)%60)%10)]];

            double minus = seconds - (int)seconds;
            minus = minus * 10000;

            [label3_1 setText:[[NSString alloc]
                     initWithFormat:@"%d", (int)((((int)minus)/1000)%10)]];
            [label3_2 setText:[[NSString alloc]
                     initWithFormat:@"%d", (int)((((int)minus)/100)%10)]];
            [label3_3 setText:[[NSString alloc]
                     initWithFormat:@"%d", (int)((((int)minus)/10)%10)]];
        }
}

-(void)setUILabel_Zero
{
            [label1_1 setText:[[NSString alloc] initWithFormat:@"%d", 0]];
            [label1_2 setText:[[NSString alloc] initWithFormat:@"%d", 0]];

            [label2_1 setText:[[NSString alloc] initWithFormat:@"%d", 0]];
            [label2_2 setText:[[NSString alloc] initWithFormat:@"%d", 0]];

            [label3_1 setText:[[NSString alloc] initWithFormat:@"%d", 0]];
            [label3_2 setText:[[NSString alloc] initWithFormat:@"%d", 0]];
            [label3_3 setText:[[NSString alloc] initWithFormat:@"%d", 0]];
}

-(IBAction)startStopwatch:(id)sender
{
        NSLog(@"startStopwatch");
        if(myThread == NULL)
```

```
    {
        myThread = [[NSThread alloc]
                    initWithTarget:self
                    selector:@selector(countStopWatch)
                    object:nil];
        [myThread start];
    }

}

-(IBAction)stopStopwatch:(id)sender
{
    NSLog(@"stopStopwatch");
    bIsCanceled = YES;
    if(myThread != NULL)
    {
        date_StartTime = NULL;

        [myThread cancel];
        myThread = NULL;
    }else {
        date_StartTime = NULL;
    }

}

-(IBAction)pauseStopwatch:(id)sender
{
    NSLog(@"pauseStopwatch");
    bIsCanceled = YES;
    if(myThread != NULL)
    {
        [myThread cancel];
        myThread = NULL;
    }
}

```

```
145  -(IBAction)resetStopwatch:(id)sender
146  {
147      NSLog(@"resetStopwatch");
148      if(myThread != NULL)
149      {
150          date_StartTime = [NSDate date];
151
152      }else {
153          date_StartTime = NULL;
154          [self setUILabel_Zero];
155      }
156  }
157
158  @end
```

설명

009 ~ 014 : 변수 synthesize 선언

019 : 생성할 Thead 내부의 while문 검사식을 YES로 설정하는 부분.

034 ~ 054 : Start 버튼을 눌렀을 때 호출되는 Method. While문을 돌며, bIsCanceled가 YES가 될 때가지 setUILabel을 호출. 프로젝트 생성시 automatic reference counting mode를 사용하였기 때문에 NSAutoreleasePool Class를 활용하지 않고, @autoreleasepool 예약어를 사용해서 NSThread Method를 구성함.

056 ~ 089 : 시작 시간을 저장하고 있는 date_StartTime변수와 Method가 호출될 때의 시간을 저장한 current 변수와의 차이를 구해, Label에 date_StartTime이후로 증가된 시간을 표현하는 부분.

091 ~ 102 : 텍스트를 초기값 0으로 설정하는 부분.

104 ~ 116 : start 버튼을 눌렀을 때 호출되는 IBAction Method부분. countStopWatch Method를 호출.

118 ~ 132 : stop 버튼을 눌렀을 때 호출되는 IBAction Method 부분. Thread를 멈추고, 현재 시간을 NULL로 설정.

134 ~ 143 : pause 버튼을 눌렀을 대 호출되는 IBAction Method 부분. Label Update를 잠시 멈춤.

145 ~ 156 : reset 버튼을 눌렀을 때 호출된는 IBAction Method 부분. Thread를 멈추지 않고, 현재 시간만 초기화.

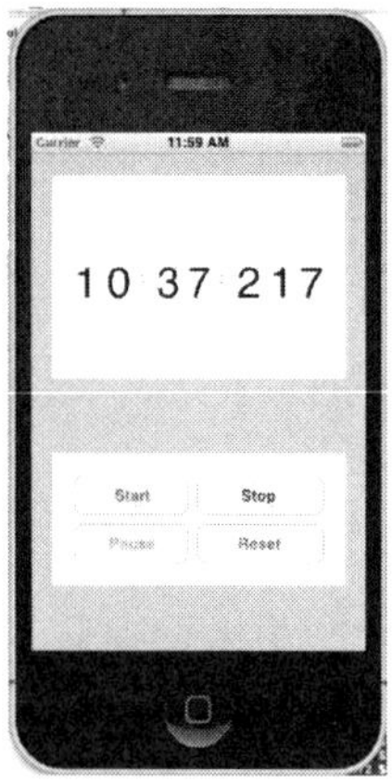

위와 같이 프로젝트 구성후, 실행시키면 좌측과 같은 화면을 볼 수 있다.

➡ 이번장에서는.........

이전 장에서 배운 NSThread 생성 및 활용 Method들을 사용해 StopWatch를 제작해보았다.

※ Tips

→ 운영체제의 병렬처리

OS에서 User와 Interaction을 그래픽위주로 지원하고, 코어가 증가함에 따라 병렬처리는 필수 요소이다. 최근의 OS에서는 필수로 병렬처리를 지원한다. iOS에서 제공하는 병렬처리를 지원하는 기본적인 방식은 Thread지만, 더 높은 수준의 추상화를 지원하는 오퍼레이션을 제공한다.

코코아는 세 가지의 오퍼레이션 형태를 지원한다. 첫 번째는 Block Operation(블럭 오퍼레이션) 이라는 하나 이상의 블록 객체를 실행하기 쉽게 해주는 형태다.

두 번째는 Invocation Operation(호출 오퍼레이션) 이라는 다른 객체의 메소드를 실행할 수 있게 해준다.

세 번째는 일반 오퍼레이션이라는 Operation Class를 상속해 Operation 객체의 Main Method에 실행코드를 입력시켜 실행할 수 있다.

Operation의 기본 형태는 아래와 같다.

```
NSInvocationOperation *operation = [[NSInvocationOperation alloc]
                                    initWithTarget:self
                                    selector:@selector(메소드이름)
                                    object:메소드 인자];
[operation start];
```

4.프로젝트 – 응용

4.1 Camera

4.1.1 Camera 유무 확인

4.1.2 사진 촬영

4.2 코어 로케이션 활용

4.2.1 프레임워크 추가

4.2.2 코어 로케이션 활용

4.3 가속 센서

4.3.1 좌표계

4.3.2 센서 데이터

4.1 Camera

이번 장에서는 Camera 유무 확인 Code를 알아보고, 후레쉬 On/Off 하는 코드를 작성해보도록 하겠다. 이 프로젝트는 후레쉬 On/Off를 테스트를 위해 ZBar 라이브러리를 추가해서 프로젝트를 구성해보도록 하겠다. ZBar 라이브러리는 오픈 소스로서 카메라를 이용해 QR코드 및 Bar Code인식하는 기능을 제공하고 더불어 후레쉬까지 작동하는 코드로 제공한다.

http://zbar.sourceforge.net/iphone 에 접속한다.

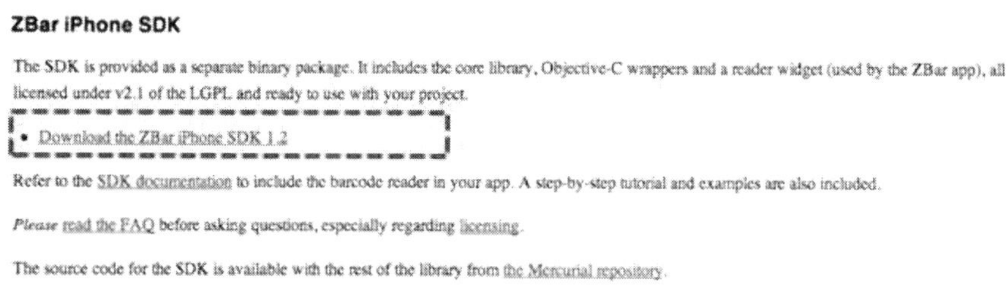

ZBar iPhone SDK

The SDK is provided as a separate binary package. It includes the core library, Objective-C wrappers and a reader widget (used by the ZBar app), all licensed under v2.1 of the LGPL and ready to use with your project.

- Download the ZBar iPhone SDK 1.2

Refer to the SDK documentation to include the barcode reader in your app. A step-by-step tutorial and examples are also included.

Please read the FAQ before asking questions, especially regarding licensing.

The source code for the SDK is available with the rest of the library from the Mercurial repository.

ZBar iPhoneSDK 1.2 파일을 다운받아 실행한다.

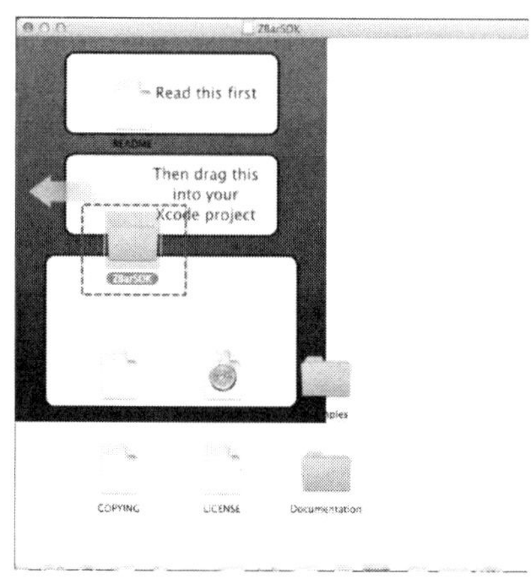

ZBarSDK 폴더를 프로젝트 파일에 복사한다.

위와 같은 라이브러리가 추가된것을 확인할 수 있다.

4.1.1 Camera 유무 확인 및 후레쉬 On/Off

카메라 유무 확인 및 후레쉬 ON/OFF를 위해 간단한 프로젝트를 만들어 보도록 하겠다. TestViewController.xib 파일을 아래와 같이 구성한다.

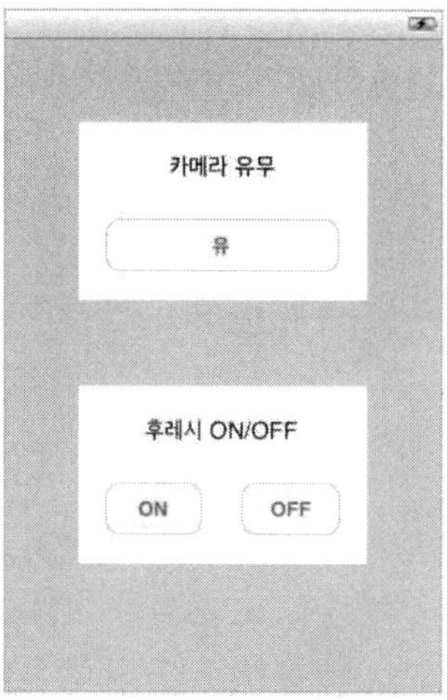

좌측과 같이 Interface Builder로 TestViewController.xib 파일을 View 2개, Label 2개, Button 3개로 좌측과 같이 구성한다.

TestViewController.h 파일을 아래와 같이 작성한다.

TestViewController.h 파일 내용

```
#import <UIKit/UIKit.h>
#import "ZBarSDK.h"
@interface TestViewController
                    : UIViewController<ZBarReaderDelegate>
{
    ZBarReaderView *torchView;
    UIButton *btn_Camera;
}

@property (strong, nonatomic) IBOutlet UIButton *btn_Camera;

@property (strong, nonatomic) ZBarReaderView *torchView;

-(void)setZBarReader;
```

```
-(BOOL)existCamera;

-(IBAction)turnOn_Light:(id)sender;
-(IBAction)turnOff_Light:(id)sender;

@end
```

Header 파일과 Xib파일의 Object를 연결해 준다.

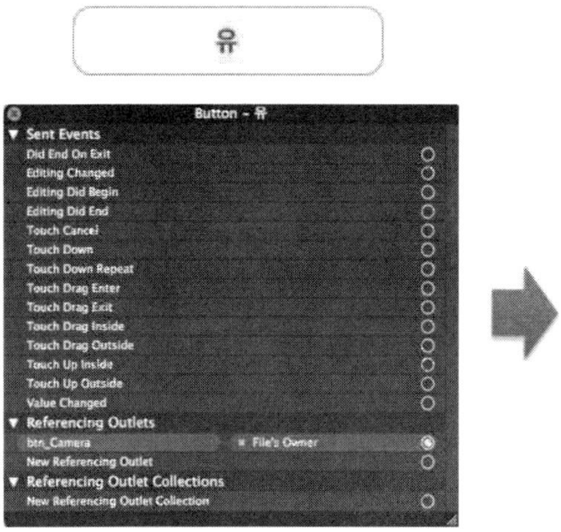

유/무 버튼 Touch Up Inside 이벤트와 Header파일에 선언한 IBOutlet 변수 btn_Camera를 연결한다.

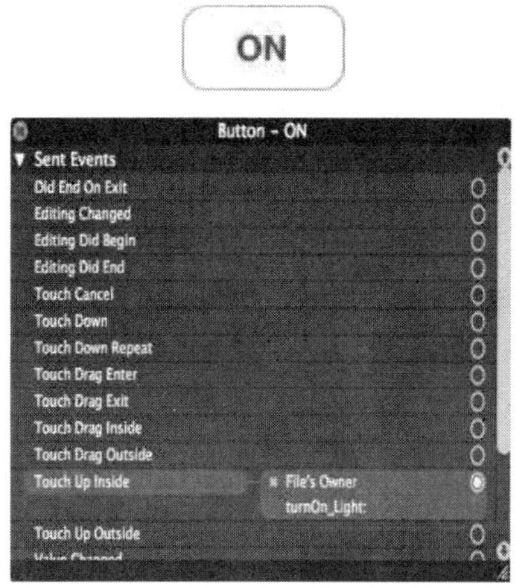

ON 버튼 Touch Up Inside 이벤트와 Header파일에 선언한 IBAction Method turnOn_Light를 연결한다.

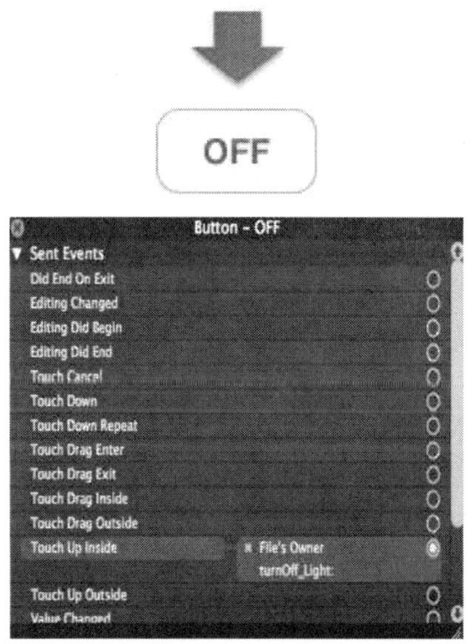

OFF 버튼 Touch Up Inside 이벤트와 Header파일에 선언한 IBAction Method turnOff_Light를 연결한다.

그리고 TestViewController.m 파일 내용을 작성한다.

TestViewController.m 파일 내용

```
#import "TestViewController.h"

@interface TestViewController ()

@end

@implementation TestViewController

@synthesize torchView;

@synthesize btn_Camera;

- (void)viewDidLoad
{
    [super viewDidLoad];
        // Do any additional setup after loading the view, typically from a nib.

    [self setZBarReader];

    [btn_Camera setTitle:[[NSString alloc] initWithFormat:([self existCamera] ? @"유" : @"무"),NULL]
forState:UIControlStateNormal];
}

- (void)viewDidUnload
{
    [super viewDidUnload];
    // Release any retained subviews of the main view.
}

- (BOOL)shouldAutorotateToInterfaceOrientation:(UIInterfaceOrientation)interfaceOrientation
{
    return (interfaceOrientation != UIInterfaceOrientationPortraitUpsideDown);
}

-(void)setZBarReader
{
    [ZBarReaderViewController class];
```

```
    ZBarReaderViewController *reader = [ZBarReaderViewController new];

    reader = [ZBarReaderViewController new];
    reader.readerDelegate = self;

    ZBarImageScanner *scanner = reader.scanner;

    [scanner setSymbology:ZBAR_I25 config:ZBAR_CFG_ENABLE to:0];

    torchView = reader.readerView;
}

-(BOOL)existCamera
{
    return [UIImagePickerController isSourceTypeAvailable:UIImagePickerControllerSourceTypeCamera];

}

-(IBAction)turnOn_Light:(id)sender
{
    [torchView setTorchMode:1];
}

-(IBAction)turnOff_Light:(id)sender
{
    [torchView setTorchMode:0];
}

@end
```

➡ 이번장에서는.........

이번 장에서는 예제 프로젝트를 통해, Camera 유무를 확인하고, 플래쉬를 On/Off 해보는 코드를 작성해 보았다.

※ Tips

➳ 앞면 카메라 & 뒷면 카메라 사용 가능 여부

- iPhone 4부터 앞면 카메라를 포함하여 Device가 출시함에 따라 앞면카메라와 뒷면 카메라를 각각 컨트롤 해야 한다.

- 뒷면 카메라 사용 가능 여부

```
[UIImagePickerController
            isCameraDeviceAvailable:UIImagePickerControllerCameraDeviceRear];
```

- 앞면 카메라 사용 가능 여부

```
[UIImagePickerController
            isCameraDeviceAvailable:UIImagePickerControllerCameraDeviceFront];
```

➳ 플래쉬 사용 가능 여부

- 플래쉬 사용 여부 역시 앞면, 뒷면으로 구분해 상태를 가져 올 수 있다.

- 뒷면 플래쉬 사용 가능 여부

```
[UIImagePickerController
    isFlashAvailableForCameraDevice:UIImagePickerControllerCameraDeviceRear];
```

- 앞면 플래쉬 사용 가능 여부

```
[UIImagePickerController
    isFlashAvailableForCameraDevice:UIImagePickerControllerCameraDeviceFront];
```

4.1.2 사진 촬영

이번 장에서는 UIImagePickerController API를 알아보도록 하겠다.

UIImagePickerController API를 활용한 사진찍기 코드 내용

```
UIImagePickerController *imagePicker =
[[UIImagePickerController alloc] init];
imagePicker.delegate = self;
imagePicker.sourceType =
UIImagePickerControllerSourceTypeCamera;
imagePicker.mediaTypes = [NSArray arrayWithObjects:
                            (NSString *) kUTTypeImage,
                            nil];
imagePicker.allowsEditing = NO;
[self presentModalViewController:imagePicker
                         animated:YES];
```

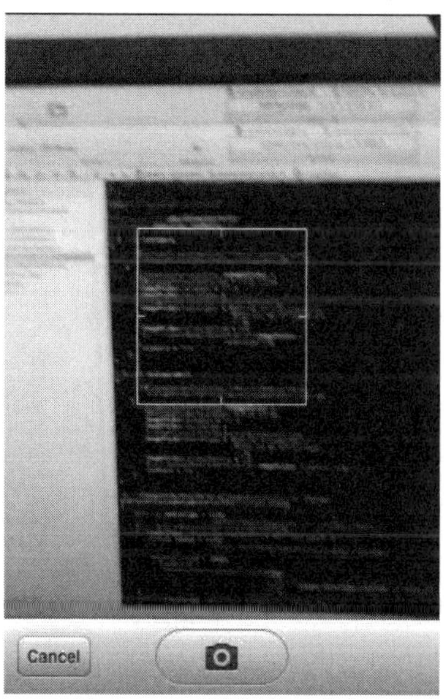

위의 코드를 Button의 이벤트와 연결한 메소드안에 선언하면 아래와 같은 화면을 통해 사진을 찍을 수 있다.

➡ 이번장에서는.........

사진 촬영하는 API를 알아 보았다.

※ Tips

➛ MPMoviePlayerController 지원 비디오 포맷

- 확장자
  - mov
  - mp4
  - mpv
  - 3gp

- 압축형식
  - H.264 Baseline Profile Level 3.0
  - MPEG-4 Part 2 video

- AV 파운데이션 프레임워크 지원 오디오 포맷
  - AAC(MPEG-4 Advanced Audio Coding)
  - ALAC(Apple Lossless)
  - AMR(Adaptive Multi-rate)
  - HE-AAC(MPEG-4 HightEfficiency AAC)
  - iLBC(internet Low Bit Rate Codec)
  - Linear PCM(uncompressed, linear pulse code modulation)
  - MP3(MPEG-1 audio layer 3)
  - u-law와 a-low

4.2 코어 로케이션 활용

GPS 및 기지국의 위치를 이용해 현재 위치를 알 수 있다. 이 코어 로케이션을 활용하면 자신의 Device 위치가 변경될 때 호출되는 메소드를 통해, 자신이 원하는 기능을 구현할 수 있다.

4.2.1 프레임워크 추가

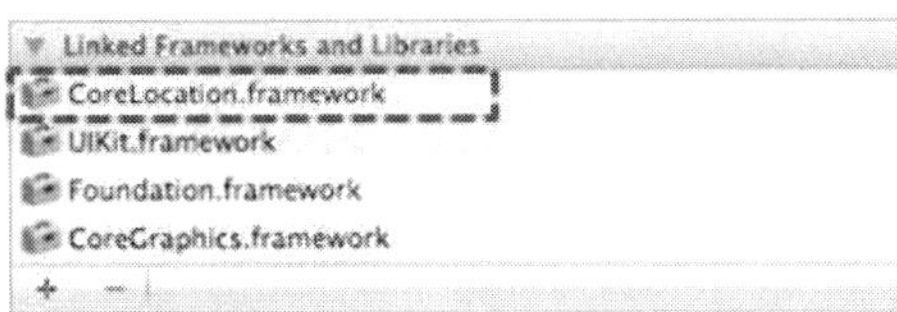

좌측과 같은 CoreLocation.framework를 Linked Frameworks and Libraries에 추가한다.

4.2.2 코어 로케이션 활용

코어 로케이션의 API의 기능들을 활용하여, 현재 위치가 갱신되었을 때 현재 위치를 화면에 나타내는 기능을 가진 Application을 코딩해보도록 하겠다.

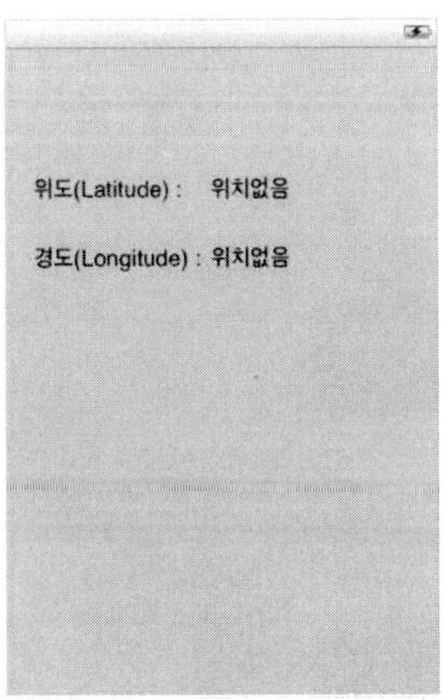

좌측과 같이 Interface Builder로 TestViewController.xib 파일을 Label 4개로 좌측과 같이 구성한다.

TestViewController.h 파일을 아래와 같이 작성한다.

TestViewController.h 파일 내용

```
#import <UIKit/UIKit.h>

#import <CoreLocation/CoreLocation.h>


@interface TestViewController : UIViewController<CLLocationManagerDelegate>
{
    CLLocationManager *locationManager;

    UILabel *label_latitude;
    UILabel *label_longitude;
}

@property (strong, nonatomic) CLLocationManager *locationManager;
@property (strong, nonatomic) IBOutlet UILabel *label_latitude;
@property (strong, nonatomic) IBOutlet UILabel *label_longitude;

-(void)initLocationManager;

@end
```

Interface Builder에서 Xib의 View를 아래와 같이 설정한다.

위도를 표시하는 label과 IBOutlet 변수 label_latitude와 연결한다.

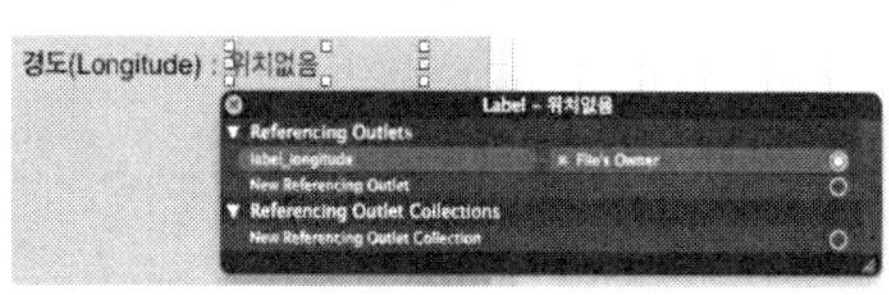

위도를 표시하는 label과 IBOutlet 변수 label_longitude와 연결한다.

TestViewController.m 파일을 아래와 같이 작성한다.

TestViewController.m 파일 내용

```
#import "TestViewController.h"


#import <objc/runtime.h>

@interface TestViewController ()

@end

@implementation TestViewController

@synthesize locationManager;
@synthesize label_latitude, label_longitude;

- (void)viewDidLoad
{
    [super viewDidLoad];

    [self initLocationManager];
        // Do any additional setup after loading the view, typically from a nib.
}

- (void)viewDidUnload
{
    [super viewDidUnload];
    // Release any retained subviews of the main view.
}

- (BOOL)shouldAutorotateToInterfaceOrientation:(UIInterfaceOrientation)interfaceOrientation
{
    return (interfaceOrientation != UIInterfaceOrientationPortraitUpsideDown);
}

```

```
034 -(void)initLocationManager;
035 {
036     locationManager = [[CLLocationManager alloc] init];
037
038     locationManager.distanceFilter = kCLDistanceFilterNone;
039     locationManager.desiredAccuracy = kCLLocationAccuracyBest;
040
041     [locationManager startUpdatingLocation];
042 }
043
044 - (void)locationManager:(CLLocationManager *)manager
045         didUpdateToLocation:(CLLocation *)newLocation
046         fromLocation:(CLLocation *)oldLocation
047 {
048
049     NSLog(@"didUpdateToLocation");
050     double latitude;
051     double longitude;
052
053     latitude = newLocation.coordinate.latitude;
054     longitude = newLocation.coordinate.longitude;
055
056     [label_latitude setText:[[NSString alloc] initWithFormat:@"%f", latitude]];
057     [label_longitude setText:[[NSString alloc] initWithFormat:@"%f", longitude]];
058 }
059 @end
```

설명

034 ~ 042 : LocationManager를 정의하는 메소드 구현 부분.

044 ~ 058 : 현재 위치가 갱신되었을 때 호출되는 메소드 구현 부분. 현재 위치를 label에 표시하는 기능을 가진 메소드이다.

이번장에서는.........

이번장에서는 현재 위치가 갱신될 때, 현재 위치의 위도, 경도를 표시하는 Application을 작성해 보도록 하겠다.

※ Tips

➛ 코어 로케이션 활성화 여부 확인

- 헤더파일 추가
  - #import <objc/runtime.h>

- 코어 로케이션 활성화 여부 확인 메소드
  - -(BOOL)getEnabledLocationService

```
{
    BOOL enabled = NO;

    Method classMethod =
        class_getClassMethod([CLLocationManager class],
                    @selector(locationServicesEnabled));

    if(classMethod != nil)
    {
        enabled = [CLLocationManager locationServicesEnabled];
    }else {
        CLLocationManager *manager = [[CLLocationManager alloc] init];

        enabled = [manager locationServicesEnabled];
    }

    return enabled;
}
```

4.3 가속 센서

스마트폰에서는 여러 가지 센서들을 통합해 사용함으로서, 게임 컨트롤러의 기능 및 증강현실 기능 등으로 활용할 수 있다. 아래에서는 가속 센서에 대해 알아보도록 하겠다.

4.3.1 좌표계

좌표계란 평면이나 공간 내에서 점의 위치를 나타낸 것을 바탕으로, 점의 위치를 수의 짝으로 나타낸 것이다. 아래에서 iPhone에서 사용하는 표준 좌표계를 알아보도록 하겠다.

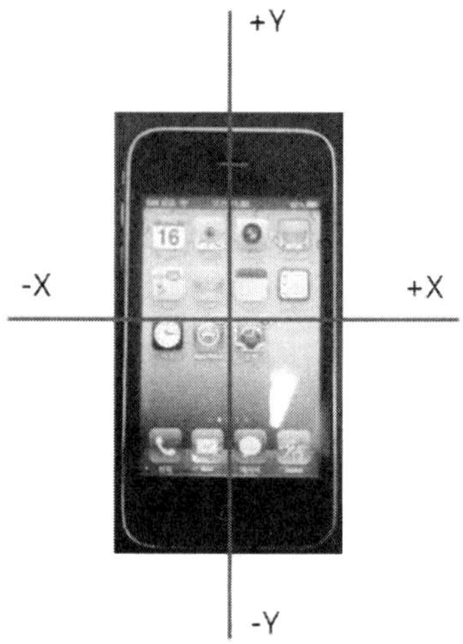

휴대폰의 좌측은 -X, 우측은 +X, 위는 +Y, 아래는 -Y이다.

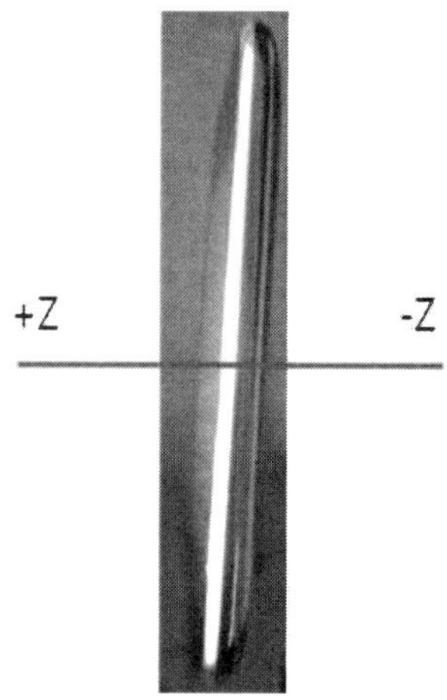

휴대폰의 앞은 +Z, 뒤는 -Z이다.

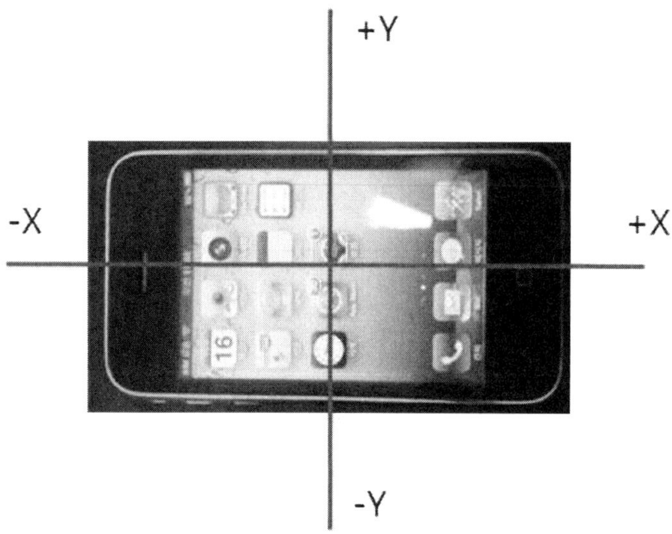

아이폰을 좌측으로 90도 기울였을 때 는 휴대폰의 우측이 +Y, 좌측이 -Y, 위가 -X, 아래가 +X이다.

➡ 이번장에서는.........

아이폰 좌표계에 대해 알아보았다.

※ Tips

➛ iPhone의 여러 가지 Sensor

- ambient light sensor (측광 센서)
  - 주변의 빛의 밝기를 측정할 수 있어, 사용자의 편의 및 디스플레이의 밝기를 조절해 전력 소모를 줄일 수 있다.

- moisture sensor (수분 감지 센서)
  - 디바이스에 접촉되는 수분을 감지해 자동으로 Device를 종료함으로써, 수분에 의한 고장을 예방할 수 있다.

- proximity sensor (근접 센서)
  - 사용자의 접근이 있을 때 알아낼 수 있는 기능으로, 통화시 화면을 Off함으로써 오동작을 막을 수 있다.

    근접센서 활성/비활성 API :

    [[UIDevice currentDevice] setProximityMonitoringEnabled:(활성화 여부 설정 BOOL변수)];

    근접센서 동작시 동작 API :

    1. Notification Center에 동작 등록

```
[[NSNotificationCenter defaultCenter]
addObserver:self selector:@selector(sensorStateChange:)
name:@"UIDeviceProximityStateDidChangeNotification" object:nil];
```

    2. 동작 메서드 선언

```
- (void)sensorStateChange:(NSNotificationCenter *)notification
{
    if ([[UIDevice currentDevice] proximityState] == YES)
        //접근
    else
        //미접근
}
```

- ambient sound (주변 소음 센서)
  - 주변의 소음 상황을 체크할 수 있다.

4.3.2 센서 데이터

가속도 센서가 변경될 때 센서의 상태를 NSLog로 출력해보도록 하겠다.

아래와 같이 ViewController.h 파일과 ViewController.m 파일을 아래와 같이 작성한다.

TestViewController.h

```
#import <UIKit/UIKit.h>

@interface TestViewController : UIViewController<UIAccelerometerDelegate>

@end
```

TestViewController.m 파일 내용

```
#import "TestViewController.h"

@interface TestViewController ()

@end

@implementation TestViewController

- (void)viewDidLoad
{
    [super viewDidLoad];

    UIAccelerometer *accel = [UIAccelerometer sharedAccelerometer];
    accel.delegate = self;
    accel.updateInterval = 1.0f/60.0f;
}

- (void)accelerometer:(UIAccelerometer *)accelerometer didAccelerate:(UIAcceleration *)acceleration
{
    NSLog(@"acceleration x = %f", acceleration.x);
    NSLog(@"acceleration y = %f", acceleration.y);
    NSLog(@"acceleration z = %f", acceleration.z);
}
```

```
- (void)viewDidUnload
{
    [super viewDidUnload];
    // Release any retained subviews of the main view.
}

- (BOOL)shouldAutorotateToInterfaceOrientation:(UIInterfaceOrientation)interfaceOrientation
{
    return (interfaceOrientation != UIInterfaceOrientationPortraitUpsideDown);
}

@end
```

```
2013-01-16 11:55:18.534 Accelerometer[488:707] acceleration x = 0.018112
2013-01-16 11:55:18.540 Accelerometer[488:707] acceleration y = 0.000000
2013-01-16 11:55:18.545 Accelerometer[488:707] acceleration z = -0.996170
2013-01-16 11:55:18.552 Accelerometer[488:707] acceleration x = 0.018112
2013-01-16 11:55:18.557 Accelerometer[488:707] acceleration y = 0.000000
2013-01-16 11:55:18.562 Accelerometer[488:707] acceleration z = -0.996170
2013-01-16 11:55:18.570 Accelerometer[488:707] acceleration x = 0.018112
2013-01-16 11:55:18.574 Accelerometer[488:707] acceleration y = 0.000000
2013-01-16 11:55:18.580 Accelerometer[488:707] acceleration z = -0.996170
2013-01-16 11:55:18.587 Accelerometer[488:707] acceleration x = 0.000000
2013-01-16 11:55:18.592 Accelerometer[488:707] acceleration y = 0.000000
2013-01-16 11:55:18.597 Accelerometer[488:707] acceleration z = -0.996170
2013-01-16 11:55:18.604 Accelerometer[488:707] acceleration x = 0.018112
2013-01-16 11:55:18.653 Accelerometer[488:707] acceleration y = 0.000000
2013-01-16 11:55:18.658 Accelerometer[488:707] acceleration z = -0.996170
2013-01-16 11:55:18.664 Accelerometer[488:707] acceleration x = 0.036224
2013-01-16 11:55:18.670 Accelerometer[488:707] acceleration y = 0.000000
2013-01-16 11:55:18.675 Accelerometer[488:707] acceleration z = -0.996170
2013-01-16 11:55:18.681 Accelerometer[488:707] acceleration x = 0.018112
2013-01-16 11:55:18.687 Accelerometer[488:707] acceleration y = 0.000000
2013-01-16 11:55:18.692 Accelerometer[488:707] acceleration z = -0.996170
```

Device에 휴대폰을 연결해 테스트 해보면, 위와 같이 센서 데이터의 상태가 계속 업데이트 되는 것을 알 수 있다.

➡ 이번장에서는.........

이번장에서는 가속도 센서의 x, y, z 값을 출력해보았다.

5.마켓에 애플리케이션 등록 방법

CHAPTER 5. CHAPTER 5. CHAPTER 5.

5.1 안드로이드

5.1.1 구글마켓

5.1.2 T스토어 (SKT)

5.1.3 올레마켓 (KT)

5.1.4 OZ 스토어 (LGT)

5.2 애플 앱 스토어

본 페이지는 이때까지 제작한 애플리케이션을 애플리케이션 마켓에 직접 올리기 위한 과정을 설명한다.

필자는 애플리케이션 제작 후 일반사람들에게 배포를 하기 위해 마켓을 접근해 본 결과 많은 마켓과 모두 다른 가입 방식으로 많이 혼동되었다. 힘들게 제작한 애플리케이션을 마켓에 올리지 못해 자신의 스마트폰에만 지니고 있다면 너무 시간낭비를 함 셈이다.

자신이 제작했던 애플리케이션의 수익을 발생시키기 위한 첫걸음이 본장에서 진행해야할 애플리케이션 등록방법이기 때문에 개발만큼 중요한 부분이라고 생각된다.

본장에서는 안드로이드 마켓의 대표적인 마켓인 구글, T스토어, 올레마켓, OZ 스토어 및 애플사의 앱스토어에서 등록하는 방법을 제시한다.

5.1 안드로이드

5.1.1 구글마켓

법인 사업자 및 개인 사업자, 또는 개인이 진행 해야될 등록절차를 작성해보았다.

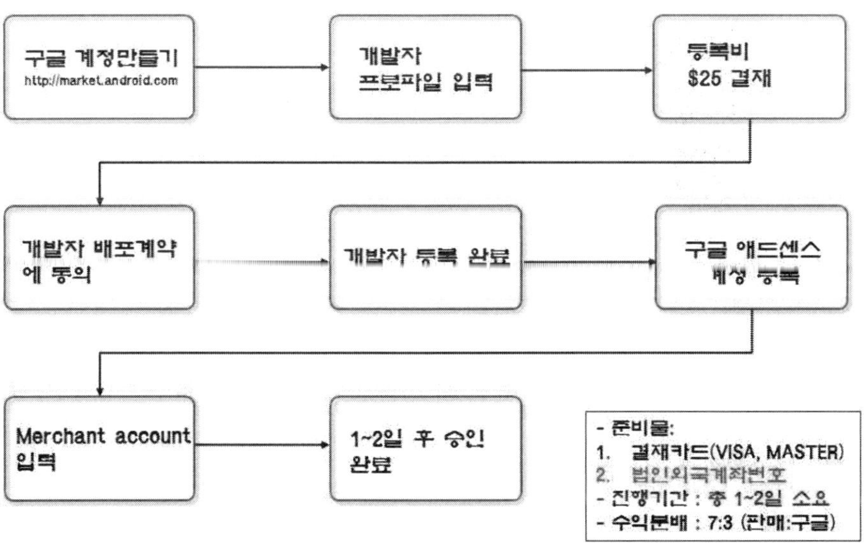

1) 진행사항 :

(1) 구글 개정을 만든다.

(2) 개발자 프로파일을 입력하면 결재창이 나온다.

(3) 결재금액은 $25로 필히 VISA와 MASTER 카드를 준비한다.

(4) 개발자 배포계약에 동의를 한다.

(5) 개발자 등록이 완료되었다는 창을 볼 수 있다.

(6) 구글 애드센스 계정을 등록한다.

(7) Merchant account 입력한다.

(8) 1~2일 후 승인 완료된다.

2) 준비물 : 결재카드, 법인일 경우 외국 계좌번호 보유함.

3) 수익분배 : 7:3 (판매자:구글)

4) 상세 진행 사항

- 안드로이드 사이트 (Http://www.android.com) 에 접속한다.

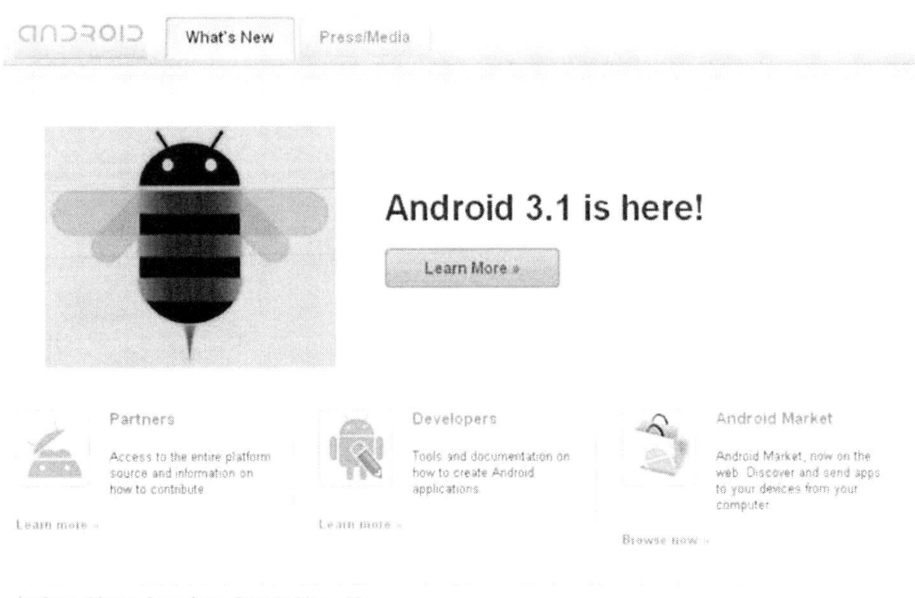

- Developer를 클릭하여 개발자 사이트로 이동

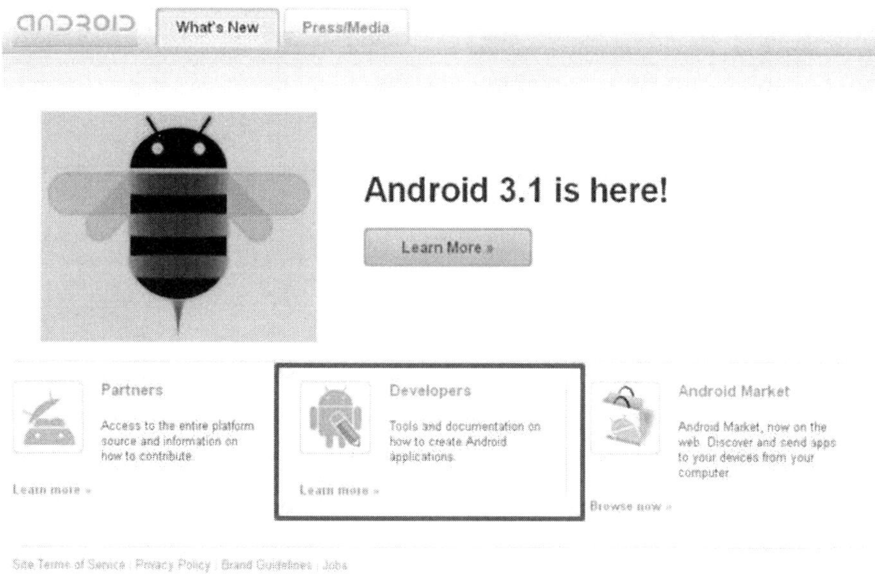

- Publish를 클릭

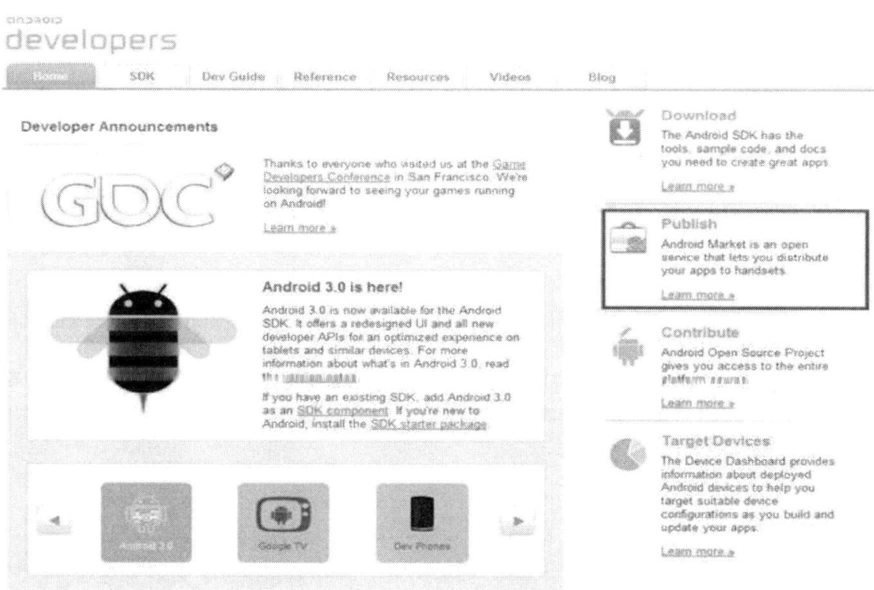

- 구글 계정에 로그인 한다.

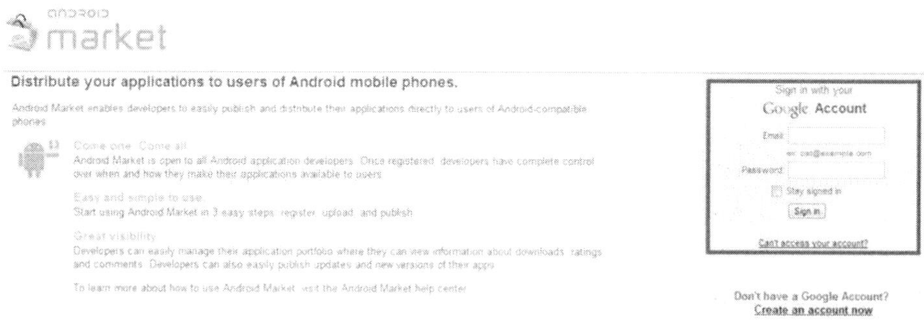

- 개발자에 대한 기본 정보 입력 후 하단의 Continue 클릭

  (전화번호는 국제 전화번호 입력)

  (ex. 창원시청의 경우 한국전화번호 : 055-225-2114, 국제전화번호 : 82-55-255-2114)

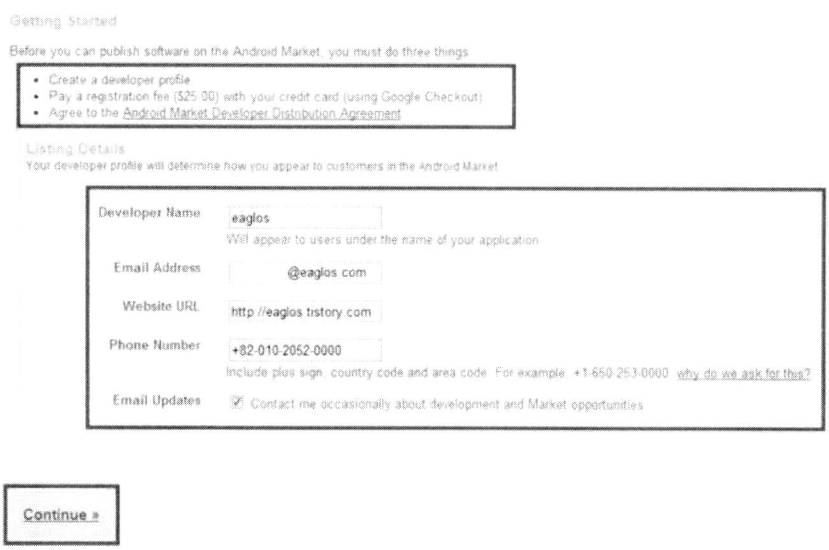

- $25 결재 안내 확인 후 하단의 Continue 클릭

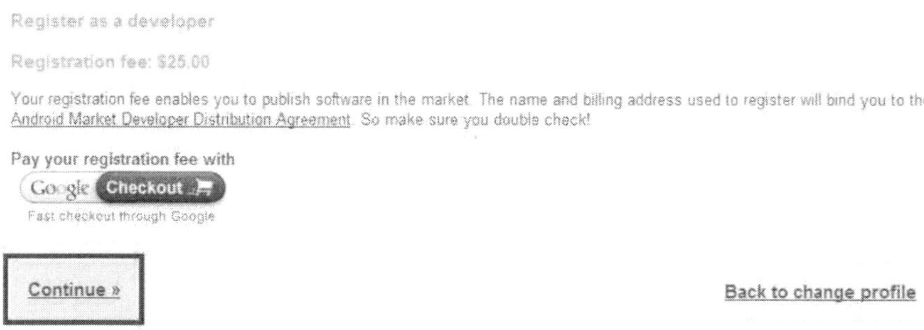

- 내용 확인 후 다음을 누른다.

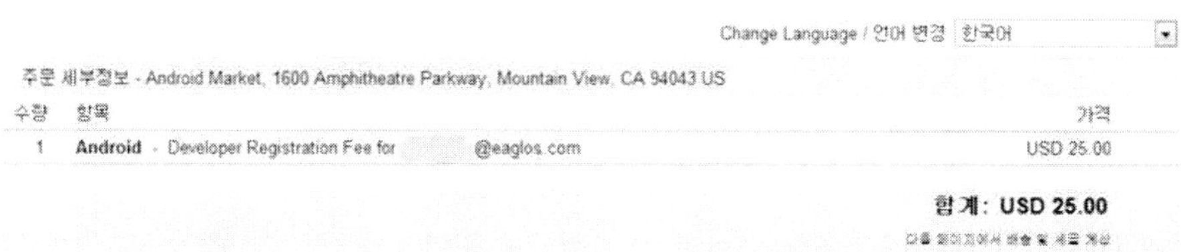

- 결재에 필요한 정보 입력 후 동의 하고 다음을 누른다.

- 하단의 지금 주문을 클릭 후에 실제 결제 진행한다.

- 개발자 등록 완료

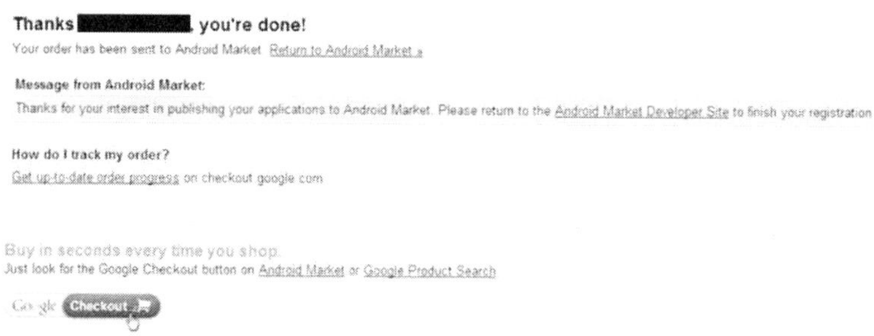

- 개발자 등록 후 유료 앱 등록을 판매하기 위해 http://market.android.com/publish 접속 Setup Merchant Account 클릭

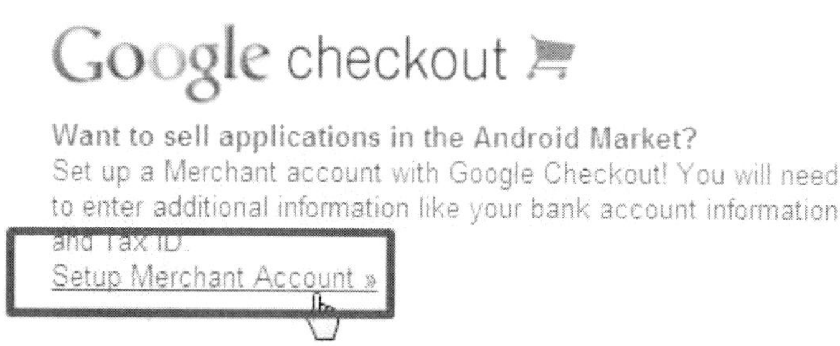

- 개인 및 판매자 정보 입력, 약관 동의 절차 진행 후 complete sign up 클릭한다.

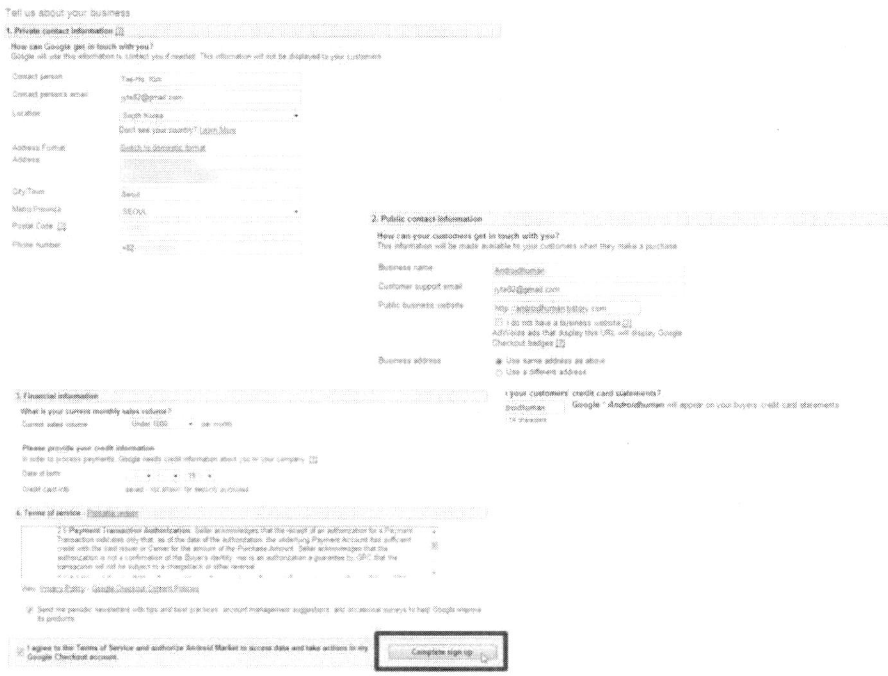

- 애드센스 Publisher ID 입력 후 Pay me via this account 클릭

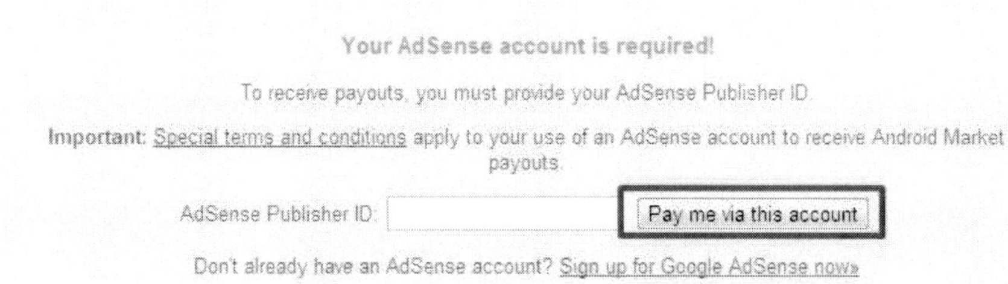

- 애드센스 Publisher ID는 애드센스 페이지의 우측 상단에 표시되어 있음

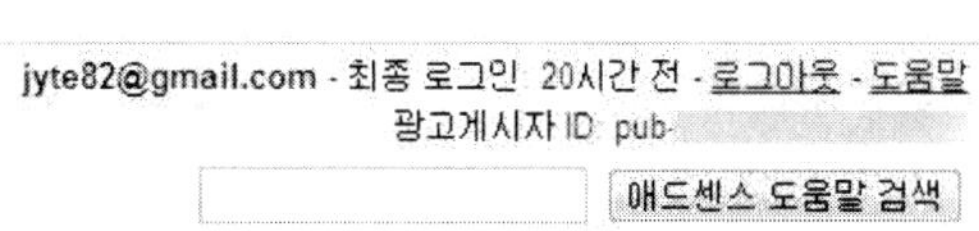

- 에드센스 홈페이지 (httP://www.google.com/adsense) 접속 후 지금 가입 버튼 클릭

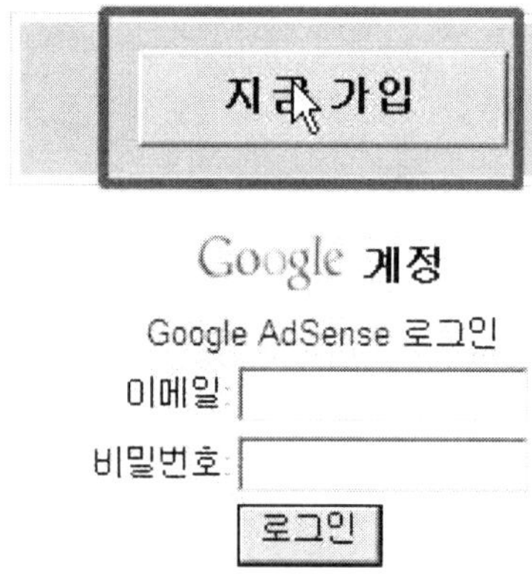

- 정보 입력 후 정보 제출 클릭

- 아래와 같이 체크 후 기존 지메일 계정 입력 후 계속 버튼을 누르면 가입이 완료됨

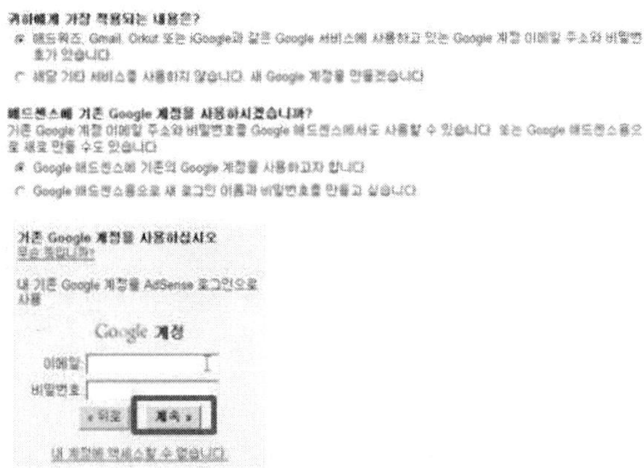

- 에드센스 코드 수령

  지메일 계정에 정보 확인을 필요로 한다는 메일 확인 후 계정을 활성화 시키면 2~3일 뒤에 허가 메일이 들어옴.

  구글 회원 가입을 끝 난 후에 안드로이드 마켓 상품 등록 절차를 진행한다.

- 안드로이드 사이트 접속 후 Publish 클릭 한다.

  (http://www.android.com)

- 우측의 메뉴 중 Publish 클릭한다.

- 파일선택을 눌러 파일 선택 후, Upload 클릭한다.

- 어플을 선택했을 때 보여 질 스크린 샷 이미지 등록 후 오른편에 업로드 클릭

- 어플에 대한 정보와 카테고리를 선택 및 Price 부분에서 USD 눌러 금액 입력

- Copy Protection 항목 Off로 설정

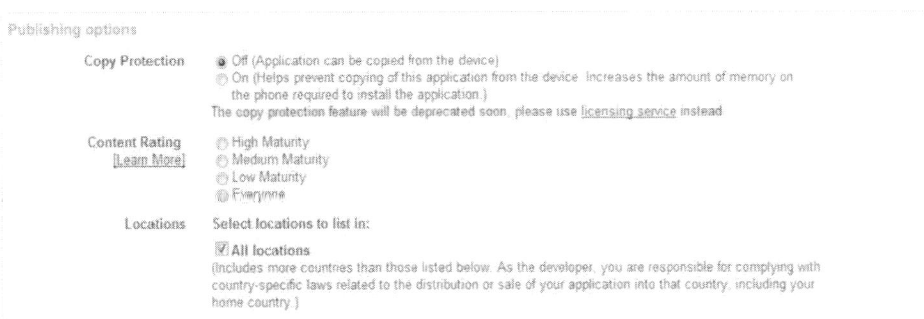

- 안드로이드 개발자에 대한 정보 입력(개발자 프로필 항목 자동으로 입력되어 있음)

- 모든 항목에 체크 후 Publish버튼을 눌러 마켓에 공개

- 마켓에 어플이 등록된 모습

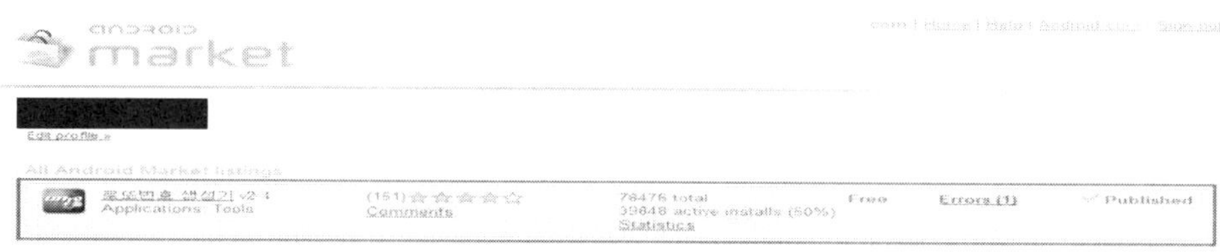

5.1.2 T 스토어 (SKT)

1) 법인 사업자 및 일반 사업자 등록 절차

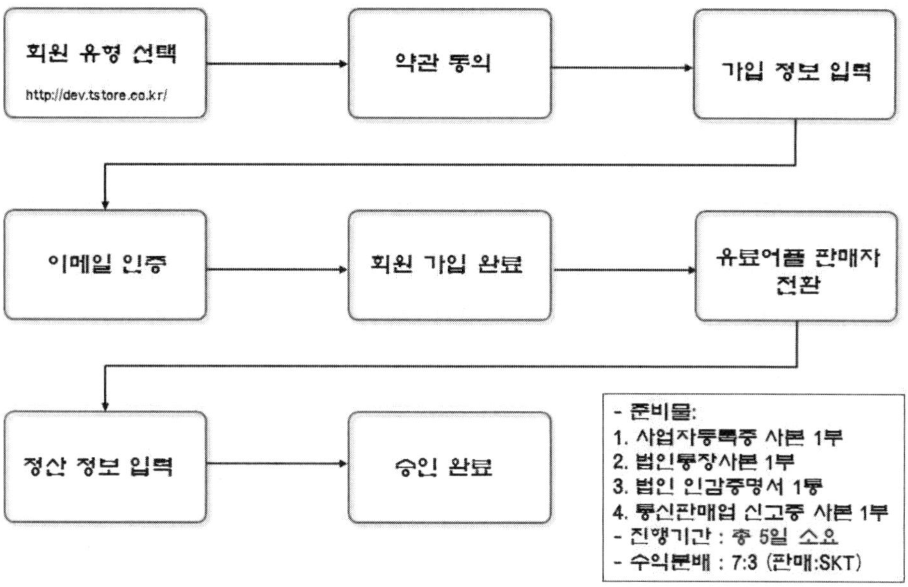

2) 애플리케이션 등록 절차

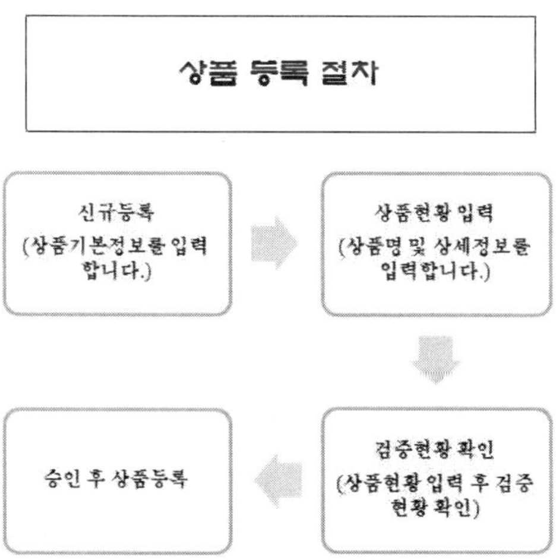

업체 문의 사항

문의	답변
법인 사업체 개발자 등록기간	·총 5일
등록 서류 전송 방법	·우편접수
상품 등록 기간	·1~2일
전화번호	없음(인터넷 문의)
개발자 센터 홈페이지	http://dev.tstore.co.kr/

5.1.3 올레마켓 (KT)

1) 법인 사업자 및 일반 사업자 등록 절차

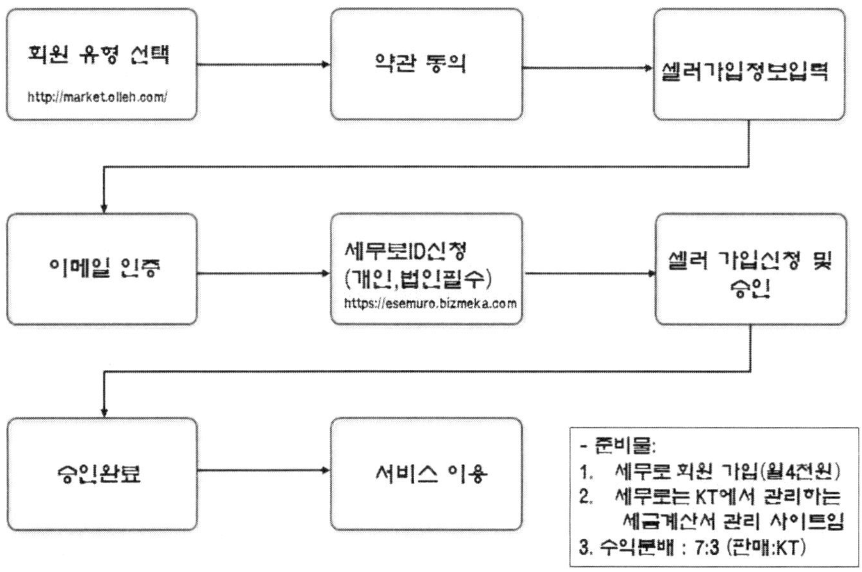

2) 올레마켓 등록 절차

5.1.4 OZ-스토어 (LGT)

1) 법인 사업자 및 일반 사업자 등록 절차

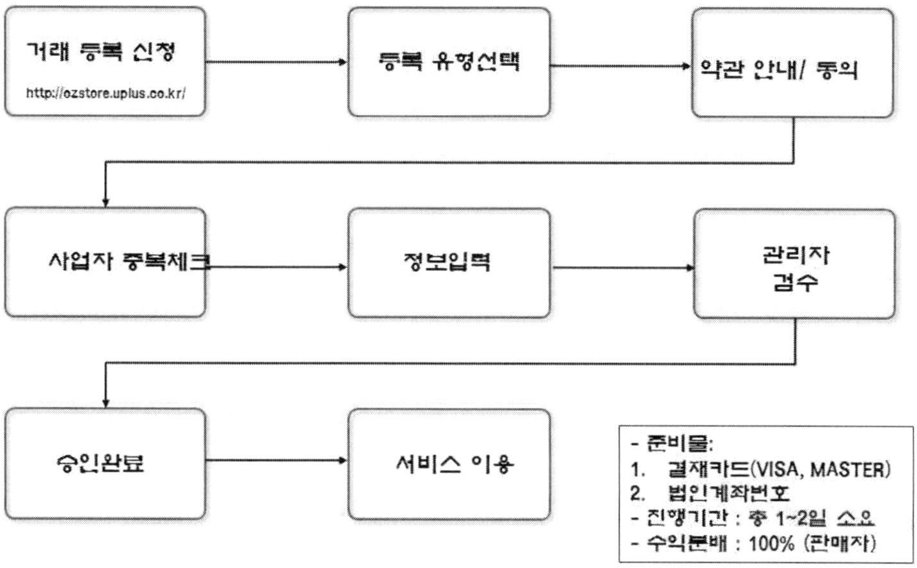

2) 오즈 스토어 iOS 등록 절차

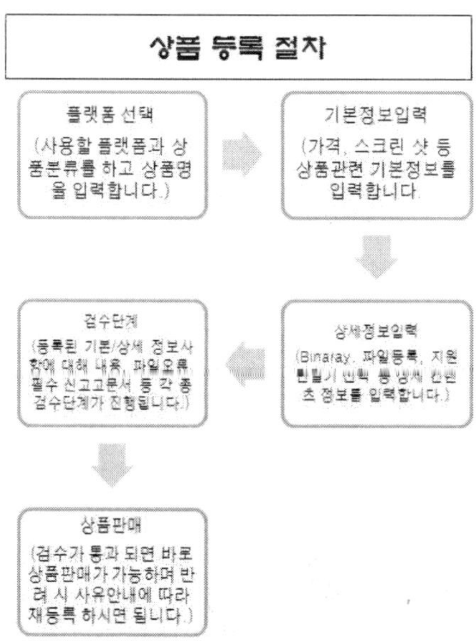

업체 문의 사항

문의	답변
법인 사업체 개발자 등록 기간	· 약1~2일
등록 서류 전송 방법	· 이메일 전송
상품 등록 기간	최소 5일
전화번호	전화번호 없음
개발자센터 홈페이지	http://devpartner.lguplus.co.kr/

5.2 애플 앱 스토어

1) 애플 앱 스토어 등록 절차 정리

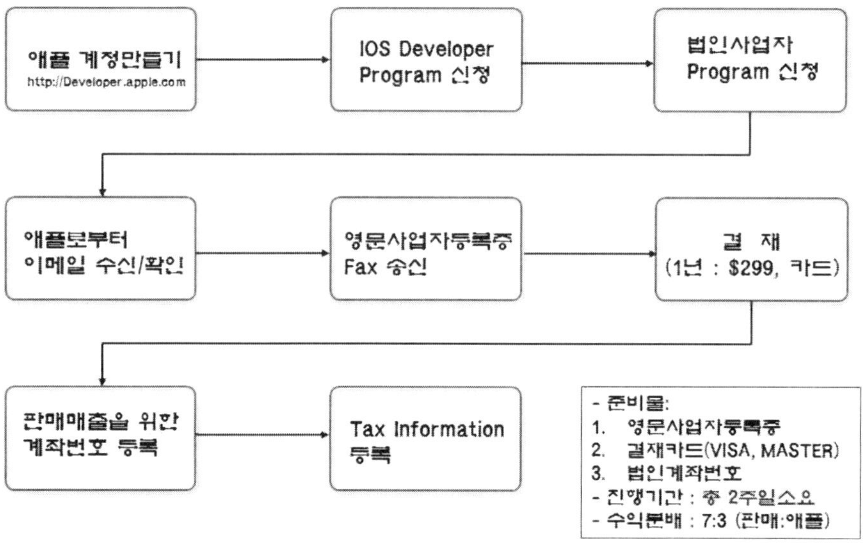

2) 애플 계정 만들기

먼저 애플에 모든 서비스를 이용하기 위해서는 애플 계정 ID를 만들어야 한다.

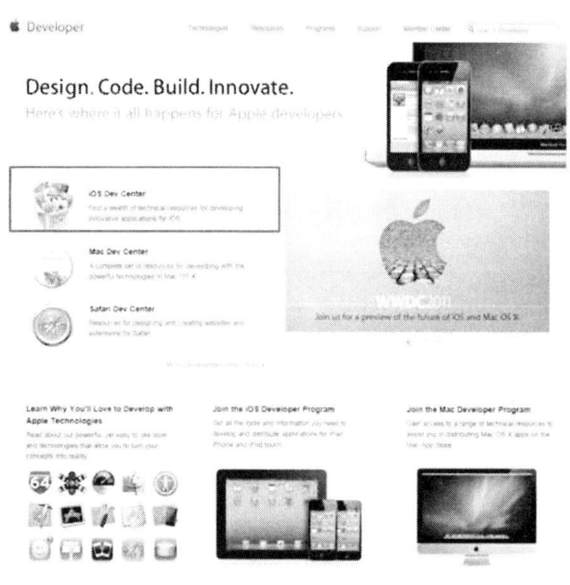

- 레지스터 등록 하기

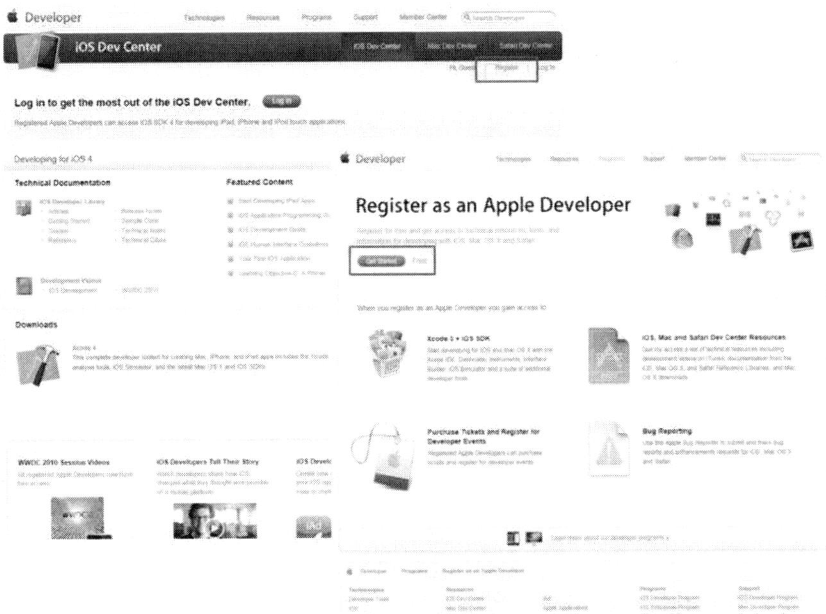

- 레지스터 등록 완료 후 확인 메일 수신을 한다.

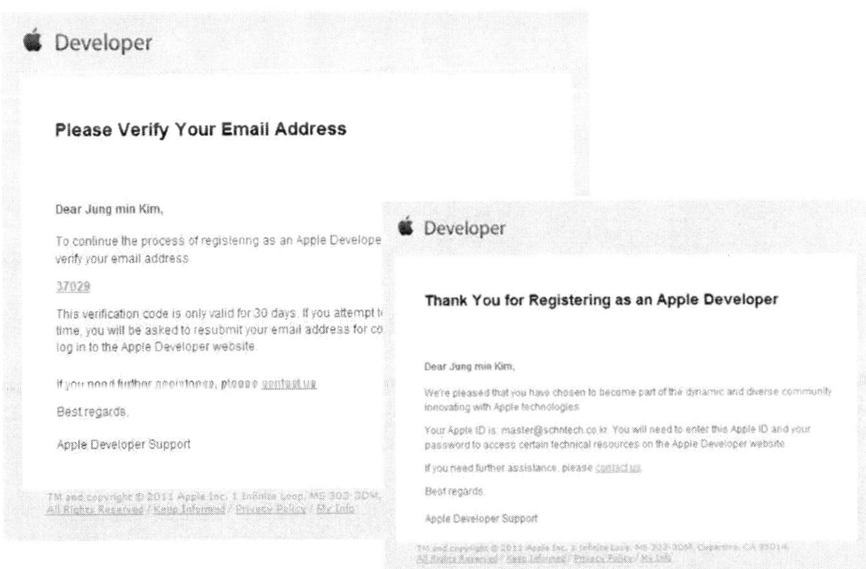

- iOS Developer program 가입하기

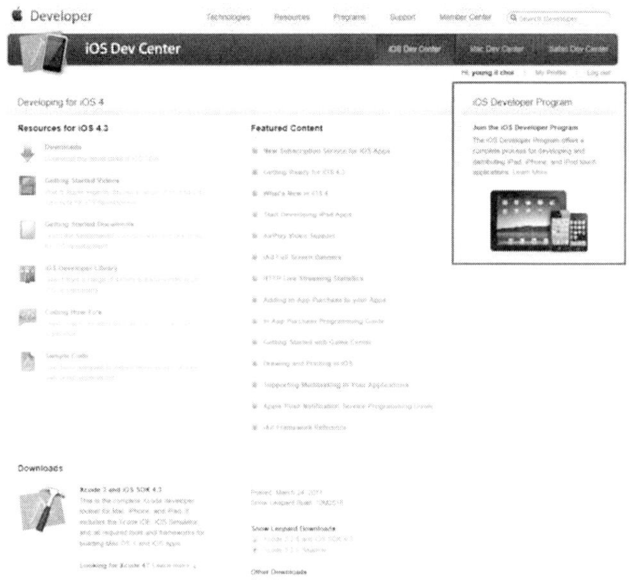

- 법인회사일 경우 법인 등록을 별도로 해야 된다.

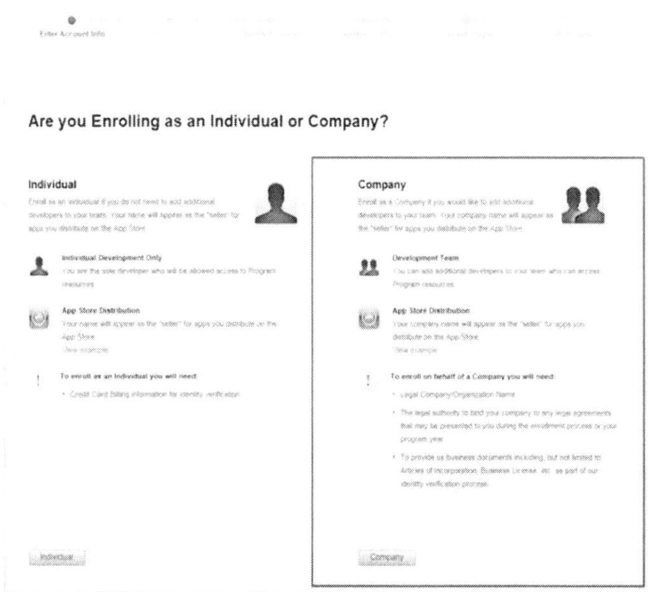

- 확인 메일 수신

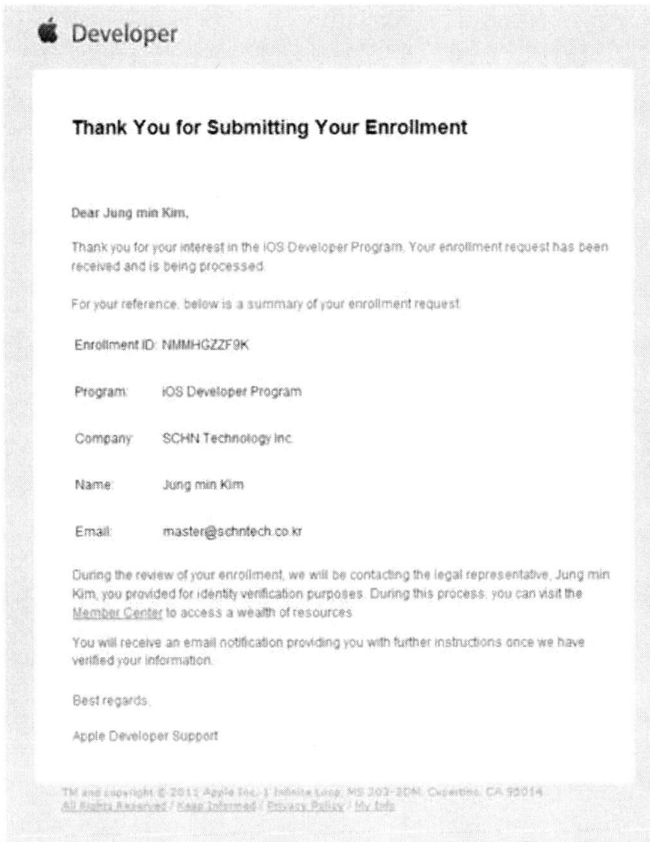
Developer

Thank You for Submitting Your Enrollment

Dear Jung min Kim,

Thank you for your interest in the iOS Developer Program. Your enrollment request has been received and is being processed.

For your reference, below is a summary of your enrollment request.

Enrollment ID: NMMHGZZF9K

Program: iOS Developer Program

Company: SCHN Technology Inc.

Name: Jung min Kim

Email: master@schntech.co.kr

During the review of your enrollment, we will be contacting the legal representative, Jung min Kim, you provided for identity verification purposes. During this process, you can visit the Member Center to access a wealth of resources.

You will receive an email notification providing you with further instructions once we have verified your information.

Best regards,

Apple Developer Support

TM and copyright © 2011 Apple Inc. 1 Infinite Loop, MS 303-2DM, Cupertino, CA 95014
All Rights Reserved / Keep Informed / Privacy Policy / My Info

- 영문 사업자 등록증 FAX 송신

1~2일 후에 메일로 영문사업자 등록증을 FAX 송신을 요구하는 메일이 송신되는데, 국세청 홈텍스에서 영문사업자 등록증 발급 후 FAX로 송신하면 된다.

사업자 등록증 제출 후 7일 이내에 전하 확인이 끝나면 iOS Developer Program을 구매할 수 있도록 링크를 받게 된다.

- iOS Developer program 구매하기

가입 웹페이지에서 링크를 클릭하게 되면 애플 스토어로 넘어가서 $299(1년)를 결재하게된다.

결재는 카드로 결재하게 되며, 해외 결재가 가능한 카드여야하고, iOS Developer Program 가입할 때 프로필에 입력하는 이름과 주소는 반드시 결재할 카드에 등록된 정보과 같아야 한다.

본 구매는 1년이며, 1년이 지나면 갱신해야 한다.

- 계좌번호 등록

판매 수익금을 받기 위한 계좌 정보를 등록해야 한다.

이 과정은 세금관련 문서의 제출 및 승인 과정이 길게는 3주~4주까지 걸릴 수도 있다. 은행은 국내 은행을 선택할 수 있다.

- Tax information 등록하기

본 절차는 20%의 원천징술ㄹ 받지 않기 위한 절차이며 관련 웹 페이지에서느 제공하는 서류를 작성 후 반드시 우편으로 서류를 송부해야 한다.

본 절차도 길게는 1주~2주 정도 시간이 소요한다.

본 절차를 마치고 나면 앱스토어에 등록하기 위한 기본 절차는 끝난다.

6. 상용 iOS 제품소개

CHAPTER 6. CHAPTER 6. CHAPTER 6.

※ 필자가 개발한 상용 iOS 제품을 소개합니다. 개발 중에 참고할 사항이 있으시면 별도 연락 해주시면 iOS 소스제공 및 지도를 하도록 하겠습니다.

※(master@schntech.co.kr)

목　차

CHAPTER 6. CHAPTER 6. CHAPTER 6.

※ 화면 보기 순서 ※

4개 분할 표일 경우

화면구성	설 명	화면구성	설 명
1		3	
2		4	

2개 분할 표일 경우

화면구성	설 명	화면구성	설 명
1		2	

6.1 인트로 및 초기 인증

화면구성	설 명

인 트 로 ▪ 초기 iOS 실행시 표현 화면 ▪ 둥근 바퀴에 누비자 자전거가 주행하는 형상임	**본인인증 2** ▪ 사용자의 핸드폰을 입력 ▪ 본인인증 버튼 클릭
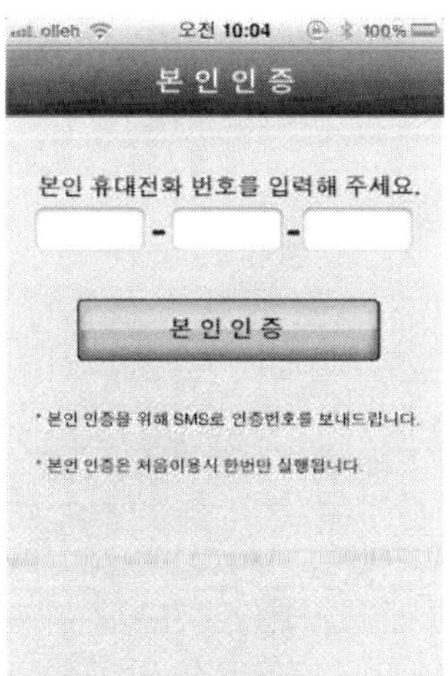	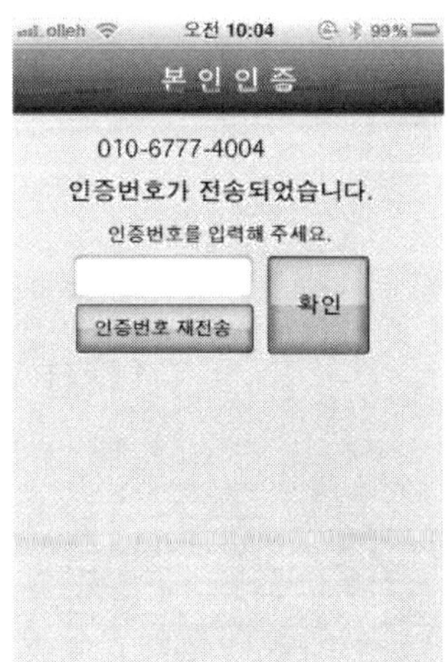
본인인증 1 ▪ 초기 iOS 최초실행시 본인인증 화면	**본인인증 3** ▪ 사용자의 핸드폰 번호로 인증번호가 전송됨

화 면 구 성	설 명

본인인증 4 ■ 서버 측에서 인증번호가 전송됨	본인인증 6 ■ 인증번호 입력창에 메시지 창에서 확인하였던 인증번호를 입력 ■ 입력 후 확인
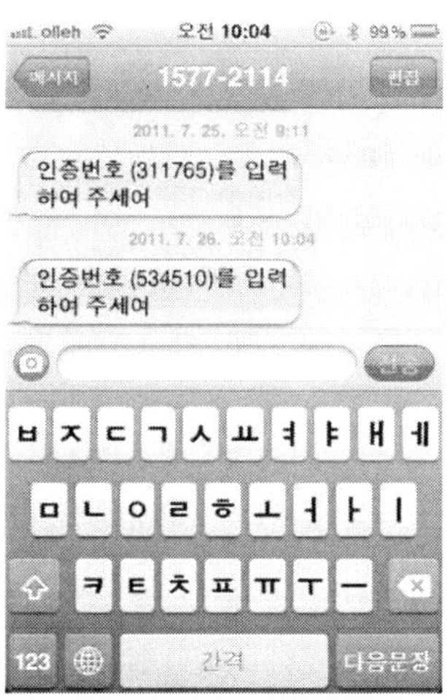	
본인인증 5 ■ 메시지 창에서 인증번호를 확인	본인인증 7 ■ 본인 인증 후 확인

6.2 사용자 위치정보 동의 유무 확인

화 면 구 성	설 명
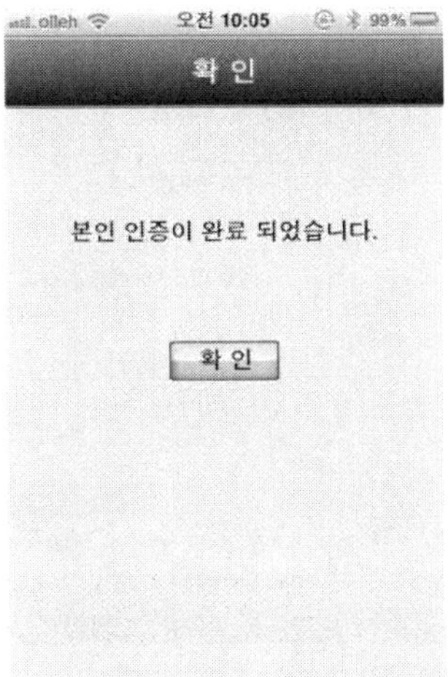	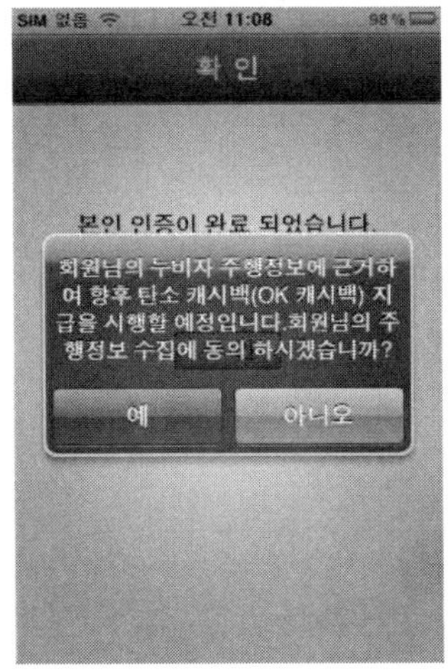
위치정보 동의 1 ■ 본인 인증 완료 된 후 확인을 클릭	위치정보 동의 2 ■ 주행정보 수집의 동의에 관한 팝업창이 나옴 ■ '예'를 누를 경우 에코미터의 GPS 위치 좌표가 서버로 전송됨 ■ '아니오' 를 누를 경우 GPS 위치 좌표가 전송되지 않음

6.3 메인 화면 / 대여하기

<table>
<tr><th>화면구성</th><th>설 명</th></tr>
<tr><td>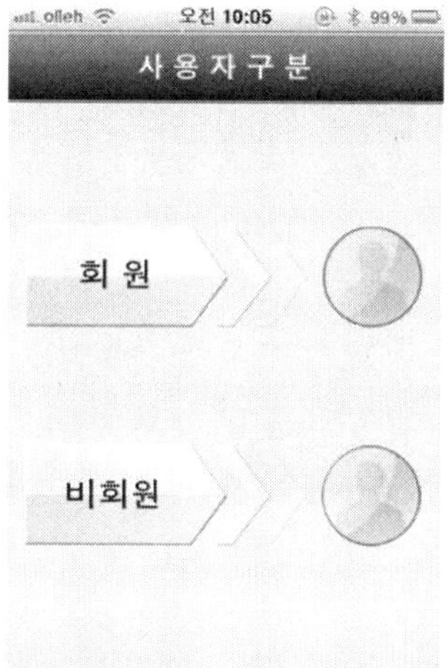</td><td>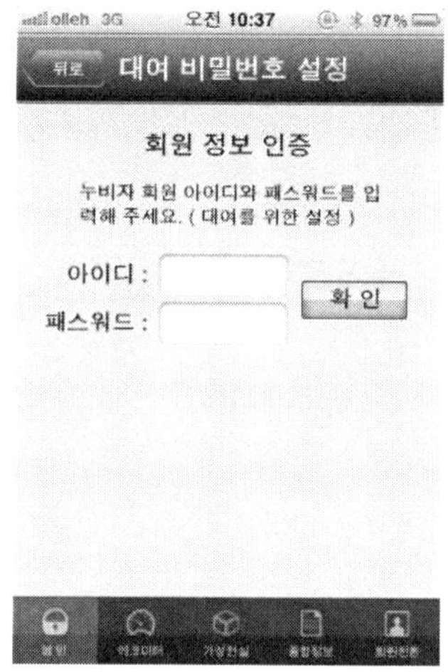</td></tr>
<tr><td>사용자 구분
■ 누비자 홈페이지에 회원으로 가입할 경우 회원 버튼을 누름
■ 1일 이용권으로 사용할 비회원은 비회원 버튼을 누름</td><td>대여하기 1
■ 초기 대여 버튼을 누르면 회원정보 인증 창이 나옴
■ 누비자 홈페이지에 가입했던 아이디와 패스워드를 직접 입력</td></tr>
<tr><td></td><td>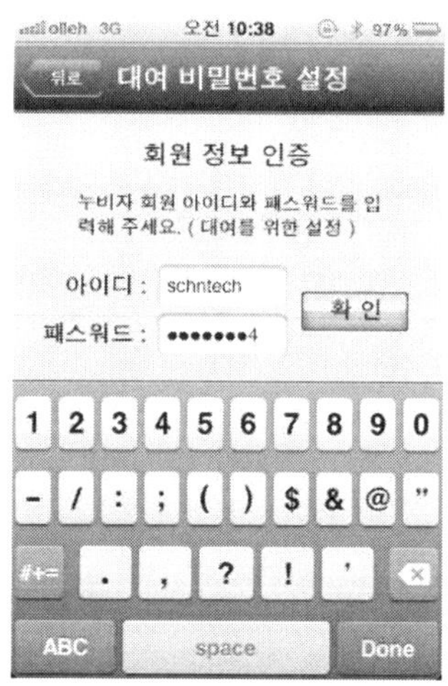</td></tr>
<tr><td>메인화면
■ 대여/ 반납/ 터미널탐색/ 즐겨찾기/ 고장신고 기능으로 구성되어 있음</td><td>대여하기 2
■ 누비자 홈페이지에 가입했던 아이디와 패스워드를 직접 입력</td></tr>
</table>

<table>
<tr><th>화 면 구 성</th><th>설 명</th></tr>
<tr><td>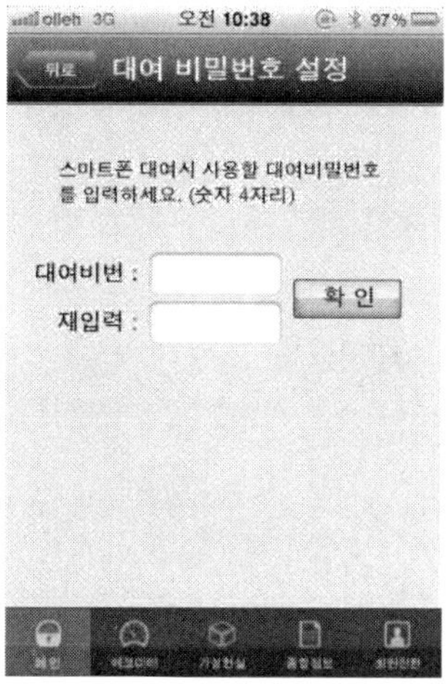
</td><td>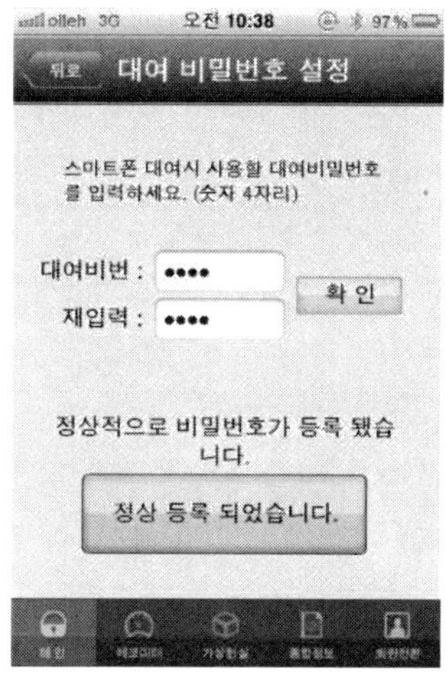
</td></tr>
<tr><td>대여하기 3
■ 스마트폰으로 대여할 시사용하는 대여 비밀번호를 셋팅</td><td>대여하기 5
■ 대여 비밀번호 입력 후 확인을 누름
■ 정상 등록 확인 창이 나오며 정상등록 버튼이 생성됨, 정상등록 버튼 누르면 QR코드 화면 전환</td></tr>
<tr><td>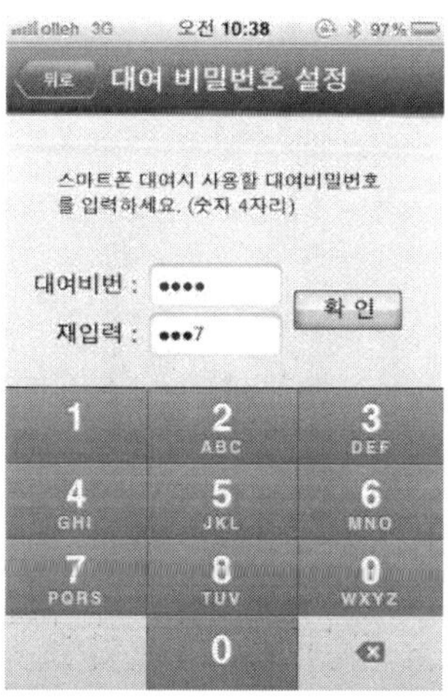
</td><td>
</td></tr>
<tr><td>대여하기 4
■ 사용자가 원하는 대여 비밀번호 입력</td><td>대여하기 6
■ 자전거 보관대에 인쇄되어 있는 QR코드를 사각형 박스에 비춤</td></tr>
</table>

화 면 구 성	설 명
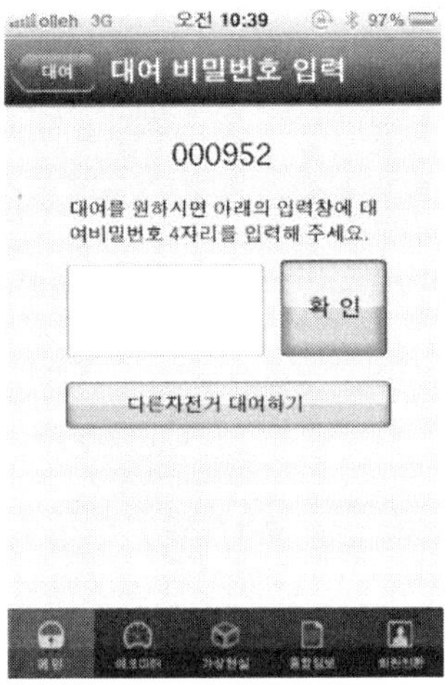	
대여하기 7 ■ 보관대 번호가 출력되며 대여 비밀번호를 입력하는 창이 나옴 ■ 다른 자전거 대여하기 버튼은 다른 보관대에 자전거를 대여할 시 사용, QR 코드 화면 전환	대여하기 9 ■ 서버측으로 요청
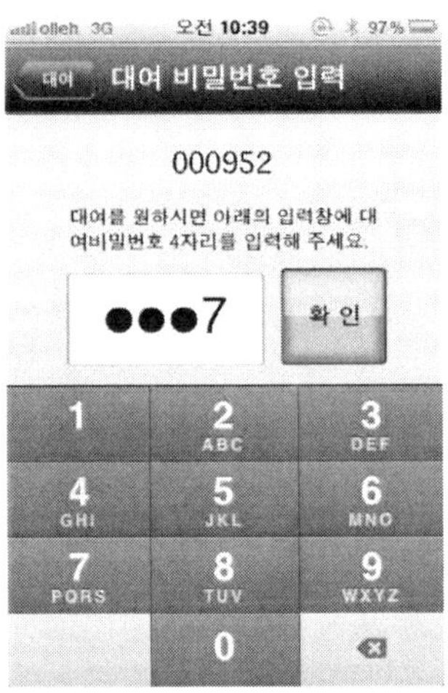	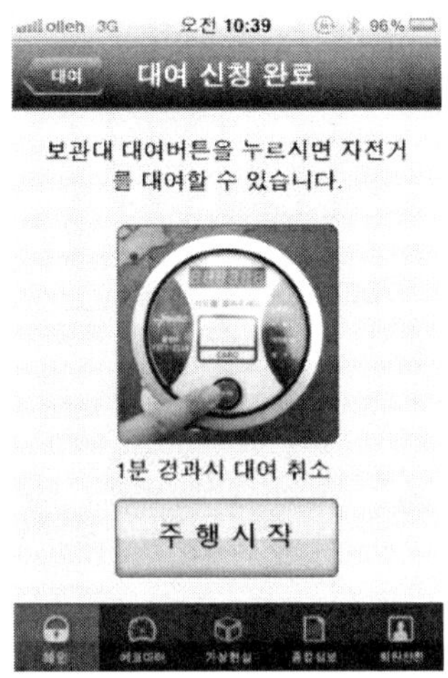
대여하기 8 ■ 사용자의 대여 비밀번호를 입력 후 확인 버튼을 누름	대여하기 10 ■ 대여 승인 후 보관대 대여버튼 누르면 자전거 대여 시작함 ■ 주행시작 버튼을 누르면 에코미터 화면으로 전환

6.4 메인 화면 / 반납요청

<table>
<tr><th>화 면 구 성</th><th>설 명</th></tr>
<tr><td>

</td><td>
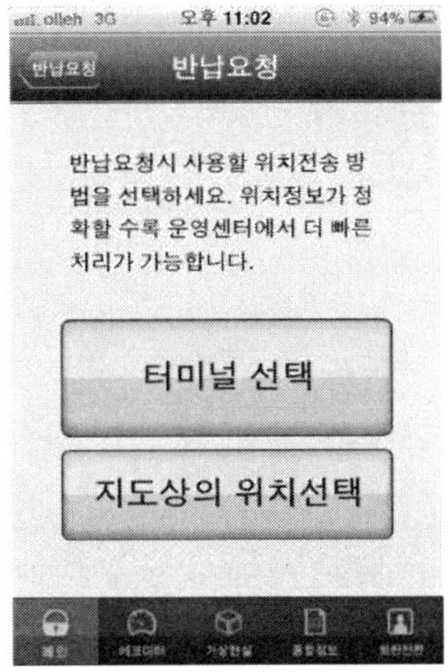

</td></tr>
<tr><td>반납요청 1
■ 반납요청 기능은 터미널 만차시 자전거 거치할 보관대가 없을 경우 임시적으로 반납하는 방법임</td><td>반납요청 3
■ 반납요청 할 수 있는 방법을 선택할 수 있음
■ 터미널 선택과 지도상의 위치 선택할 수 있음</td></tr>
<tr><td>

</td><td>
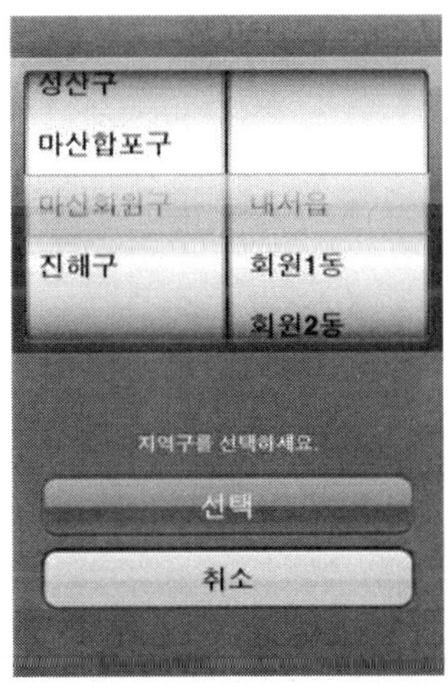

</td></tr>
<tr><td>반납요청 2
■ 반납요청 기능은 터미널 만차시 자전거 거치할 보관대가 없을 경우 임시적으로 반납하는 방법임
■ 방법1, 방법2로서 자전거를 거치한 뒤 다음을 누름</td><td>반납요청 4
■ 자신이 원하는 지역을 선택 후 선택 버튼 누름</td></tr>
</table>

<table>
<tr><th>화 면 구 성</th><th>설 명</th></tr>
<tr><td>
</td><td>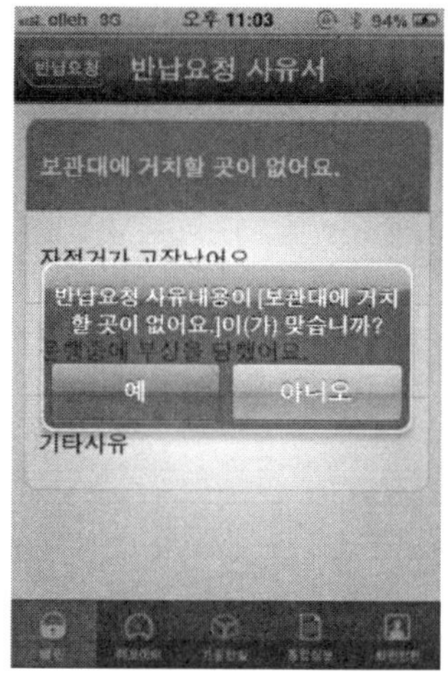
</td></tr>
<tr><td>반납요청 5
■ 자신이 선택한 지역의 터미널이 표시가 됨
■ 원하는 터미널 누름</td><td>반납요청 7
■ 선택한 사유의 확인 팝업창이 표현</td></tr>
<tr><td>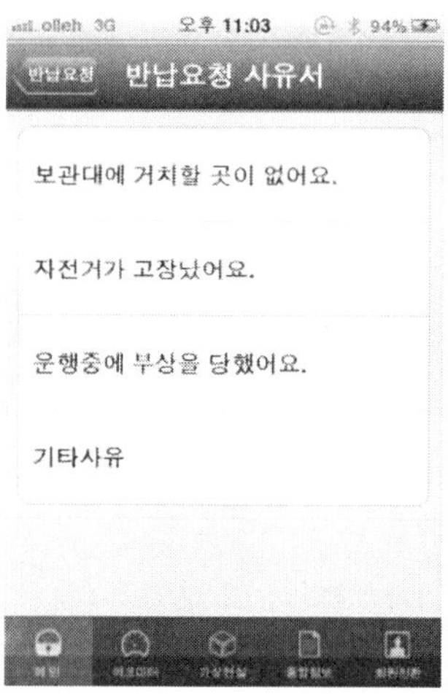
</td><td>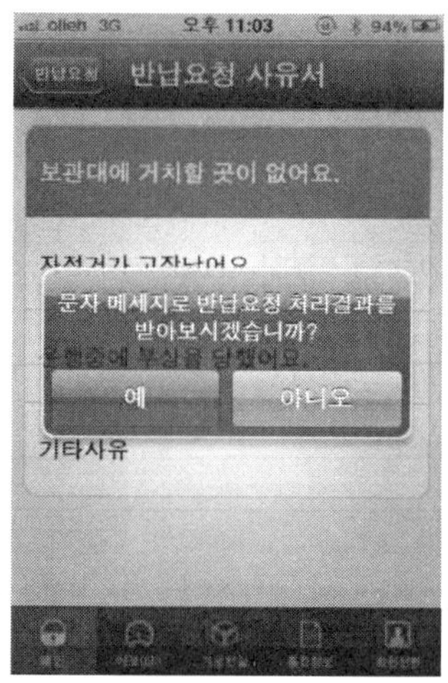
</td></tr>
<tr><td>반납요청 6
■ 반납요청 사유서로 자신이 임치 반납을 하는 이유를 선택</td><td>반납요청 8
■ 처리결과를 문자 메시지로 전송 함</td></tr>
</table>

화 면 구 성	설 명
	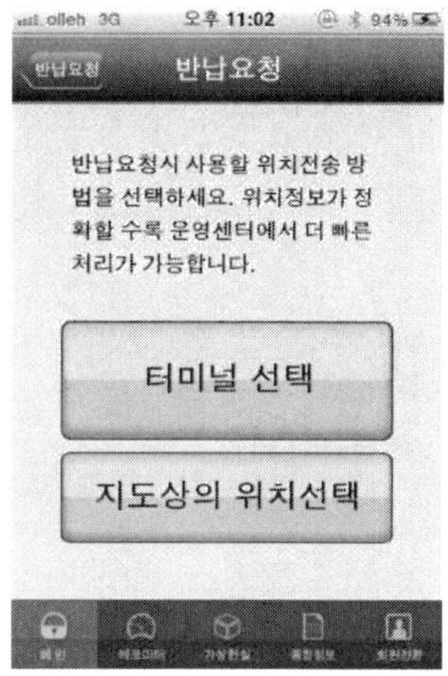
반납요청 9 ■ 임시반납을 서버에 요청	**반납요청 11** ■ 반납요청의 지도상의 위치 선택 버튼을 누름
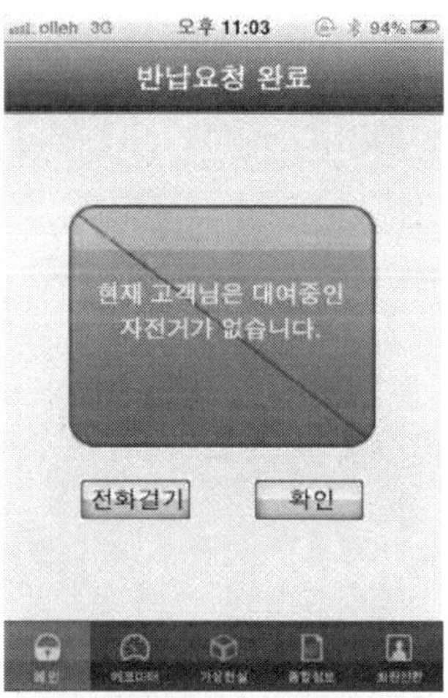	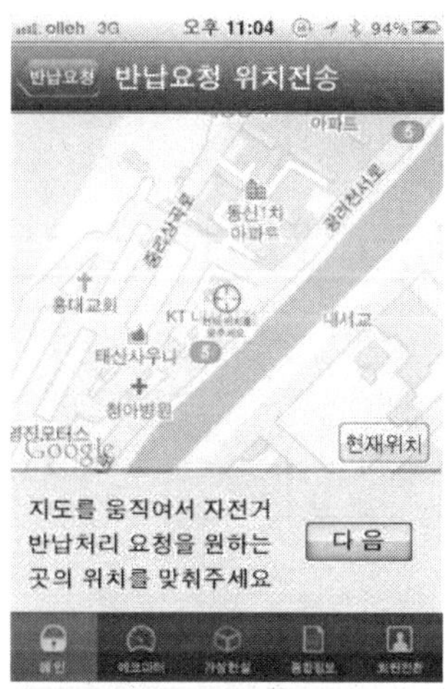
반납요청 10 ■ 반납요청 완료 창이 출력됨	**반납요청 12** ■ 사용자가 반납할 위치에 있는 터미널 위치를 지도상에 표식기호에 이동시켜 다음 버튼을 누름

<table>
<tr><th>화 면 구 성</th><th>설 명</th></tr>
<tr><td>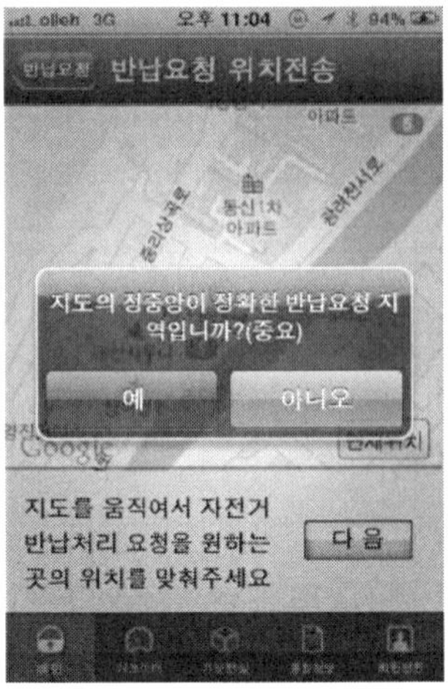
</td><td>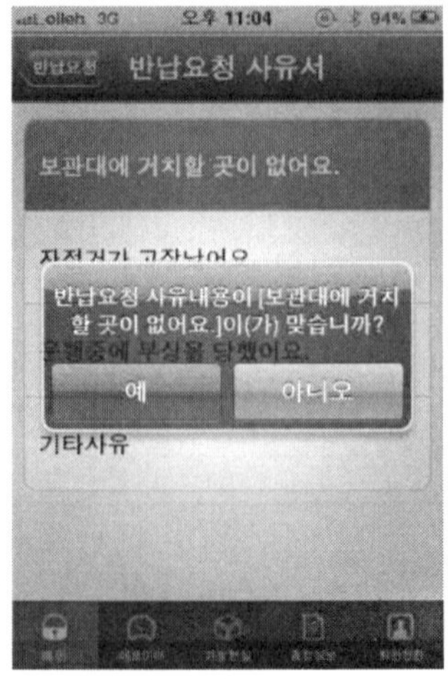
</td></tr>
<tr><td>반납요청 13
■ 표식기호 위치의 확인 팝업창이 출력</td><td>반납요청 15
■ 반납사유 확인 팝업창</td></tr>
<tr><td>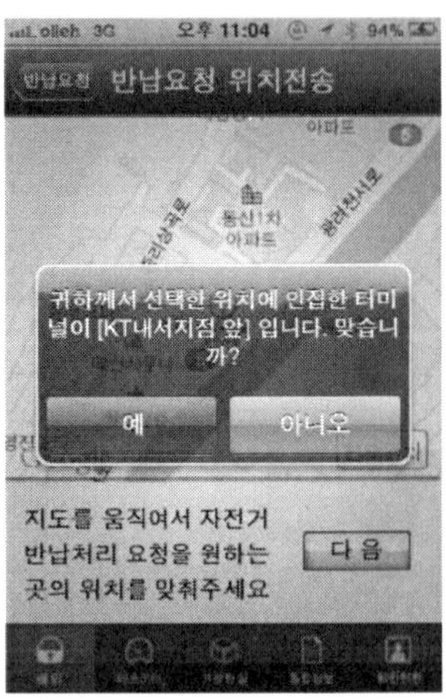
</td><td>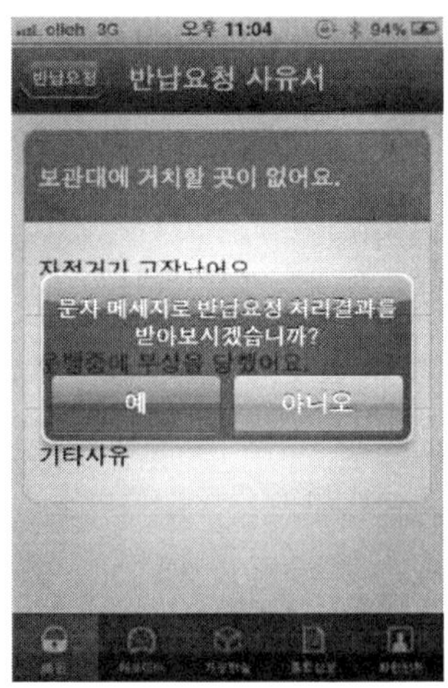
</td></tr>
<tr><td>반납요청 14
■ 표식기호의 위치에 배치되어 있는 인접 터미널의 명칭이 출력됨</td><td>반납요청 16
■ 문자 메시지 처리결과 팝업창 출력</td></tr>
</table>

<table>
<tr><th>화 면 구 성</th><th>설 명</th></tr>
<tr><td>
</td><td>
</td></tr>
<tr><td>반납요청 17
▪ 서버에 요청</td><td>반납요청 19
▪ 전화걸기 버튼을 누를 경우 누비자 콜센터로 자동으로 연결
▪ 누비자 콜센터 운영시간이외에 버튼을 눌러도 전화 연결이 되지 않음</td></tr>
<tr><td>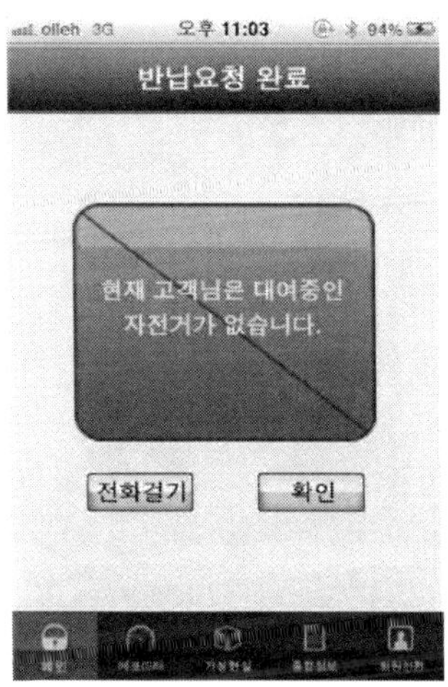
</td><td></td></tr>
<tr><td>반납요청 18
▪ 반납요청 완료</td><td></td></tr>
</table>

화 면 구 성	설 명

터미널 탐색 5 ■ 위치 옵션 버튼을 누르면 거리별/ 지역별 옵션이 출력됨	**터미널 탐색 7** ■ 검색결과가 출력됨 ■ 원하는 터미널 명을 누름
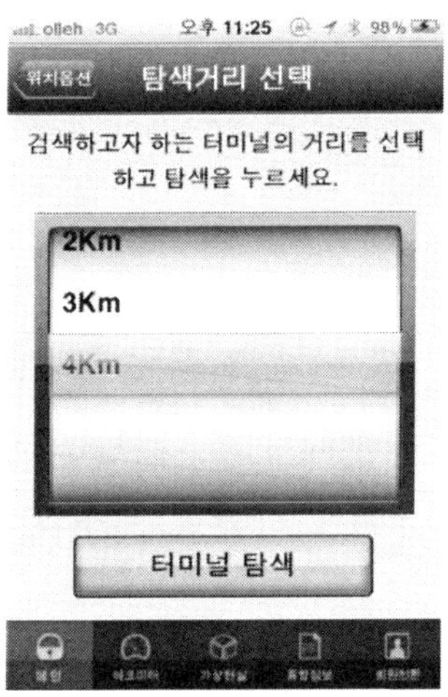	
터미널 탐색 6 ■ 거리별 버튼을 누름 ■ 탐색거리를 선택 할 수 있으며 Km 단위로 보여줌	**터미널 탐색 8** ■ 원하는 터미널의 상세정보가 출력됨

화 면 구 성	설 명

터미널 탐색 9 ■ 위치 옵션에서 지역별 버튼을 누름	**터미널 탐색 11** ■ 원하는 지역의 터미널이 출력됨
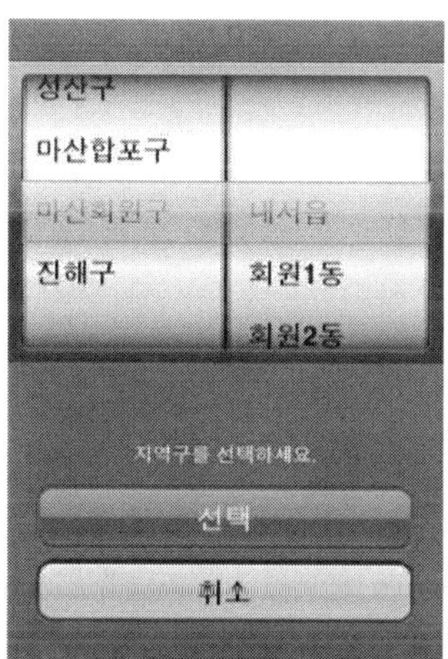	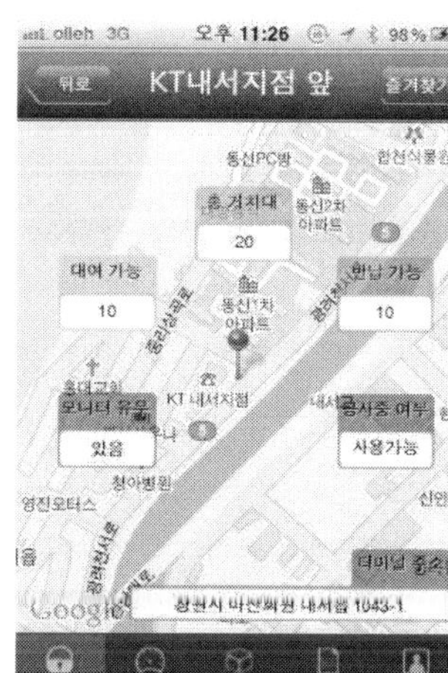
터미널 탐색 10 ■ 지역 옵션에서 원하는 지역을 선택함	**터미널 탐색 12** ■ 원하는 지역의 터미널을 누르면 상세정보가 출력됨

6.7 메인 화면 / 즐겨찾기

<table>
<tr><th>화 면 구 성</th><th>설 명</th></tr>
<tr><td>
</td><td>
</td></tr>
<tr><td>즐겨찾기 1
■ 찾을 수 있는 기능임사용자가 자주 확인하는 터미널을 저장함으로써 터미널의 위치 및 정보를 쉽게</td><td>즐겨찾기 3
■ 원하는 터미널의 상세정보 우측 상단에 즐겨찾기 버튼을 누름</td></tr>
<tr><td>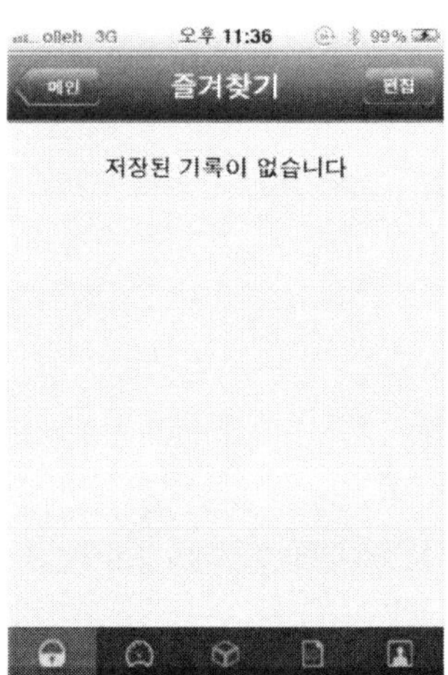
</td><td>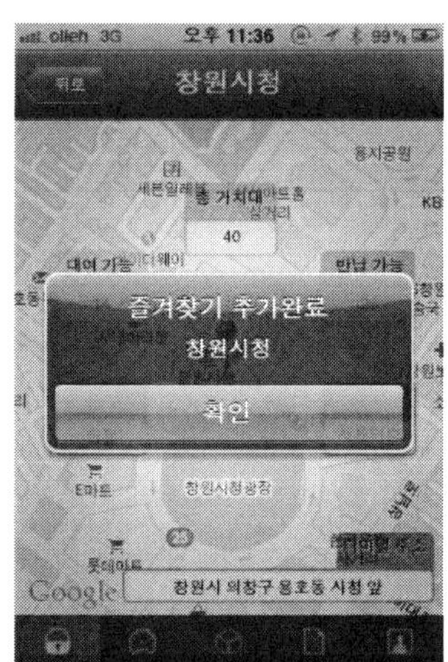
</td></tr>
<tr><td>즐겨찾기 2
■ 초기시 즐겨찾기 기록이 없음</td><td>즐겨찾기 4
■ 즐겨찾기 추가 팝업창이 출력</td></tr>
</table>

화 면 구 성	설 명
	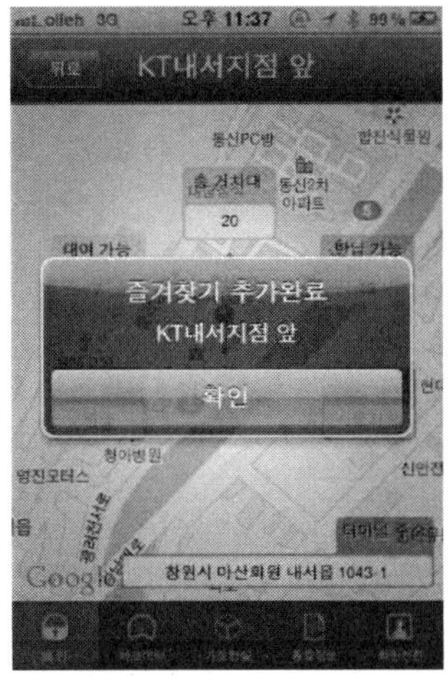
즐겨찾기 5 ■ 즐겨찾기 기록에 원하는 터미널 리스트가 나옴	**즐겨찾기 7** ■ 동일 방법으로 설정
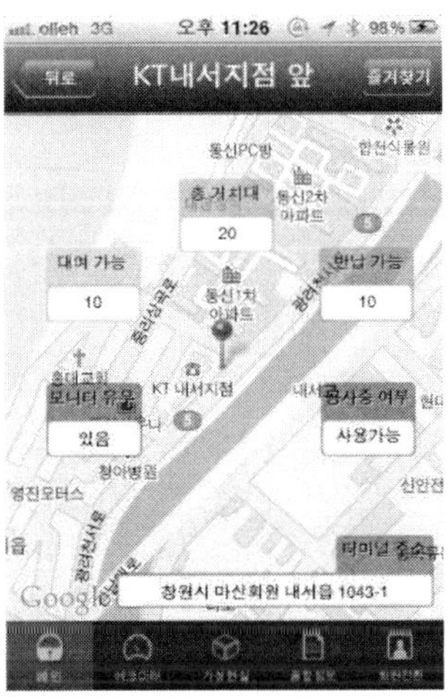	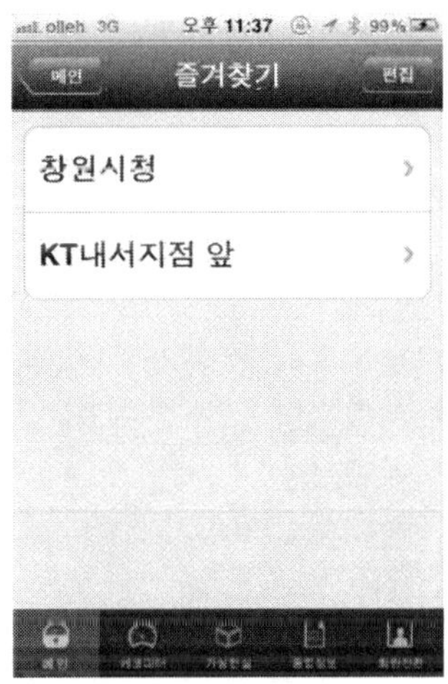
즐겨찾기 6 ■ 동일 방법으로 설정	**즐겨찾기 8** ■ 즐겨찾기 목록에 추가되는 것을 볼 수 있음

화 면 구 성	설 명
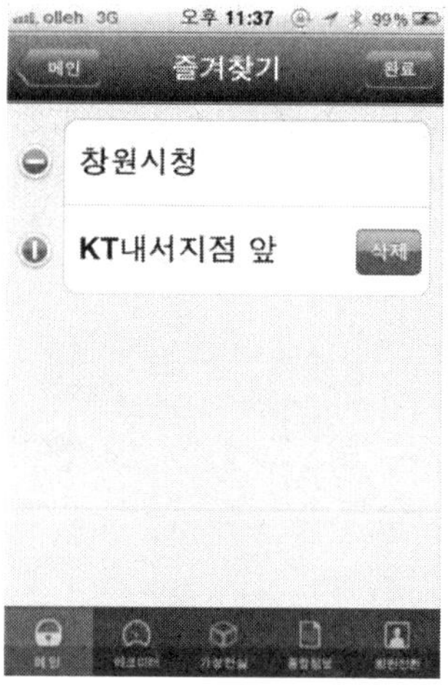 	
즐겨찾기 9 ■ 즐겨찾기 창의 우측 상단의 편집 버튼을 누르면 터미널을 삭제 할 수 있음	즐겨찾기 10 ■ 삭제 후 상태

6.8 메인 화면 / 고장신고

<table>
<tr><th>화 면 구 성</th><th>설 명</th></tr>
<tr><td>
</td><td>
</td></tr>
<tr><td>고장신고 1
■ 사용자가 직접 누비자 자전거의 고장부위를 선택하여 누비자 운영센터에 고장부위 데이터를 전송하는 기능임</td><td>고장신고 3
■ 거치중 자전거 고장 신고 버튼을 누르면 QR코드 화면이 출력됨
■ 보관대의 QR코드를 인식함</td></tr>
<tr><td>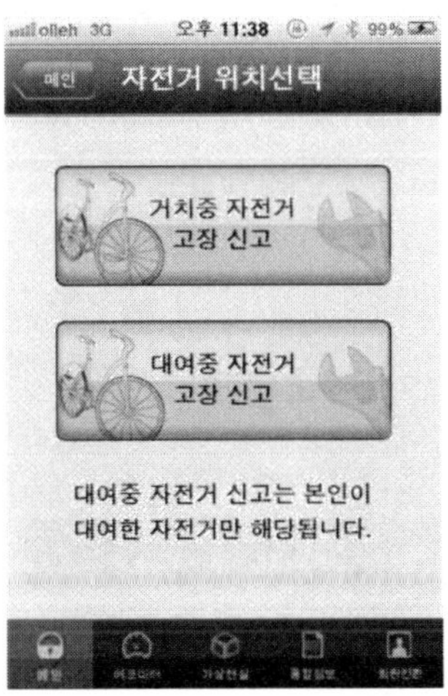
</td><td>
</td></tr>
<tr><td>고장신고 2
■ 거치중 자전거 고장 신고 버튼과 대여중 자전거 고장신고 버튼으로 구성됨</td><td>고장신고 4
■ 고장부위 창이 출력되며 사용자가 직접 고장부위를 선택함</td></tr>
</table>

화 면 구 성	설 명
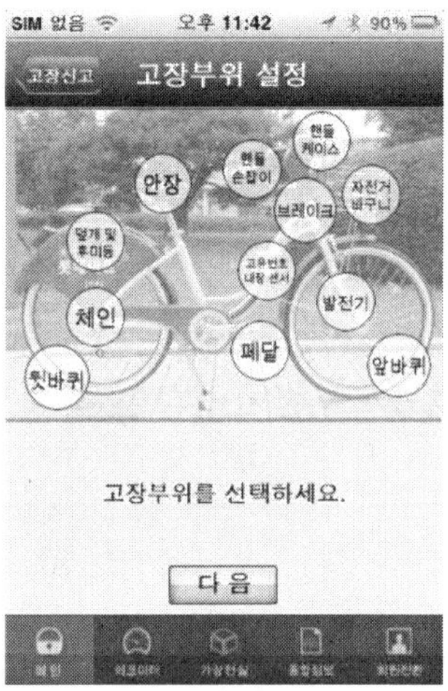	
고장신고 5 ■ 고장부위를 선택한 다음 다음 버튼을 누름	**고장신고 7** ■ 고장신고가 완료
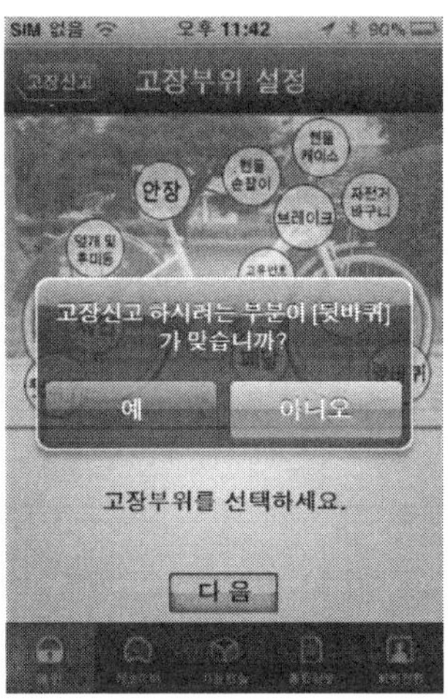	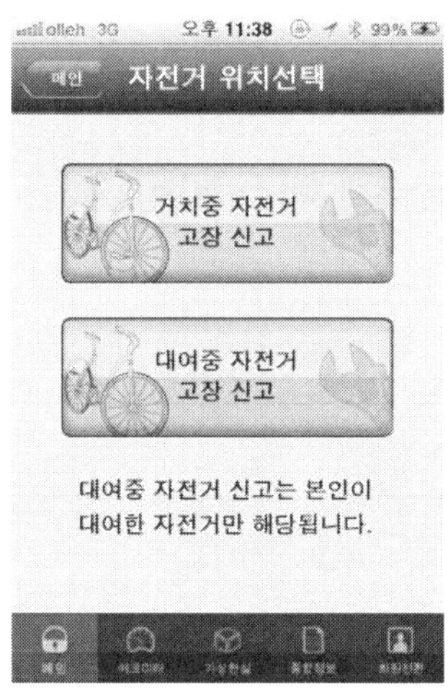
고장신고 6 ■ 고장부위 확인 팝업창이 출력	**고장신고 8** ■ 대여중 자전거 버튼을 누르면 자신이 대여한 자전거를 고장 신고 할 수 있음 ■ 다음 과정은 고장신고 4단계로 이어짐

6.9 에코미터

화 면 구 성	설 명
	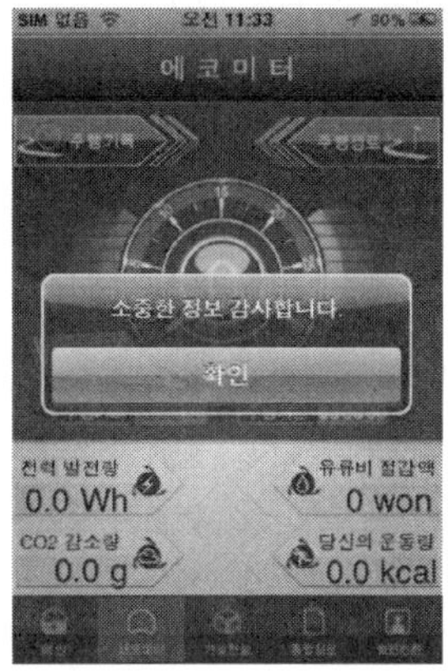
에코미터 1 ■ 에코미터는 자전거 주행에 있어서; - 속도 - 주행거리, 주행시간 - 전력발전량 - 유류비 절감액 - Co2 감소량 - 운동량 - 주행기록 - 주행경로 를 표현하는 프로그램임	에코미터 3 ■ 자전거 주행이 끝난 후 STOP 버튼을 누르면 프로그램이 정지하고 주행정보와 주행 GPS좌표가 서버로 전송됨

에코미터 2 ■ 자전거 주행 시 START 버튼을 누르면 프로그램이 동작함. ■ 실시간으로 각종 정보가 표현됨	에코미터 4 ■ 주행기록 버튼을 누르면사용자의 주행기록 리스트가 표현됨

<table>
<tr><th>화 면 구 성</th><th>설 명</th></tr>
<tr><td>

</td><td>

</td></tr>
<tr><td>

에코미터 5

- 주행기록 리스트를 누르면 사용자의 주행기록 정보가 표현되며 주행경로도 표현됨

</td><td>

에코미터-사진찍기

- 주행 중 주행경로 우측상단의 카메라 버튼을 누르면 현재 위치에서 사진찍기 기능을 제공함

</td></tr>
<tr><td>
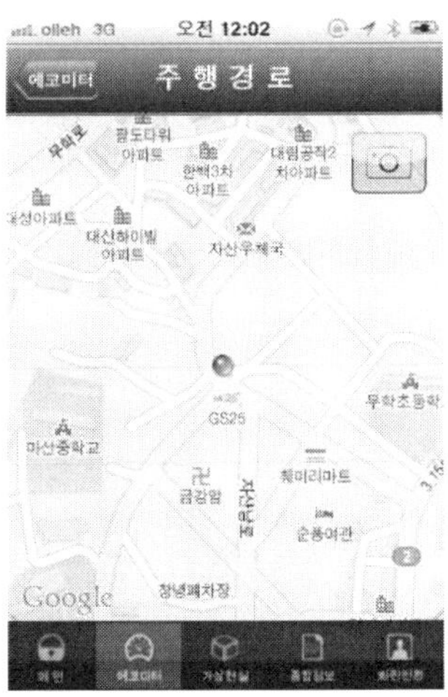

</td><td>

</td></tr>
<tr><td>

에코미터 6

- 에코미터 START 버튼을 누른 후 주행경로 버튼을 누르면 사용자가 주행하는 주행경로가 실시간으로 표현됨

</td><td>

에코미터-사진찍기

- 사진을 찍어 적용

</td></tr>
</table>

화 면 구 성	설 명
	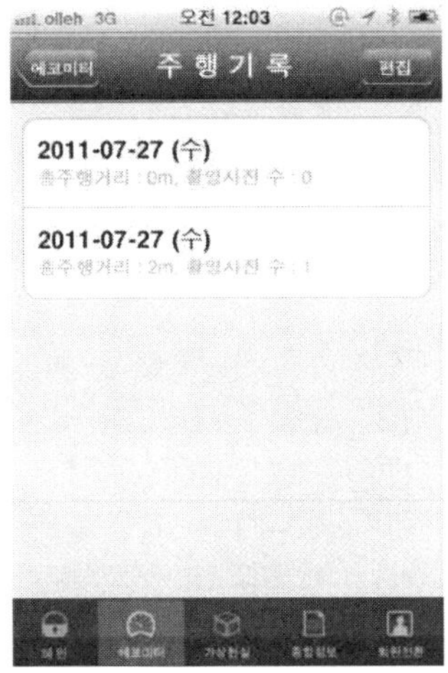
에코미터-사진찍기 ■ 사진 저장 창이 나오며 사진의 제목과 내용 및 관련 정보를 입력함	에코미터 7 ■ 주행기록 리스트를 확인하면 촬영사진 수가 표현됨
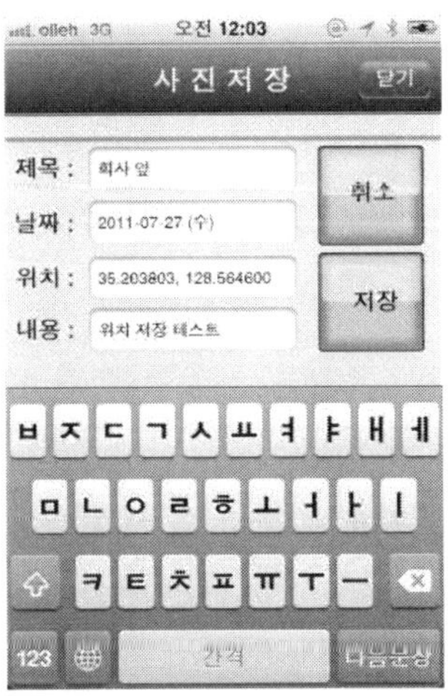	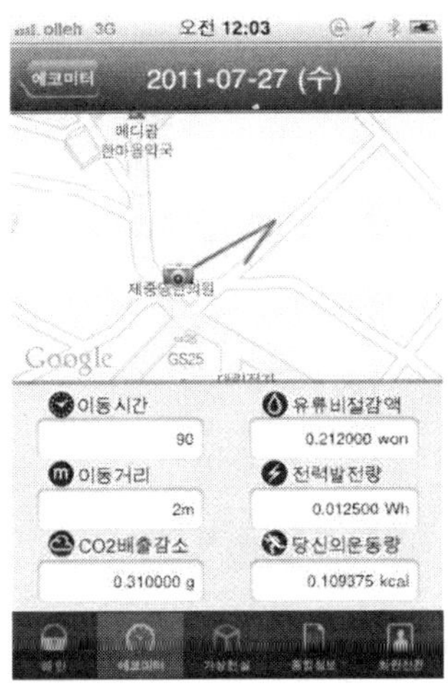
에코미터-사진찍기 ■ 사진 정보를 입력 후 저장 버튼을 누름	에코미터 8 ■ 주행기록 리스트를 누르면 주행코스가 붉은색 막대로 표현되며 카메라 새겨진 부부은 사진 촬영을 한 위치임

<table>
<tr><th>화 면 구 성</th><th>설 명</th></tr>
<tr><td>
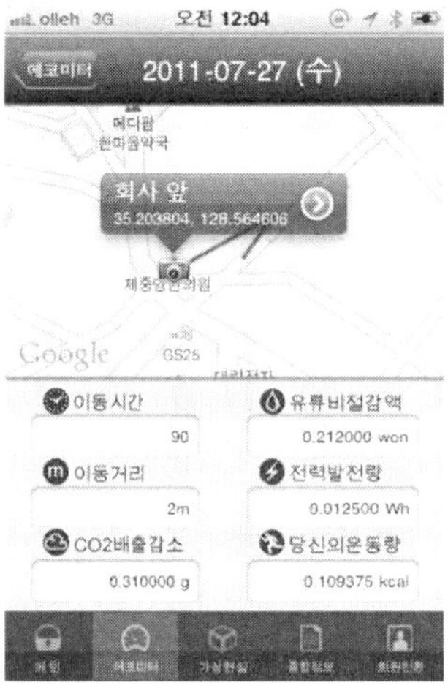

</td><td>

</td></tr>
<tr><td>에코미터 9
■ 카메라를 누르면 저장한 사진 제목과 좌표값이 표시됨</td><td>에코미터 10
■ 파란색 버튼을 누르면 사진 정보가 표현됨</td></tr>
</table>

6.10 가상현실(AR)

화 면 구 성	설 명

가상현실 1 ■ 카메라를 누르면 저장한 사진 제목과 좌표값이 표시됨	가상현실 3 ■ 가상현실 화면 상의 원하는 아이콘을 누르면 상세보기 창이 표현됨

가상현실 2 ■ 가상현실 작동 버튼을 누르면 사용자가 선택한 거리별 터미널이 화면상에 나타남	

6.11 종합정보

화 면 구 성	설 명
	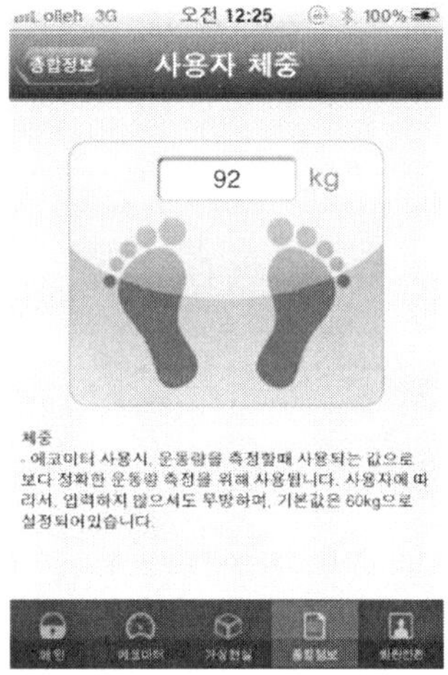
종합정보-사용자인증/비밀번호 갱신 ■ 사용자인증/ 비밀번호 갱신 버튼을 누름	종합정보-사용자체중 ■ 에코미터의 운동량을 정확하게 측정하기 위해 사용자의 체중을 입력
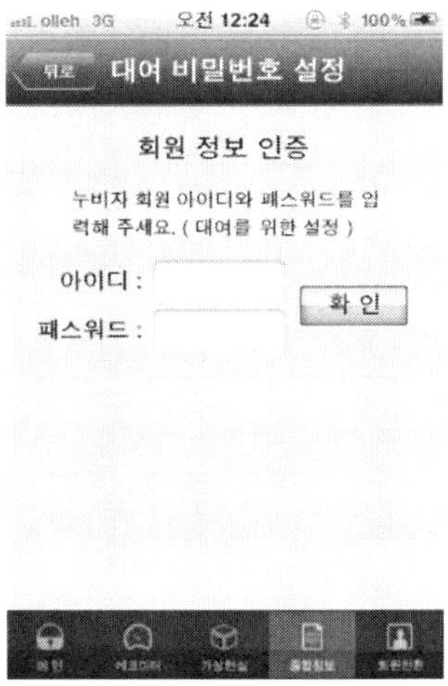	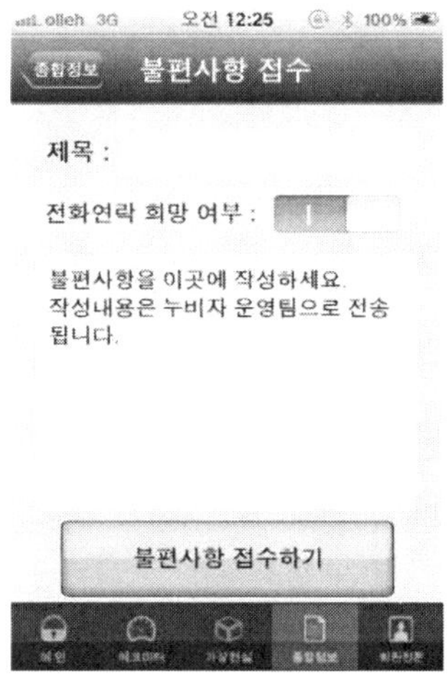
종합정보-사용자인증/비밀번호 갱신 ■ 대여하기 1의 과정의 회원정보 인증을 할 수 있는 부분임 ■ 인증 과정은 동일함	종합정보-불편사항접수 ■ 누비자 자전거를 이용하면서 불편사항을 누비자 운영센터에 접수를 할 수 있음

화 면 구 성	설 명
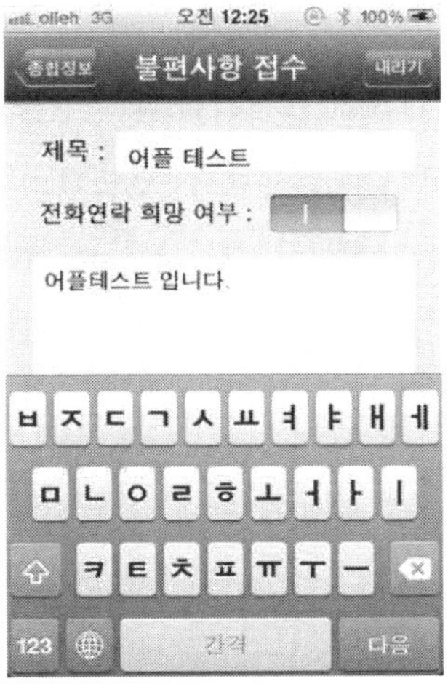	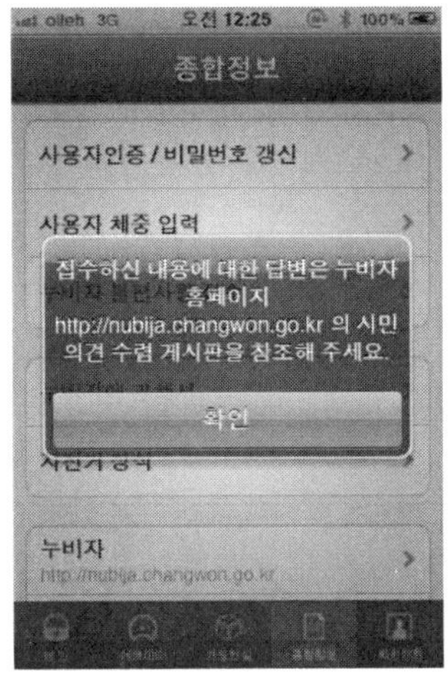
종합정보-불편사항접수 ■ 제목과 내용란에 불편사항을 작성함	**종합정보-불편사항접수** ■ 불편사항 접수 완료 후 완료 팝업창이 출력됨
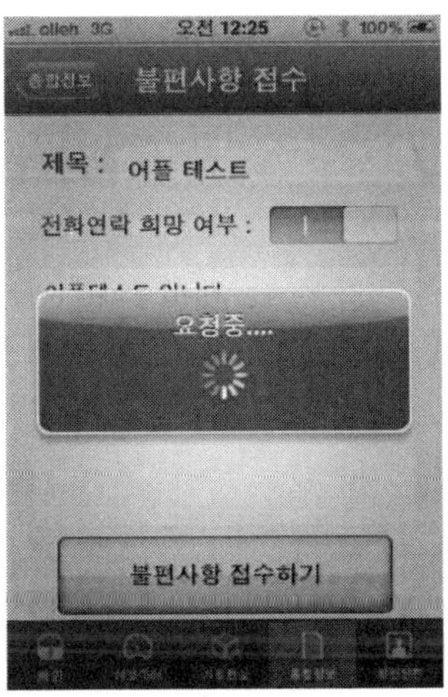	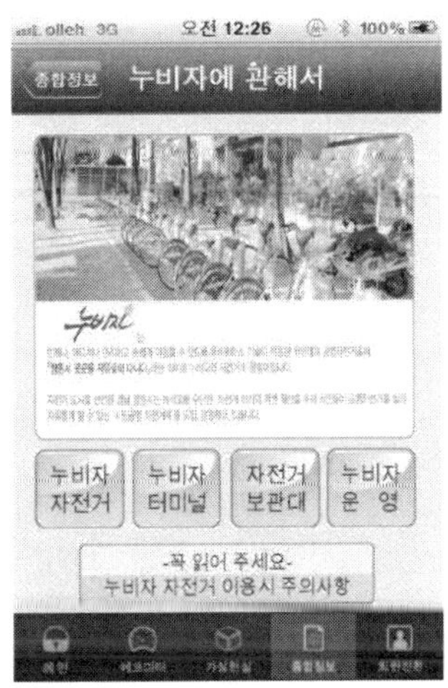
종합정보-불편사항접수 ■ 불편사항을 작성완료 후 불편사항 접수하기 버튼을 누르면 서버와 접속요청 중 팝업창이 나옴	**종합정보-누비자에 관해서** ■ 누비자 자전거의 정보를 표현함

<table>
<tr><th>화 면 구 성</th><th>설 명</th></tr>
<tr><td>

</td><td>

</td></tr>
<tr><td>누비자에 관해서 1
■ 누비자 자전거 소개</td><td>누비자에 관해서 3
■ 자전거 보관대 소개</td></tr>
<tr><td>

</td><td>

</td></tr>
<tr><td>누비자에 관해서 2
■ 누비자 터미널 소개</td><td>누비자에 관해서 4
■ 누비자 운영 소개</td></tr>
</table>

화 면 구 성	설 명
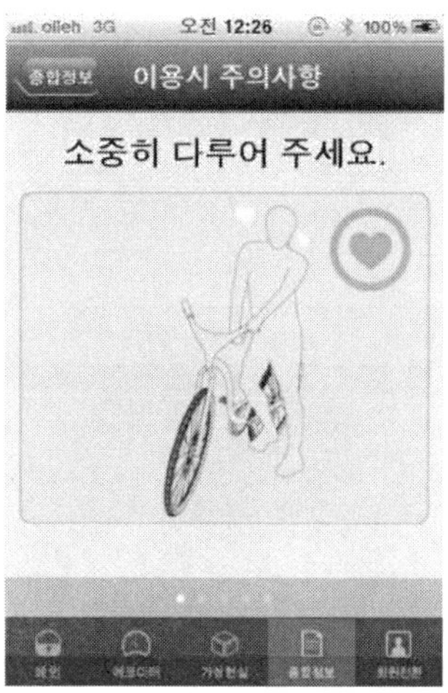	
누비자에 관해서 5 ■ 이용시 주의사항 소개	누비자에 관해서 7 ■ 이용시 주의사항 소개

누비자에 관해서 6 ■ 이용시 주의사항 소개	누비자에 관해서 8 ■ 이용시 주의사항 소개

화 면 구 성	설 명
	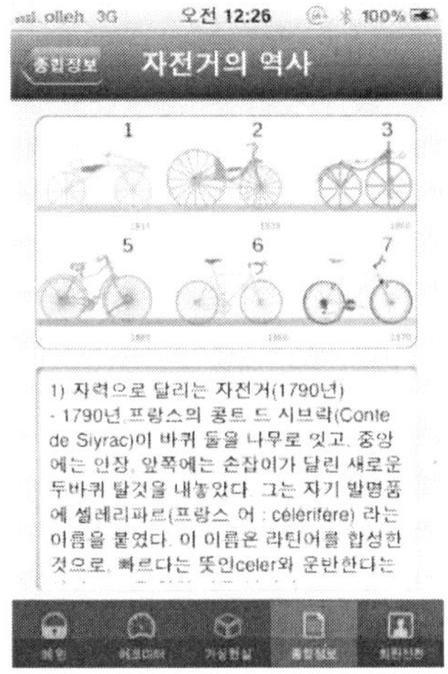
누비자에 관해서 9 ■ 이용시 주의사항 소개	자전거 상식-자전거역사 ■ 자전거 역사 소개
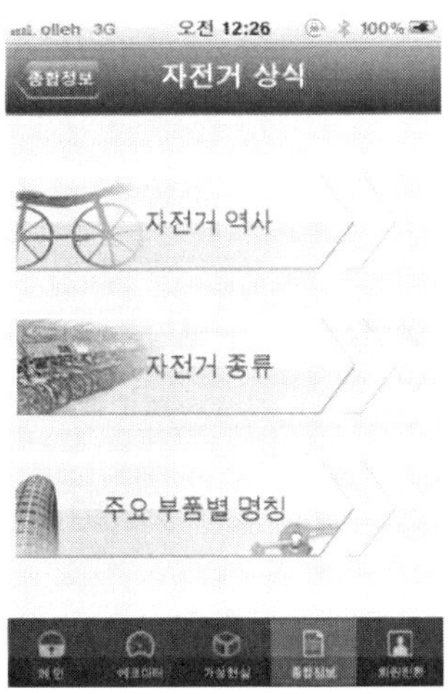	
자전거 상식 ■ 자전거의 상식에 대해서 설명하는 기능	자전거 상식-자전거종류 ■ 자전거 소개

화 면 구 성	설 명

자전거 상식-자전거종류 ■ 자전거 소개	**자전거 상식-자전거종류** ■ 자전거 소개

자전거 상식-자전거종류 ■ 자전거 소개	**자전거 상식-자전거종류** ■ 자전거 소개

<table>
<tr><th>화 면 구 성</th><th>설 명</th></tr>
<tr><td>
</td><td>
</td></tr>
<tr><td>자전거 상식-자전거종류
■ 자전거 소개</td><td>자전거 상식-자전거종류
■ 자전거 소개</td></tr>
<tr><td>
</td><td>
</td></tr>
<tr><td>자전거 상식-자전거종류
■ 자전거 소개</td><td>자전거 상식-자전거종류
■ 자전거 소개</td></tr>
</table>

화 면 구 성	설 명

종합정보-홈페이지연동 ■ 누비자 자전거와 관련된 홈페이지를 바로가기 링크를 함	**종합정보-홈페이지연동** ■ 창원시 공식 홈페이지
	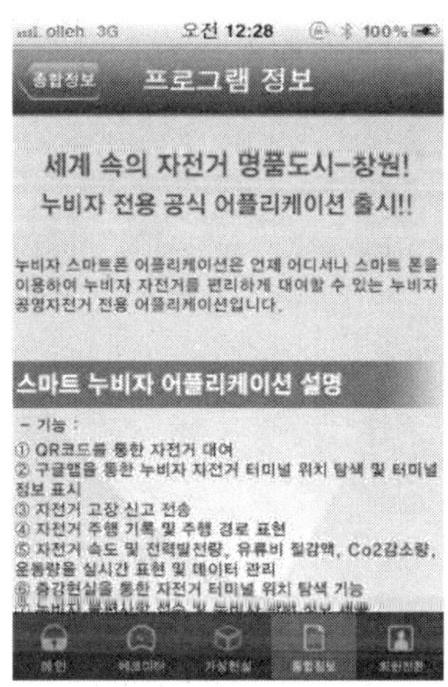
종합정보-홈페이지연동 ■ 누비자 공식 홈페이지	**종합정보-프로그램 정보** ■ 누비자 iOS 프로그램 정보 표현

6.12 비회원 대여

화 면 구 성	설 명
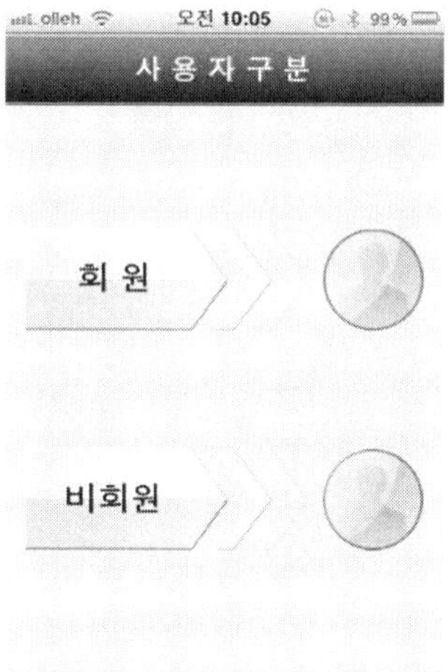	
비회원-사용자 구분 ■ 사용자 구분 창을 통해 회원과 비회원으로 설정이 가능함	**비회원 대여 2** ■ 터미널 키오스크에서 1일 대여번호를 이용하여 자전거를 대여할 수 있음 ■ 1일 대여번호 리스트를 누름
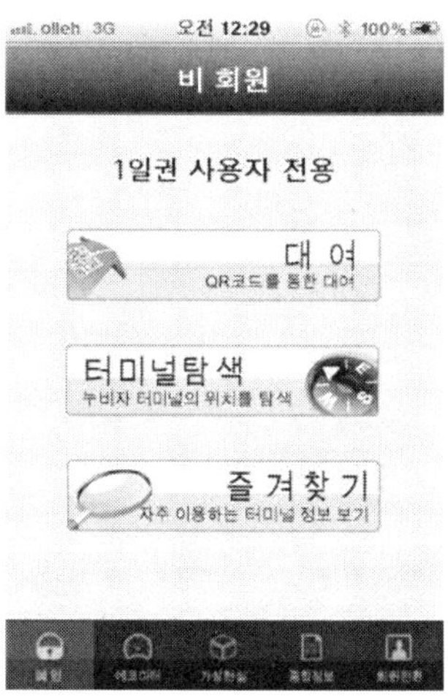	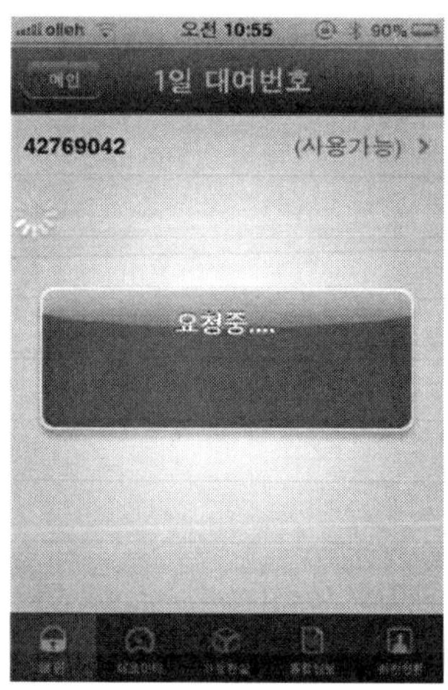
비회원 대여 1 ■ 비회원 전용 창으로 1일권 사용자들이 사용할 수 있는 부분임	**비회원 대여 3** ■ 서버와 접속하여 1일 대여번호를 검색

화 면 구 성	설 명
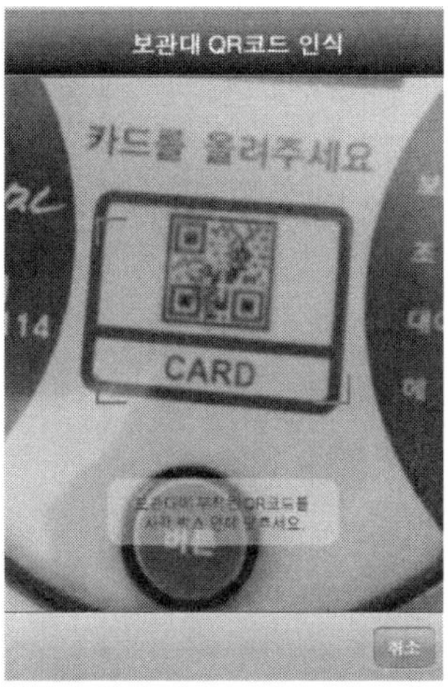 	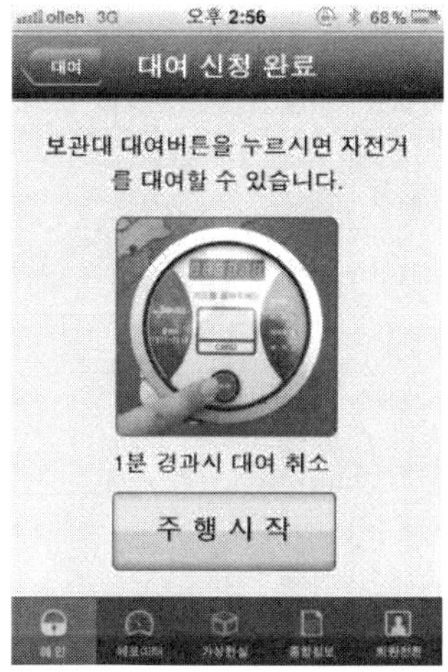
비회원 대여 4 ■ 1일 대여번호 체크 완료후 QR코드 인식 창이 나옴 ■ 보관대의 QR코드를 인식시킴 (회원 대여와 동일 과정)	비회원 대여 5 ■ 대여 신청 완료 창이 나오며 주행시작 버튼을 눌러 자전거를 이용할 수 있음

부 록

부록 1. 모바일 iOS 접근성 지침

※ 본 부록은 2011년 9월부터 모바일 iOS 접근성 지침이 제정이 되어 모든 iOS을 상용화할 경우 부록 1의 지침 서에 따라 제작을 해야 한다. 필히 습득을 하고 진행하길 바란다.

1. 모바일 iOS 접근성 지침

◉ 행정안전부고시 제2011-38호

국가정보화기본법 제32조제5항의 규정에 의하여「모바일 애플리케이션 접근성 지침」을 다음과 같이 제정.고시합니다.

2011년 9월 22일

행정안전부장관

모바일 애플리케이션 접근성 지침 제정

1. 제정 이유

- 장애인이 비장애인과 동등하게 국가기관, 지방자치단체, 공공기관 등에서 제공하는 모바일 애플리케이션을 활용할 수 있도록 준수해야 할 세부사항을 정하고자 함

2. 적용 범위

- 국가기관, 지방자치단체, 공공기관 등

3. 주요 내용

- 모바일 애플리케이션의 접근성 확보를 위하여 무리한 부담이 되지 않는 한 반드시 준수해야 할 사항(7개)
- 모바일 애플리케이션의 접근성 향상을 위하여 무리한 부담이 되지 않는 한 준수할 것을 권고하는 사항(8개)
- 접근성 지침을 고려한 개발 실제 사례 및 방법을 별첨으로 제공

4. 문의

- 행정안전부 정보문화과 정진욱 주무관(02-2100-4075, junohi@korea.kr)
- 지침 제정 전문은 행정안전부 홈페이지(www.mopas.go.kr) "행정정보/법령정보/훈령.예규.고시"에서 내려받을 수 있음

모바일 애플리케이션 접근성 지침

< 행정안전부고시 제2011-38호, 2011. 9. 22. >

제1장 총 칙

제1조(목적) 이 지침은「국가정보화기본법」제32조제5항에 따라 모바일 애플리케이션 서비스 제공자가 장애인과 고령자 등의 접근성을 보장하기 위해 애플리케이션 제작 시 지켜야 할 사항을 규정함을 목적으로 한다.

제2조(용어 정의) 이 지침에서 사용하는 용어의 뜻은 다음과 같으며, 정의하지 아니한 용어는「국가정보화기본법」및 동법시행령을 따른다.

1. "접근성"이란 모바일 기기를 사용하여 모바일 애플리케이션을 이용하고자 하는 장애인, 고령자 등을 포함한 모든 사람들에게 이의 활용 가능성이 제공됨을 말한다.
2. "모바일 기기"란 무선 인터넷 서비스를 제공 받을 때에 사용하는 휴대용 기기를 말한다.
3. "모바일 애플리케이션"이란 사용자가 특정한 목적을 달성하기 위하여 모바일 기기 상에서 실행되는 소프트웨어를 말한다.
4. "서비스 제공자"란 모바일 기기를 이용하여 콘텐츠 및 서비스를 제공하는 공공기관 및 사업자를 말한다.
5. "무리한 부담(Undue Burden)"이란 현재 가능한 기술 수준과 적절한 비용으로 실현시킬 수 있는 정도 이상의 노력을 요구함을 말한다.
6. "준수사항"이란 모바일 애플리케이션의 접근성 확보를 위하여 무리한 부담이 되지 않는 한 반드시 준수해야 할 사항을 말한다.
7. "권고사항"이란 모바일 애플리케이션의 접근성 향상을 위하여 무리한 부담이 되지 않는 한 준수할 것을 권장하는 사항을 말한다.
8. "운영체제"란 모바일 기기 상에서 애플리케이션을 비롯한 소프트웨어를 실행할 수 있는 기반 환경을 말한다.
9. "보조기기"란 장애인의 신체적.인지적 기능을 증진, 보완, 향상시키기 위하여 사용하는 기기, 장비의 일부분 또는 시스템, 소프트웨어를 말한다.
10. "터치(touch) 기반"이란 모바일 기기의 기능 및 화면상의 객체를 키나 버튼 같은 물리적인 형태의 컨트롤을 사용하지 않고 화면상에서 직접 만져서 조작 가능한 사용자 인터페이스를 제공하는 운영체제의 특성을 말한다.

제3조(적용 범위) ① 이 지침은 다른 법령에서 별도로 정한 경우를 제외하고는 국가기관, 지방자치단체 및 공공기관 등(이하 "국가기관 등"이라 한다) 이 모바일 애플리케이션을 구축, 운영, 개선 및 유지보수할 경우에 적용한다.

② 이 지침이 적용되는 모바일 기기 대상은 다음과 같다.

1. 운영체제를 갖는 모바일 전화기
2. 운영체제를 갖는 태블릿 기기
3. 운영체제를 갖는 전자책 기기

제4조(모든 운영체제에서의 접근성 보장) ① 국가기관 등의 장은 모바일 애플리케이션을 신규 구축하는 경우 무리한 부담이 없는 한 해당 애플리케이션이 기반하고 있는 모든 운영체제에서 동등하게 접근성이 보장된 서비스를 제공하도록 하여야 한다.

② 국가기관 등의 장은 모바일 애플리케이션을 개선, 유지보수 및 운영하는 경우 무리한 부담이 없는 한 모든 운영체제에서 동등하게 접근성이 보장된 서비스를 제공하도록 노력하여야 한다.

③ 제1항 및 제2항에서 무리한 부담이 없는 운영체제의 종류는 해당 애플리케이션을 구축, 운영, 개선 및 유지보수하는 국가기관 등의 장이 정할 수 있다.

제5조(모든 모바일 기기에서의 접근성 보장) ① 국가기관 등의 장은 모바일 애플리케이션을 신규 구축하는 경우 무리한 부담이 없는 한 해당 애플리케이션이 사용되는 모든 모바일 기기에서 동등하게 접근성이 보장된 서비스를 제공하도록 하여야 한다.

② 국가기관 등의 장은 모바일 애플리케이션을 개선, 유지보수 및 운영하는 경우 무리한 부담이 없는 한 모든 모바일 기기에서 동등하게 접근성이 보장된 서비스를 제공하도록 노력하여야 한다.

③ 제1항 및 제2항에서 무리한 부담이 없는 모바일 기기의 종류는 해당 애플리케이션을 구축, 운영, 개선 및 유지보수하는 국가기관 등의 장이 정할 수 있다.

2장 모바일 애플리케이션 접근성 준수사항

제6조(대체 텍스트) 텍스트 아닌 콘텐츠는 대체 가능한 텍스트와 함께 제공되어야 한다.

1. 대체 텍스트란 그림 및 이미지, 동영상으로 작성된 멀티미디어 형식의 콘텐츠 내용을 텍스트로 그 의미나 기능을 인식할 수 있도록 제공하는 것을 말한다.
2. 텍스트 아닌 콘텐츠에 대한 대체 텍스트는 그 의미나 기능을 파악할 수 있도록 짧고 명확하게 제공해야 한다.

제7조(초점) 모든 객체에는 초점(focus)이 적용되고, 초점은 순차적으로 이동되어야 한다.

1. 초점은 화면상의 선택된 객체의 내용을 화면 낭독 프로그램 등의 보조기기를 통해 이용할 수 있도록 도와주는 기능을 말한다.
2. 선택된 객체는 초점이 적용되었다고 하고, 초점은 화면상에서 테두리나 하이라이트로 표시하여 제공되는 것이 바람직하다.
3. 표의 객체에 적용되는 초점은 논리적인 순서로 제공되어야 한다.

제8조(운영체제 접근성 기능 지원) 운영체제가 제공하는 접근성 기능 및 속성이 사용되어야 한다.

1. 운영체제에서 제공하고 있는 접근성 기능 지원이 활용되어야 하며, 다음과 같은 사항을 고려할 수 있다.
   - 키보드 등 외부 디바이스와의 호환성 제공을 위한 API
   - 정보 제공 방법의 다중성 (redundancy)
   - 음성명령 기능의 포함, 고대비, 폰트 등
2. 애플리케이션이 해당 운영체제에서 제공하고 있는 접근성 기능을 변경할 경우, 애플리케이션의 종료와 함께 접근성 기능을 변경 전의 상태로 복원시켜야 한다.
3. 입력 서식은 운영체제에서 제공하는 접근성 속성을 활용하여 사용자가 이해하기 쉽도록 해야 한다.

제9조(누르기 동작 지원) 터치(touch) 기반 모바일 기기의 모든 컨트롤은 누르기 동작으로 제어할 수 있어야 한다.

1. 누르기 동작은 화면상의 객체를 손가락 끝으로 접촉하여 만지거나(touch) 가볍게 두드리는(tap) 동작을 말한다.
2. 두 개의 손가락을 동시에 이용해야 하는 다중 누르기(Multi-touch) 동작은 단순한 누르기 동작으로 대체할 수 있는 방법이 제공되어야 한다.
3. 슬라이드(Slide), 끌기와 놓기(Drag and drop) 등의 복잡한 누르기 동작은 단순한 누르기 동작으로 대체할 수 있는 방법이 제공되어야 한다.

제10조(색에 무관한 인식) 화면에 표시되는 모든 정보는 색에 관계없이 인식할 수 있어야 한다.

1. 색상으로 정보를 구분할 경우, 색상 이외의 다른 방법으로도 동등한 내용을 전달할 수 있도록 설계한다.
2. 색상을 사용한 의미의 전달이 흑백 화면에서도 동등하게 이루어질 수 있도록 제공해야 한다.

제11조(명도 대비) 화면에 표시되는 모든 정보는 전경색과 배경색이 구분될 수 있도록 최소 대비 이상으로 제공되어야 한다.

1. 명도 대비는 화면의 배경색과 객체를 표시하는 데에 사용되는 전경색 사이의 명도 차이의 비율(contrast)을 말한다.
2. 고대비 제공이 불가능할 경우, 애플리케이션의 설정 기능에 명도 대비 조절 기능을 제공한다.
3. 화면상의 모든 정보의 최소 대비는 3:1 이상이어야 한다. 저시력인, 고령자 등에게 실효성을 가지기 위해서는 명도 대비가 4.5:1 이상이 되는 것이 바람직하다. 단, 사진과 동영상은 예외로 한다.

제12조(자막, 수화 등의 제공) 멀티미디어 콘텐츠에는 동등한 내용의 자막, 원고 또는 수화가 제공되어야 한다.

1. 자막, 원고 또는 수화는 화면 상의 콘텐츠와 동기화하여 제공하는 것이 바람직하다.

제3장 모바일 애플리케이션 접근성 권고사항

제13조(기본 사용자 인터페이스 컴포넌트) 운영체제에서 제공하는 기본 사용자 인터페이스 컴포넌트(Native UI Component)를 최대한 이용하는 것이 바람직하다.

1. 운영체제에서 제공하는 접근성 있는 기본 사용자 인터페이스 컴포넌트는 사용자 인터페이스 구성에 사용되는 표준 도구(대화상자, 버튼과 체크 박스, 타이틀 바 등)들을 말한다.
2. 운영체제에서 제공하는 기본 사용자 인터페이스 컴포넌트를 활용하면 보조기기와의 호환성을 제공하기 용이하므로 접근성의 확보를 위해 적극적으로 활용되어야 한다.

제14조(컨트롤간 충분한 간격) 컨트롤은 충분한 간격으로 배치하는 것이 바람직하다.

1. 컨트롤은 버튼 또는 위젯과 같이 사용자 인터페이스 화면에서 누르기 동작으로 기능을 활성화시키는 객체를 말한다.
2. 좁은 화면 공간의 경우, 사용자의 의도와 무관하게 다른 컨트롤을 누르게 되는 문제가 발생할 수 있으므로, 이를 피하기 위해서 컨트롤 사이의 공간을 충분히 확보하여 사용자가 컨트롤 영역을 명확히 구분할 수 있도록 하는 것이 바람직하다.
3. 모바일 기기의 화면 크기에 관계없이 컨트롤 중심간 간격은 13mm 이상을 권장한다.

제15조(알림 기능) 사용자에게 알림을 제공할 때에는 진동, 시각, 소리 등 최대한 다양한 방법으로 사용자가 선택할 수 있도록 제공하는 것이 바람직하다.

1. 화면상의 모든 알림 정보는 한 가지 양식으로만 제공되지 않도록 하며, 다양한 감각 양식을 활용한다.
2. 사용자가 자신에게 가장 편리한 방법을 선택할 수 있도록 한다.

제16조(범용 폰트 이용) 폰트의 크기 조절, 확대 기능을 제공하거나 운영체제에서 제공하는 관련 기능을 활용할 수 있는 방법을 제공하는 것이 바람직하다.

1. 범용 폰트(Global Font)는 운영체제에 내장되어 확대나 축소, 기울임 등의 변형 형태가 제공되는 글자체를 말한다.
2. 모든 애플리케이션 화면에서 폰트 크기의 조절이 가능하도록 설계하거나, 최소한 확대 기능을 제공한다.
3. 폰트 크기 조절을 용이하게 하기 위해서는 텍스트 이미지보다 폰트가 지정되어 있는 텍스트를 사용하는 것이 바람직하다.

제17조(사용자 인터페이스의 일관성) 사용자 인터페이스 요소들의 배치를 일관성 있게 제공하는 것이 바람직하다.

1. 사용자 인터페이스를 구성하고 있는 요소들은 사용자가 다시 학습할 필요가 없도록 해당 애플리케이션 내에서 일관성 있게 설계한다.
2. 애플리케이션의 버전이 바뀌어도 중요한 사용자 인터페이스 요소들의 배치는 일관성을 유지한다.

제18조(깜박거림의 사용 제한) 광과민성 발작을 일으킬 수 있는 콘텐츠를 제공하지 않는 것이 바람직하다.

1. 깜빡이거나 번쩍이는 객체를 사용자 인터페이스에 사용하지 않는다.
2. 화면상에서 반드시 깜빡임의 효과를 제공해야 하는 콘텐츠는 초당 3 ~ 50 회의 주기는 피해서 설계한다.

제19조(배경음 사용 금지) 자동으로 재생되는 배경음을 사용하지 않는 것이 바람직하다.

1. 자동으로 재생되는 동영상, 음악, 음성 안내 등을 사용하지 않는다. 단, 3초 미만의 배경음은 예외로 인정한다.
2. 배경음을 사용할 경우, 사용자가 손쉽게 멈춤, 일시정지, 음량조절 등을 제어할 수 있는 수단을 제공한다.

제20조(장애인 등 사용자 평가) 애플리케이션 개발 시 다양한 모바일 기기에서의 이용 가능 여부를 점검해야 하며, 장애인 사용자 평가를 수행하는 것이 바람직하다.

1. 애플리케이션의 출시 이전에 장애인, 고령자 등의 사용자를 대상으로 한 평가를 수행하도록 한다.
2. 사용자 평가는 무리한 부담이 되지 않는 시각 장애, 청각 장애, 뇌병변 장애, 지적 장애, 지체 장애, 고령 등의 사람들을 대상으로 실시한다.
3. 모바일 애플리케이션 서비스 제공자는 해당 애플리케이션의 장애인 등 사용자 평가의 구체적인 결과를 별도로 공시하는 것이 바람직하다.

제4장 보　칙

제21조(준수지침 사항) 제6조 내지 제20조의 모바일 애플리케이션에 대한 구체적인 준수 지침을 구현하기 위한 방법은 별표 1과 같다.

제22조(콘텐츠 접근성 범위) 애플리케이션이 콘텐츠를 제공하는 경우, 이 지침은 서비스 제공자가 직접 제공하는 콘텐츠에만 적용된다.

제23조(접근성 진단) 행정안전부 장관은 국가기관 등을 대상으로 모바일 애플리케이션의 접근성 준수 여부를 연 1회 이상 진단할 수 있다.

부　칙

제1조(시행일) 이 지침은 고시한 날로부터 시행한다.

제2조(재검토기한) 「훈령.예규 등의 발령 및 관리에 관한 규정」(대통령훈령 제248호)에 따라 이 고시 발령 후의 법령이나 현실 여건의 변화 등을 검토하여 이 고시의 폐지, 개정 등의 조치를 하여야 하는 기한은 2014년 9월 21일까지로 한다.

[별 표]

모바일 애플리케이션 접근성 지침 사례

본 모바일 애플리케이션 접근성 지침 사례는 모바일 애플리케이션 개발자 및 운영자들이 접근성을 고려하여 애플리케이션을 개발할 수 있도록 도움을 주기 위해 제공하는 것이다. 본 지침에 포함된 준수사항 7개, 권고사항 8개에 대한 준수 필요성, 대표적인 기술 구현 방법, 구축 사례를 제공한다.

가. 준수사항(7개) : 장애인이 비장애인과 동등하게 모바일 애플리케이션에 접근하여 이용하기 위해서 반드시 준수해야 하는 사항

1. (대체 텍스트) 텍스트 아닌 콘텐츠는 대체 가능한 텍스트를 함께 제공해야 한다.

1) 준수 필요성 : 시각장애인의 경우 모바일 기기나 모바일 화면낭독 프로그램에서 제공하는 음성읽기 기능(iOS VoiceOver, 안드로이드 Talkback, 심비안 및 윈도우 모바일 6.5에서 활용되는 Code Factory사의 Mobile Speak 등)을 활용하여 애플리케이션의 정보를 인식할 수 있다. 하지만, 해당 iOS에서 컨트롤 및 객체를 텍스트 아닌 콘텐츠로 제공하면서 대체 텍스트를 함께 제공하지 않으면 시각장애인은 잘못된 정보를 얻거나 전혀 정보를 얻을 수 없다.

2) 기술구현 방법 : 이미지 등 텍스트 아닌 콘텐츠를 제공할 경우에는 반드시 대체 텍스트를 함께 제공해야 한다. 대체 텍스트는 가능한 짧고 명확(Short & Clear)하게 제공하는 것이 바람직하며, VoiceOver, Talkback 등 모바일 스크린리더에서 기본적으로 제공해 주는 용어인 “버튼”, “이미지”, “레이블” 등은 중복해서 제공하지 않는 것이 바람직하다(웹 접근성 연구소 버튼(×), 모바일 접근성 이미지(×), 금융자동화기기 접근성 레이블(×) → 웹 접근성 연구소(○), 모바일 접근성(○), 금융자동화기기 접근성(○)).

① 애플의 iOS에서 대체 텍스트 제공 방법

대체 텍스트를 제공하는 방법은 크게 2가지 방법이 있다. 첫째, 애플에

서 제공하는 Interface Builder를 이용하여 대체 텍스트를 제공한다. 둘째, 대체 텍스트를 UIAccessibility API 등을 활용하여 직접 코드에 삽입하여 제공한다. 이러한 경우 Label과 Hint라는 두 가지의 속성 값을 활용할 수 있는데, Label로 대체 텍스트를 제공하고, Hint는 추가적인 정보가 필요할 경우 제공한다. iPhone에서 사용자가 VoiceOver 옵션에서 Hint를 끌 수(Off) 있으므로 반드시 대체 텍스트는 Label로 제공해야 한다. 예를 들면 뮤직 플레이어의 "멈춤"은 Label에 적고 "뮤직플레이어의 음악을 멈춥니다."를 Hint에 적는다면 시각장애인 등에게 도움이 될 것이다.

Interface Builder 화면	UIAccessibility 설정 화면
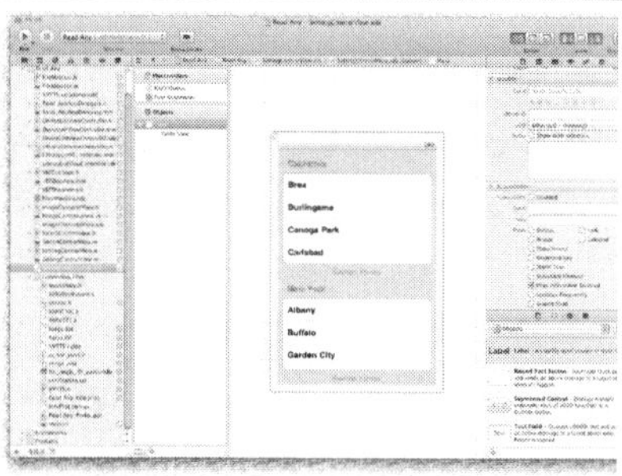	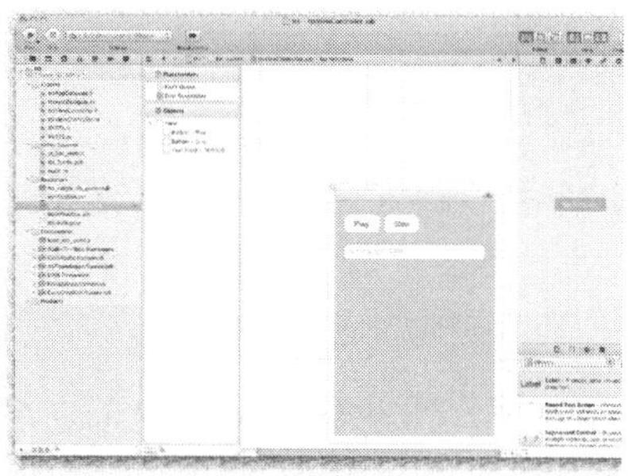

ⓐ Interface Builder 이용

Interface Builder는 애플에서 제공하는 것으로 모바일 애플리케이션 개발 시 UI를 손쉽게 만들 수 있도록 도와주는 도구이다. Interface Builder를 실행 시킨 다음 Attribute inspector 창에서 Label 속성에 대체 텍스트를 제공하면 된다. 또한, 애플에서는 접근성 준수여부를 손쉽게 점검할 수 있도록 Accessibility inspector 등을 제공하고 있다.

<table>
<tr><th colspan="3">Interface Builder를 활용하여 버튼에 대체 텍스트를 제공하는 방법</th></tr>
<tr><td>
</td><td>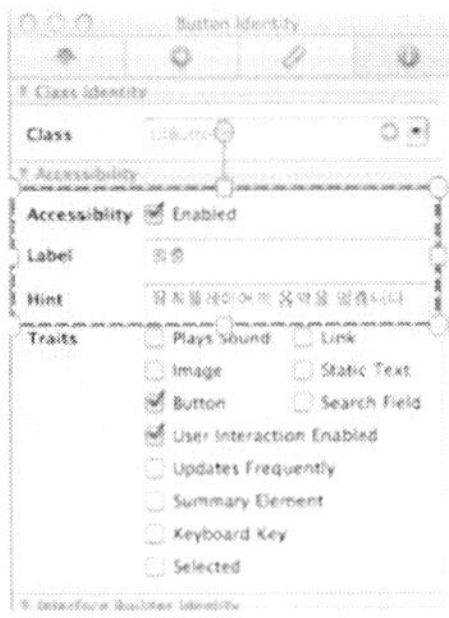
</td><td>대체 텍스트 제공 방법

1) Accessibility 속성을 반드시 활성화(Enabled) 시킨다.

2) Label 속성에 텍스트 아닌 콘텐츠의 의미와 정보를 동등하게 인식할 수 있도록 대체 텍스트를 짧고 명확하게 제공한다.

3) 부가적인 설명이 필요할 경우에는 Hint 속성을 활용하여 추가적인 정보를 제공한다.</td></tr>
</table>

〈 참고 〉 Interface Builder는 Xcode에 포함되어 제공되고 있다. '11년 7월말 현재 애플의 최신 개발도구는 Xcode 4이다.(http://developer.apple.com/xcode/index.php).

ⓑ UIAccessibility API 등을 활용하여 직접 코드에 삽입하는 경우

애플에서 제공하는 개발자 도구인 Interface Builder를 활용하지 않고 UI를 개발할 경우에는 UIAccessibility API를 활용하여 Label에 대체 텍스트를 제공한다.

```
[houseButton setIsAccessibilityElement:YES];
[houseButton setAccessibilityLabel:@"멈춤"];
[houseButton setAccessibilityHint:@"뮤직플레이어의 음악을 멈춥니다."];
```

그러나, 보다 효율적인 개발 및 접근성을 제고하기 위해서는 애플에서 제공하는 Interface Builder를 활용하여 개발하는 것이 바람직하다.

② 구글의 안드로이드에서 대체 텍스트 제공 방법

안드로이드의 경우에도 UI에 대체 텍스트를 제공하는 방법은 2가지로 XML을 활용하거나 또는 Java code를 활용하는 방법이 있다. 안드로이드의 경우에는 android:contentDescription 속성을 사용하여 대체 텍스트를 제공해야 한다. "웹 접근성 연구소“라는 버튼에 대체 텍스트를 제공하는 방법은 다음과 같다.

ⓐ XML을 활용하여 버튼을 제공할 경우

```
<ImageButton
    android:id="@+id/add_entry_button"
    android:src="@drawable/plus"
    android:contentDescription="@string/add_note"/>
layout/main.xml
```

```
<xml    version="1.0" encoding="utf-8"?>
<resources>
<string    name="add_note">웹 접근성 연구소</string>
</resources>
values/strings.xml
```

ⓑ Java code를 활용하여 버튼을 제공할 경우

```
Button add_entry_button = new Button(this);
add_entry_button.setContentDescription("웹 접근성 연구소");
```

3) 구축 사례

이미지 등 텍스트 아닌 콘텐츠를 활용할 경우에는 반드시 대체 텍스트를 제공해야 한다. 하지만 아래의 ** 은행의 '예금조회/이체' 화면의 사례처럼 대체 텍스트를 제대로 제공하지 않을 경우, 시각장애인 등은 해당 애플리케이션을 이용하기 어렵다. iOS VoiceOver를 설정할 경우, "이전', '전예금조회' '계좌이체' 등의 상단 및 주 메뉴와 '새 소식', '고객센터' 등 하단 메뉴를 모두 "버튼"으로 인식하게 되어 어떤 버튼이 어떤 기능을 수행하는지 알 수 없게 된다. 해당 기능을 제대로 인식할 수 있도록 대체 텍스트를 제공할 필요가 있다.

[별 표]

〈** 은행의 '예금조회/이체' 화면〉	〈 iOS VoiceOver 설정시 '예금조회/이체 화면' 〉	
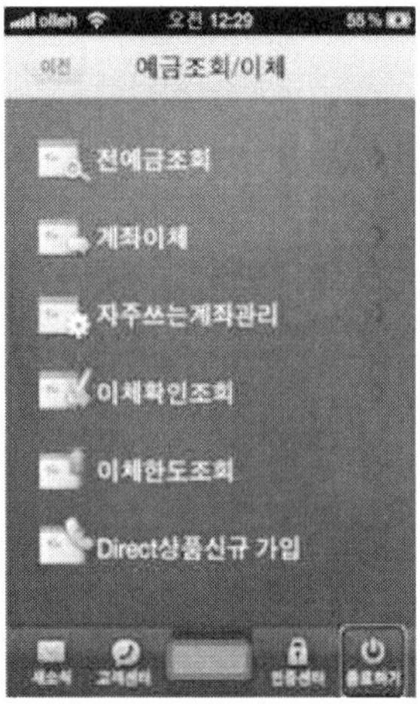	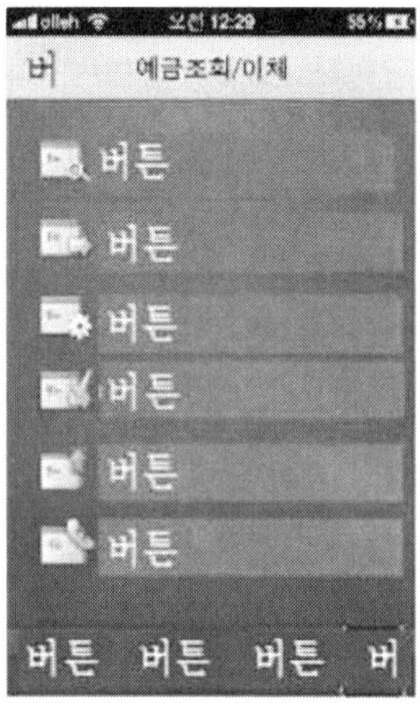	대체 텍스트를 미제공하여 '예금조회/이체'의 모든 기능을 제대로 활용하기 어려운 실정(모든 것을 '버튼'이라고 인식) 〈 상단 및 주 메뉴 〉 - '이전' 버튼 - '전예금조회' 버튼 - '계좌이체' 버튼 등 〈 하위 메뉴 〉 - '새 소식' 버튼 - '고객센터' 버튼 등

텍스트 아닌 콘텐츠에 대한 대체 텍스트 제공 여부에 대해서는 iOS VoiceOver, 안드로이드의 Talkback 등의 음성 읽기 기능을 활성화해 보면 쉽게 제공 여부를 평가해 볼 수 있다.

모바일 애플리케이션 접근성 우수 사례 - 청와대 아이폰용 애플리케이션

청와대에서는 장애인의 모바일 접근권 보장에 해외 선진사례 분석 및 장애인의 요구에 부응하여, 2011년 8월부터 아이폰 용 애플리케이션의 접근성 제고를 위한 작업을 수행하였다. 청와대에서는 8월 11일과 8월 25일에 2번에 걸친 판올림(update)을 통하여 시각장애인 등의 정보 접근권을 크게 향상시켰다. 국내에서 모바일 애플리케이션 접근성 제고를 위한 우수 사례로 다음과 같은 개선이 이루어졌다.

㉮ 청와대 아이폰 용 애플리케이션의 접근성 관련 판올림 현황(2회)

<table>
<tr><th>앱 접근성 제고 판올림 1차(8.11)</th><th>앱 접근성 제고 판올림 2차(8.25)</th></tr>
<tr><td>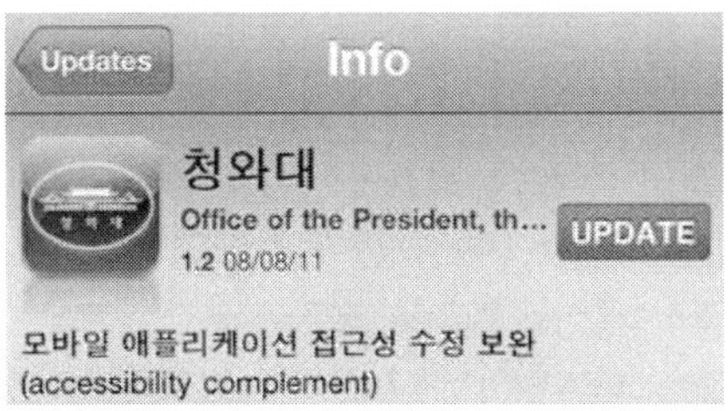
</td><td>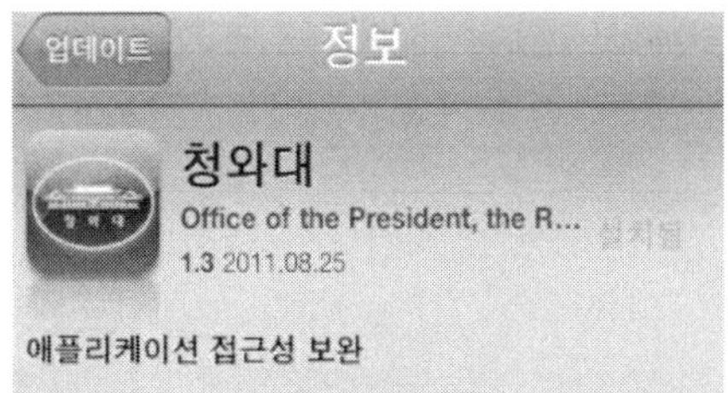
</td></tr>
</table>

㉯ 청와대 모바일 애플리케이션의 개선 전과 개선 후의 비교

보이스 오버를 활용하여 음성을 출력할 경우 대체 텍스트를 제공하지 않아, 청와대 모바일 애플리케이션의 첫 실행 화면의 정보를 얻을 수 없었으나, 대체 텍스트를 제공하여 동등한 정보를 인식할 수 있게 개선됨.

<table>
<tr><th>공유버튼 안내 페이지</th><th>접근성 개선 전</th></tr>
<tr><td rowspan="3">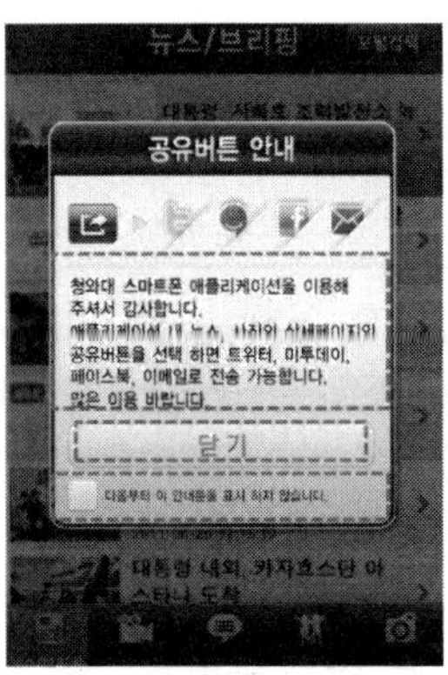
</td><td>a. 공유버튼 설명문은 “이미지”로 출력
b. 안내문 버튼 설명 “이미지” “입력 창”으로 출력
c. 닫기 버튼은 “버튼”이라고 출력</td></tr>
<tr><th>접근성 개선 후</th></tr>
<tr><td>a. 공유버튼 설명문의 내용을 동등하게 음성으로 출력
: 청와대 스마트폰 애플리케이션을 ~ (중략)
b. 안내문 버튼 설명을 동등하게 음성으로 출력 :
다음부터 이 안내문을 ~ (중략)
c. 닫기 버튼 :
“닫기 버튼”이라고 음성 출력</td></tr>
</table>

[별 표]

모바일 애플리케이션 접근성 우수 사례 - 청와대 아이폰용 애플리케이션(계속)

보이스 오버를 활용하여 음성을 출력할 경우 하단의 버튼에 대한 대체 텍스트를 제공하지 않았으나, 대체 텍스트를 제공하여 동등한 정보를 인식할 수 있게 개선됨.

하단 버튼	접근성 개선 전
	a. 뉴스/브리핑 : "버튼"이라고 출력 b. 영상/사진 : "버튼"이라고 출력 c. 소셜미디어 : "버튼"이라고 출력 d. 푸른누리 : "버튼"이라고 출력 e. 관람 : "버튼"이라고 출력
	접근성 개선 후
	a. 뉴스/브리핑 : "뉴스, 브리핑 버튼"이라고 출력 b. 영상/사진 : "영상, 사진버튼"이라고 출력 c. 소셜미디어 : "소셜 미디어 버튼"이라고 출력 d. 푸른누리 : "푸른누리 버튼"이라고 출력 e. 관람 : "관람 버튼"이라고 출력

보이스 오버를 활용하여 음성을 출력할 경우 대체 텍스트를 제공하지 않아, 청와대 관람 정보를 얻을 수 없었으나, 대체 텍스트를 제공하여 동등한 정보를 인식할 수 있게 개선됨.

이미지 콘텐츠 영역	접근성 개선 전
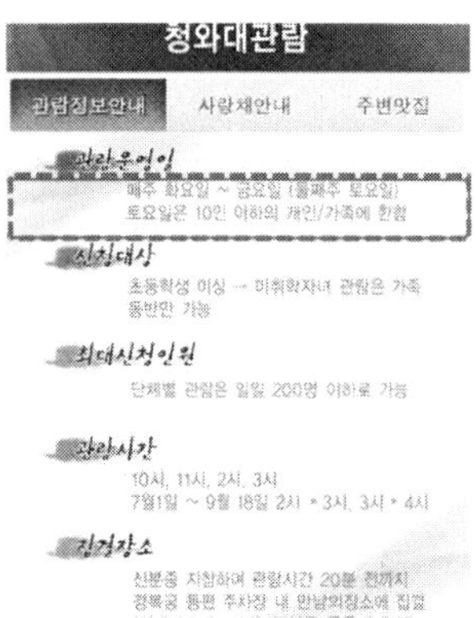	본문의 내용인 관람운영일, 관람운영일 설명, 신청대상, 신청대상 설명 등을 파악할 수 없음 : "***(파일명) 이미지"라고 출력
	접근성 개선 후
	이미지에 대한 동등한 내용의 대체 텍스트 제공 a. "관람운영일", "매주 화요일 ~ 금요일 (둘째주 토요일) 토요일은 10인 이하의 개인/가족에 한함"으로 음성 출력 b. "신청대상", "초등학생 이상 → 미취학자녀 관람은 가족 동반만 가능"으로 음성 출력

2. (초점) 모든 객체에는 초점(focus)이 적용되고, 초점은 순차적으로 이동되어야 한다.

1) 준수 필요성 : 초점이 적용되지 않으면 모바일 기기나 모바일 화면낭독 프로그램에서 제공하는 음성 읽기 기능(iOS VoiceOver, 안드로이드 Talk-back, 심비안 및 윈도우 모바일 6.5에서 활용되는 Code Factory사의 Mobile Speak 등) 등을 활용하는 경우의 사용자는 정보를 얻거나 기능을 실행할 수 없는 문제가 발생한다. 또한 순차적으로 이동되지 않을 경우에는 시각장애인, 지적장애인 등이 해당 애플리케이션의 기능과 정보의 이해에 어려움이 발생할 수 있다.

2) 기술구현 방법 : 애플리케이션 개발 시 모든 객체에 초점이 적용되고, 적용된 초점은 순차적으로 이동할 수 있게 개발해야 한다.

① 애플의 iOS에서 초점 제공 방법

Accessibility 속성이 활성화(Enabled)될 경우에만 해당 객체에 초점이 적용된다. iOS에서 제공하는 기본 사용자 인터페이스 컴포넌트(Native UI Component)에서는 대부분의 기본 값이 활성화되어 제공된다. 하지만 ImageView UI 컴포넌트의 경우에는 Accessibility 속성이 비활성화(Disabled)되어 있다. 만약 단순한 장식이 아니고 의미를 포함하는 이미지를 ImageView UI 컴포넌트를 활용하여 제공할 경우에는 Accessi-bility 속성을 활성화 시켜야 하며, 대체 텍스트를 label 속성으로 반드시 제공해야 한다. iOS 4.1부터 초점의 순서를 제어 할 수 있는 기능을 제공하고 있다.

Accessibility 속성이 활성화 되지 않은 경우 (초점 미적용)	Accessibility 속성이 활성화 된 경우 (초점 적용)
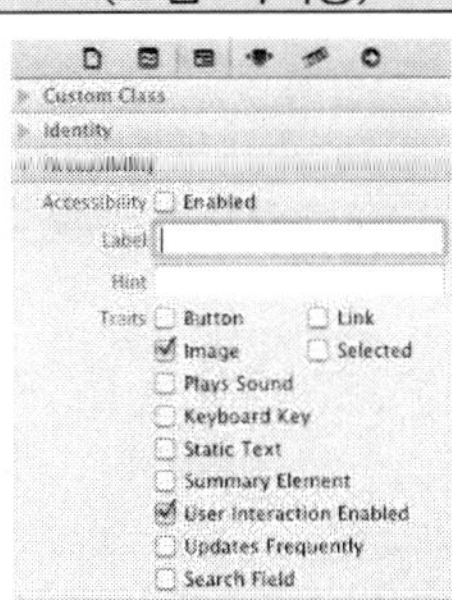	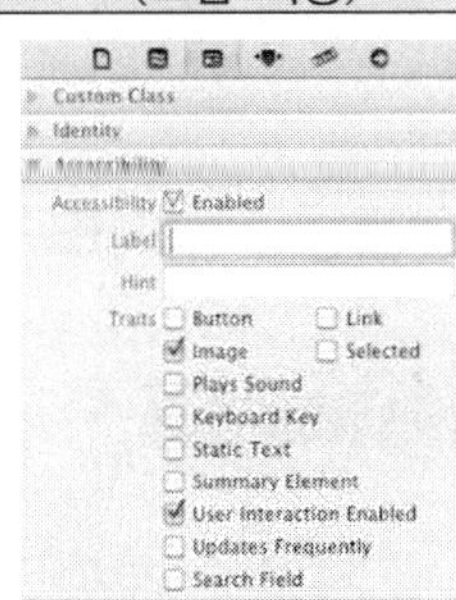

② 구글의 안드로이드에서 초점 제공 방법

안드로이드에서 제공하는 기본 사용자 인터페이스 컴포넌트(Native UI Component)에서는 iOS와 달리 대부분의 기본 값이 비활성화(false)되어 제공된다. 그러므로 초점 이동이 필요한 UI의 경우에는 반드시 focusable 속성을 활성화(true)시켜 제공해야 한다.

```
<TextView android:id="@+id/text"
          android:focusable="true"
          android:text="Hello, I am a   focusable TextView"
          android:nextFocusUp="@id/edit"
          ... />
```

안드로이드에서 초점의 이동 순서를 제어하기 위해서는 nextFocusDown, nextFocusUp, nextFocusRight, nextFocusLeft 속성을 이용하면 된다.

3) 구축 사례

모든 컨트롤에 대하여 초점이 적용되어 있어야 하며, 논리적인 순서로 제공되어야만 시각장애인 등이 활용할 수 있다.

** 은행의 로그인 화면	문제점 및 해결방안
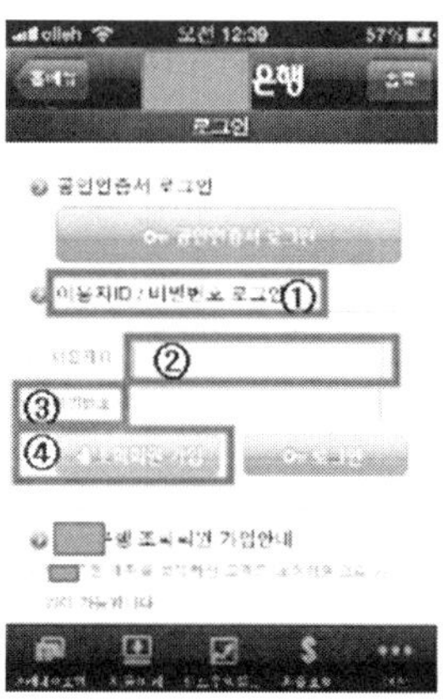	➛ 문제점 - VoiceOver를 실행할 경우, '공인인증서 로그인', '비밀번호 입력창', '로그인' 등에 초점이 가지 않아 애플리케이션 이용이 불가능한 실정 * 비밀번호 입력 등이 불가능하여 로그인을 할 수 있는 방법이 없음 - '공인인증서 로그인', '조회회원 가입', '로그인' 등에 대체 텍스트도 미제공 * VoiceOver를 사용할 경우, '공인인증서 로그인'의 정보가 "dtm into 1 gif"로 출력되는 문제 발생 ➛ 해결방안 - 모든 버튼 및 정보에 초점이 적용될 수 있도록 제공해야 한다. - 모든 텍스트 아닌 콘텐츠에는 대체 텍스트를 제공해야 한다.

** 은행의 조회 화면	문제점 및 해결방안
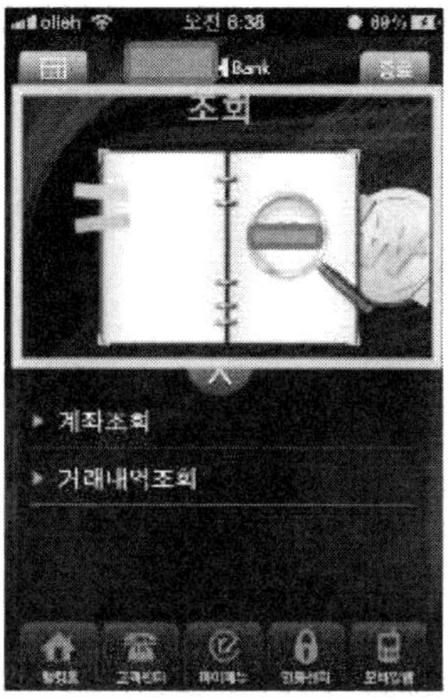	➢ 문제점 - '조회' 라는 좌우로 스크롤 되는 메뉴가 나타나는데 이 부분에서는 초점이 전혀 생성되지 않는다. 이 메뉴를 통해 '조회/이체' 등을 선택한 후 하단에서 하위메뉴로 진입해야 하는데 메인 메뉴에서 초점이 생성되지 않아 더 이상의 은행업무 수행을 하는 것은 불가능함 ➢ 해결방안 - '조회' 라는 메뉴에 초점이 적용될 수 있도록 제공하고, 하위 메뉴로 초점이 논리적으로 이동할 수 있도록 제공할 필요가 있음

** 방송국의 라디오	문제점 및 해결방안
	➢ 문제점 - *** 월드 라디오는 크게 프로그램과 뮤직채널로 나눠져 있다. 이 애플리케이션을 실행하면 두 채널 중 하나를 선택해야 청취가 가능한데, 가운데 있는 이 부분이 VoiceOver를 통해서는 초점이 생성되지도 동작하지도 않는다. 선택하지 않으면 라디오를 들을 수 없는 상황이 되기 때문에 단 하나의 컨트롤의 문제라고 할 수도 있겠지만 VoiceOver 사용자는 이 애플리케이션을 사용할 수 있느냐 사용하지 못하느냐를 가늠하는 중요한 열쇠가 된다. 결과적으로 접근할 수가 없으니 이 애플리케이션의 라디오 기능을 사용할 수 없다. ➢ 해결방안 - 시각장애인 등이 이용할 수 있도록 "프로그램"과 "뮤직채널"에 초점을 적용해야 한다.

3. (운영체제 접근성 기능 지원) 운영체제가 제공하는 접근성 기능 및 속성이 지원되어야 한다.

1) 준수 필요성 : 장애인 등의 모바일 애플리케이션 접근성을 보장하기 위해서는 각 운영체제에서 제공하는 접근성 기능을 활용해야 한다. 이를 활용하지 않을 경우에는 장애인이 활용하는 다양한 모바일 기기, 모바일 보조기기 등과 호환되지 않아 이용이 불가능할 경우가 발생할 수 있다.

2) 기술구현 방법 : 애플의 iOS와 구글의 안드로이드 운영체제의 경우 각각 접근성 API를 제공하고 있다. 개발자는 각 운영체제에서 지원하는 운영체제의 접근성 기능을 최대한 지원하도록 노력해야 한다.

① 애플의 iOS에서 운영체제 접근성 기능 제공 방법

iOS에서는 Accessibility API를 제공 하고 있다. 모바일 애플리케이션 개발 시 접근성 준수 여부를 점검할 수 있도록 Accessibility Inspector와 Accessibility Verifier 같은 도구들도 제공하고 있다. 다만, 이러한 기능은 매킨토시 PC 환경에서만 이용이 가능하다

iOS에서 제공하는 UI Accessibility 속성은 5가지이다. 첫째, Label 속성은 텍스트 아닌 콘텐츠에 대한 동등한 정보를 제공하기 위해 사용할 때 이용한다. HTML에서의 alt="" 속성과 유사한 것으로 이미지 등의 텍스트 아닌 콘텐츠 제공시에는 반드시 제공해야 하는 속성이다. 둘째, Traits 속성은 객체의 형태를 표시하는 속성으로 상태, 액션 등을 설명할 수 있으며 다중으로 선택이 가능하다. 현재 Trait 속성 값은 Button, Link, Search Field, Keyboard Key, Static Text, Image, Plays Sound, Selected, Summary Element, Updates Frequently, Not Enabled, None 등이 포함된다. 셋째, Hint 속성은 부가적인 설명이 필요할 경우에만 사용하는 것으로, Label 등으로 정보가 불충분할 경우 사용하는 속성이다. 넷째, Frame 속성은 화면의 좌표 위치를 나타내 준다. 마지막으로 Value 속성은 각 객체의 속성 값을 말해준다.

② 구글의 안드로이드에서 운영체제 접근성 기능 제공 방법

안드로이드에서도 iOS와 마찬가지로 Accessibility API를 제공하고 있다. Accessibility Service, Accessibility Event, Accessibility API for

애플의 Accessibility Inspector	
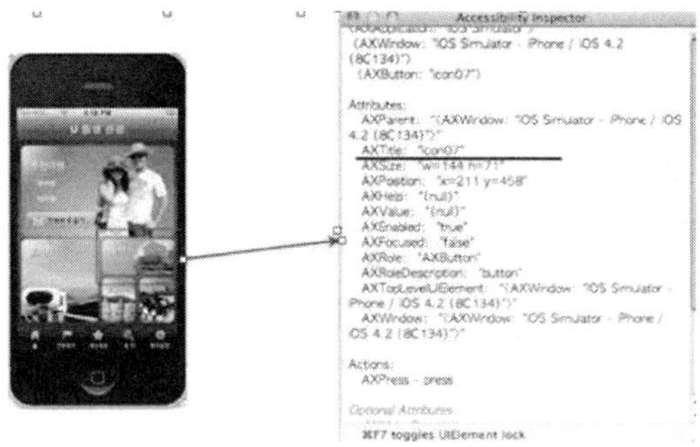	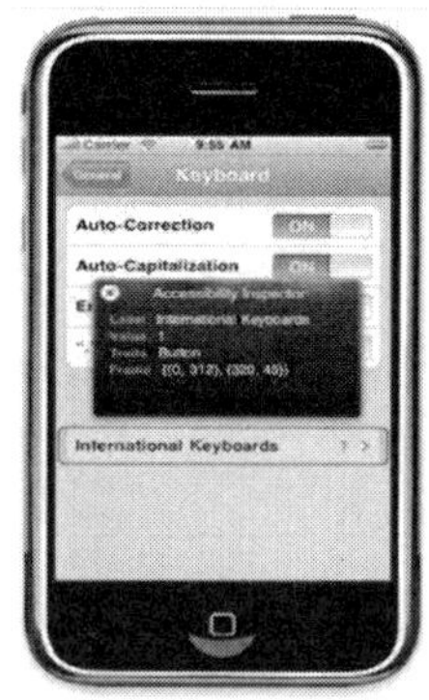

Twitter 애플리케이션(운영체제 접근성 지원)	**** 애플리케이션(운영체제 접근성 미지원)
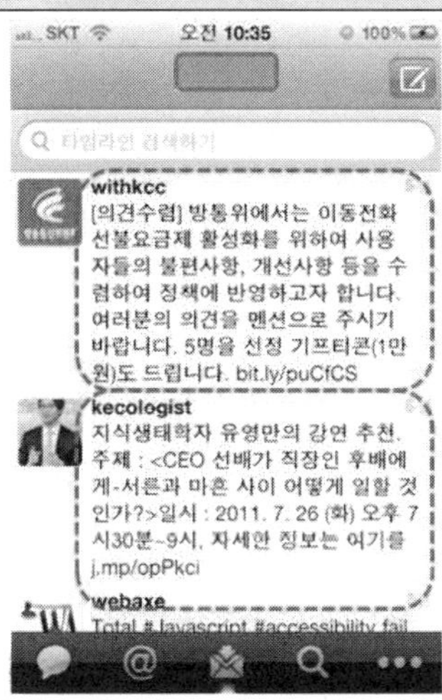	

Customize, Eyes-free 등이 대표적이다. 특히 Eyes-free API는 오픈 소스로 시각장애인 등이 안드로이드용 모바일 기기를 활용할 수 있도록 Talkback, Soundback, Kickback 등을 제공하고 있다.

3) 구축 사례

운영체제에서의 접근성 기능을 지원한 Twitter의 경우 SNS에서 제공하는 텍스트 정보를 제대로 인식할 수 있으나, 국내의 모 SNS의 경우에는 운영체제의 접근성 기능을 지원하지 않아 VoiceOver 기능 이용시 아무런 텍스트 정보도 얻지 못하는 문제가 발생하고 있다.

[별 표]

4. (누르기 동작 지원) 모든 컨트롤은 누르기(touch or tap) 동작으로 제어할 수 있어야 한다.

1) 준수 필요성 : 시각장애인의 경우 모바일 기기에서 가장 어려움을 많이 겪는 부분이 바로 컨트롤의 위치에 대한 부분이다. 특히 컨트롤을 이동해야 하는 경우나 컨트롤 간의 위치를 바꾸어야 하는 경우 더욱 더 어려움에 처하게 된다. 예를 들어 모바일 애플리케이션을 이동하여 폴더를 생성하는 경우나 전화 받기 기능 같은 경우 Drag해야 해당 기능을 활용할 수 있는 경우가 있다. 그러므로 모든 컨트롤이나 Drag 등이 필요한 기능의 경우에는 반드시 이를 대체할 수 있는 수단인 누르기(touch or tap) 동작을 함께 제공해야 한다.

2) 기술구현 방법 : 누르기 동작은 화면 상의 객체를 손가락 끝으로 접촉하여 만지거나(touch) 가볍게 두드리는(tap) 동작을 말하는 것으로, 모든 컨트롤 동작은 누르기 동작만으로도 제어할 수 있어야 한다. 두 개의 손가락을 동시에 이용해야 하는 다중누르기(Multi-touch) 동작이나 Slide, Drag and drop 등의 복잡한 누르기 동작은 단순한 누르기 동작으로 대체할 수 있는 방법이 제공되어야 한다.

3) 구축 사례 : 모든 컨트롤은 누르기 동작으로 제어할 수 있도록 제공해야 한다. 사용자 편의성 제고를 위해 다양한 UI를 활용하는 것은 필요하나, 보다 중요한 것은 장애인 등 다양한 사용자가 동등하게 이용할 수 있도록 개발하거나 해당 기능을 대체할 수 있는 수단을 제공하는 등의 보편적 설계(Universal Design)를 적용해야 한다.

Slide 기능에 대한 대체 수단 제공 사례 (두 번 두드리기(double tap)		Slide 기능에 대한 대체 수단 미제공 사례	
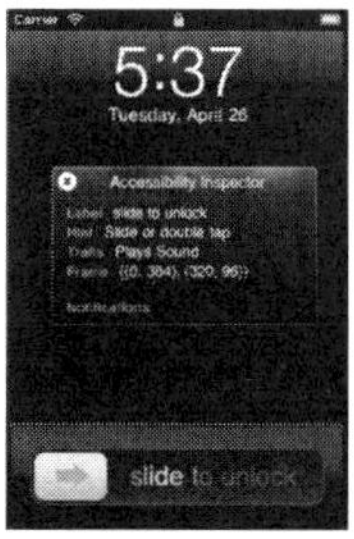	슬라이드 기능을 활용하지 못할 경우,VoiceOver를 이용할 경우에는 두 번 누르기(double tap)으로 해당 기능 활용 가능		슬라이드 기능을 활용하지 못할 경우 대체 수단을 제공하지 않아, talk back을 이용하는 사용자의 경우에는 전화 받기 기능을 활용할 수 없음

5. (색에 무관한 인식) 화면에 표시되는 모든 정보는 색에 관계없이 인식할 수 있어야 한다.

1) 준수 필요성 : 색맹 사용자의 경우 특정 색을 구별하지 못하는 경우가 있다. 그 대표적인 예로 적녹 색맹의 경우 적색과 녹색을 구분하지 못함으로서 일상 생활에서 신호등을 구분하지 못하고 이로 인하여 운전면허 취득도 어렵다. 이와 마찬가지로 모바일 애플리케이션에서 정보를 색으로만 제공할 경우 색맹이나 색약자의 경우 이를 인지할 수 없다.

2) 기술구현 방법 : 색상으로 정보를 구분할 경우, 색상 이외의 다른 방법으로도 동등한 내용을 전달할 수 있도록 설계한다. 색이외에 명암이나 텍스트, 특수기호 등을 색과 함께 제공하여 해당 정보를 인식할 수 있도록 제공해야 한다.

3) 구축 사례

오른쪽 아래의 그래프에서는 속도 값을 막대그래프로 표현하는데 막대그래프의 위에 의미를 명확히 알 수 있도록 통신사명과 막대그래프의 값을 텍스트로 제공하고 있어서 그 의미를 이해하는데 도움을 주고 있다. 색을 구분하기 어려운 사용자더라도 제공되는 텍스트 정보는 구분할 수 있기 때문에 그래프의 의미를 구분할 수 있다.

잘못된 사례	올바른 사례
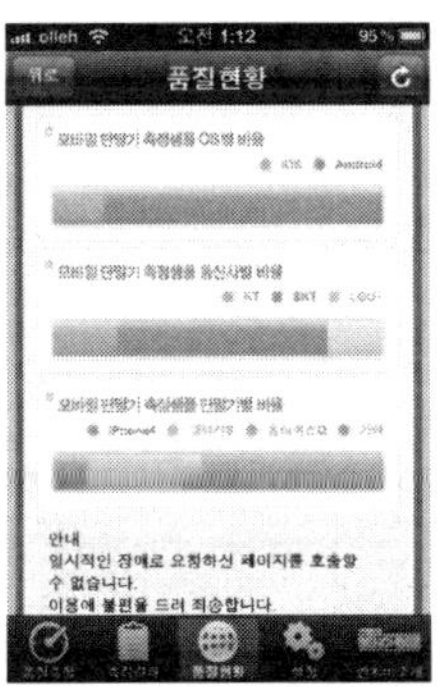	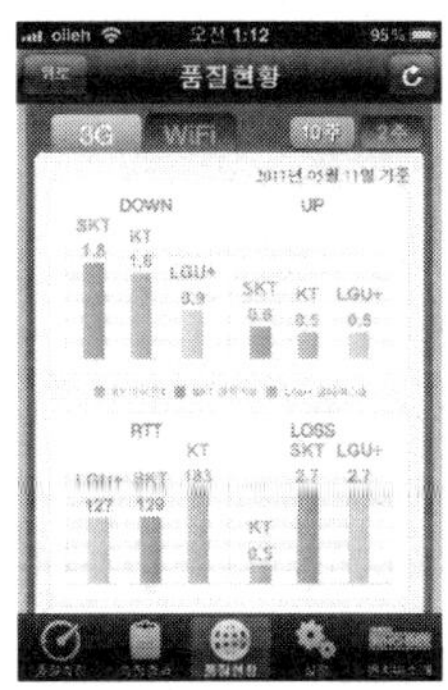

6. (명도 대비) 화면에 표시되는 모든 정보는 전경색과 배경색이 구분될 수 있도록 최소 대비 이상으로 제공되어야 한다.

1) 준수 필요성 : 시각장애인 등은 모바일 기기를 사용할 경우 화면에 표시되는 전경색과 배경색간의 구분이 잘 되지 않는 문제로 인하여 어려움을 겪는 경우가 많이 발생하고 있다. 특히 전경색과 배경색이 흰색과 회색, 노란색과 오렌지색 등으로 유사한 색으로 되어 있는 경우 이를 인지하기 매우 어렵다. 따라서 전경과 배경을 명확하게 인식할 수 있도록 콘텐츠를 제공해야 한다.

2) 기술구현 방법 : 명도 대비는 화면의 배경색과 객체를 표시하는 데에 사용되는 전경색 사이의 명도 차이의 비율(contrast)을 말한다. 모든 정보의 최소 대비는 3:1 이상이어야 한다. 저시력인에게 실효성을 가지기 위해서는 주 콘텐츠의 경우는 4.5:1 또는 7:1 이상이 되는 것이 바람직하다. 명도 대비를 높게 제공하기 어려운 경우에는 운영체제에서 제공하는 명도 대비를 활용할 수 있도록 제공하거나 애플리케이션 내에서 명도 대비를 높일 수 있는 설정 기능을 제공해야 한다.

➡ iOS 4의 경우에는 "설정 → 일반 → 손쉬운 사용 → 검정색 바탕에 흰색"이라는 명도 대비 설정 기능을 제공하고 있다.

참고 : 색에 무관한 인식 관련 평가 도구

Color Doctor
  http://www.fujitsu.com/global/accessibility/assistance/cd/download.html
Visual Impairment Simulator for Microsoft Windows
  http://vis.cita.uiuc.edu/index.php
Colour Contrast Analyser
  http://juicystudio.com/article/colour-contrast-analyser-firefox-extension.php
Colour Checker
  http://www.etre.com/tools/colourcheck/
Color Selector
  http://www.fujitsu.com/global/accessibility/assistance/cs/download.html
aDesigner
  http://www.alphaworks.ibm.com/tech/adesigner
Accessibility Color Wheel
  http://gmazzocato.altervista.org/colorwheel/wheel.php

3) 구축 사례

**은행 애플리케이션에서 인증서 가져오는 동작을 하면 아래의 왼쪽 그림과 같이 4자리의 숫자를 4번 입력하는 총 16자리의 인증번호가 나온다. 저 인증번호는 PC에서 휴대폰으로 인증서를 전송할 때 반드시 입력해야 하는데 모바일 화면에서 글씨/배경색의 대비가 충분하지 않기 때문에 저시력 시각장애인이 글씨를 읽는 것이 매우 힘들다. 이러한 경우 단순히 글씨를 알아보기 어렵다는 것에 그치는 것이 아니라 동작을 수행할 수 없는 결과를 낳는다. 저시력 사용자는 인증번호를 아예 알아보지 못하거나 잘못 읽어서 인증서를 휴대폰으로 전송하지 못하는 결과를 낳을 수 있다. 저시력 사용자에게 있어서 명도 대비가 없는 이러한 인증번호는 인증번호로서의 목적을 전혀 달성하지 못하고 있는 것이다.

** 모바일 고객센터에서 이용량을 보여주는 아래 오른쪽 그림을 살펴보면 그래프를 구분하는 왼쪽 라벨 부분에 문제가 있다. 라벨명인 사용일 수, 음성, 문자 메시지, 문자/멀티 메시지, MMS, 무선 인터넷 부분에서 배경색과 글자색의 대비가 충분하지 않아 저시력 사용자는 글씨를 읽기가 매우 어렵다. 폰트 크기도 작은데다 글자색과 배경색이 대비마저 낮아서 더 읽기가 어려운 상황이다. 라벨을 명확히 알아볼 수 없기 때문에 오른쪽에 나오는 그래프의 의미를 이해하는데 어려움을 겪을 수밖에 없다.

잘못된 사례	잘못된 사례
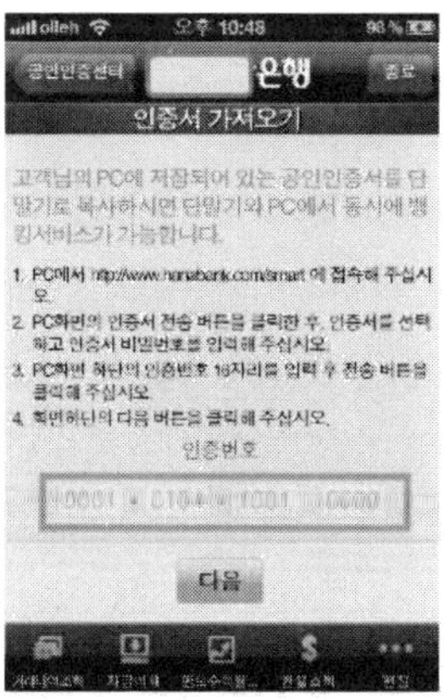	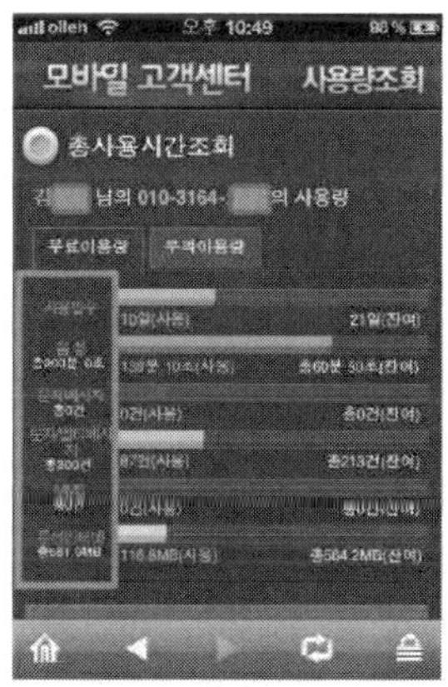

7. (자막, 수화 등의 제공) 멀티미디어 콘텐츠에는 동등한 내용의 자막, 원고 또는 수화가 제공되어야 한다.

1) 준수 필요성 : 청각장애인의 경우 동영상이나 음성으로 제공되는 콘텐츠에 대하여는 음성정보를 인지하기 어렵다. 따라서 이들에 대하여는 동기화된 자막을 제공하거나 별도의 원고를 제공하여야 콘텐츠를 인식할 수 있다. 멀티미디어 콘텐츠에 대한 동등한 내용의 자막, 원고 또는 수화는 시끄러운 환경이나 조용한 환경, 해당 언어를 모국어로 사용하지 않는 비장애인에게도 도움이 된다. 또한 동영상 검색시에도 자막이나 원고는 큰 도움을 줄 수 있다.

2) 기술구현 방법 : 멀티미디어 콘텐츠에는 동등한 내용의 자막, 원고 또는 수화를 제공해야 한다. 멀티미디어 콘텐츠를 요약한 자막이나 원고는 불충분하며, 멀티미디어에서 제공하는 음성 정보와 동등한 내용을 자막이나 원고로 제공해야 한다. 음성이 없이 동영상에 포함된 메시지나 자막, 중요 단어에 대한 강조, 홍보 문구 등은 시각장애인이 전혀 확인할 방법이 없으므로, 이러한 경우에는 반드시 화면해설 서비스(음성으로 메시지, 자막, 중요 단어 등을 제공)를 제공해야 한다. 자막, 수화 또는 원고는 화면 상의 콘텐츠와 동기화하여 제공하는 것이 바람직하다.

3) 구축 사례

왼쪽 아래의 그림은 '아이폰 용 복지 TV 애플리케이션'의 사례이다. 본 애플리케이션에서 제공하는 동영상의 경우 자막과 함께 수화를 동시에 제공하여 장애인의 접근성을 확보한 우수 사례이다.

올바른 사례(복지 TV 애플리케이션)	잘못된 사례 (자막 미제공)

나. 권고사항(8개) : 모바일 애플리케이션의 접근성 향상을 위하여 무리한 부담이 되지 않는 한 준수할 것을 권장하는 사항을 말한다.

1. (Native UI Component) 운영체제에서 제공하는 기본 사용자 인터페이스 컴포넌트(Native UI Component)를 최대한 이용하는 것이 바람직하다.

1) 준수 필요성 : 대부분의 운영체제에서 제공하는 기본 사용자 인터페이스 컴포넌트(Native UI Component)는 접근성을 고려하여 제공되고 있다. 애플리케이션 개발 시 비용과 시간 등의 제약이 있는 경우 운영체제에서 제공하는 기본 사용자 인터페이스 컴포넌트를 잘 활용하는 것이 좋다. 이에 반해 사용자 변형 UI 컴포넌트(Custom UI Component)를 사용하는 경우에는 운영체제에서 제공하는 VoiceOver 등이 동작하지 않을 수 있다. 그러므로 최대한 기본 사용자 인터페이스를 활용하는 것이 바람직하다.

2) 기술구현 방법 : 모바일 애플리케이션을 개발함에 있어 기본 사용자 인터페이스 컴포넌트를 최대한 활용하는 것이 접근성을 높이는데 도움이 된다.

① 애플의 iOS에서 제공 방법 : Native UI Component에는 UIWindow, UILabel, UIPickerView 등이 있다. 특히 웹 페이지를 내장하는 페이지를 만들 경우에는 UIWebView를 통해 작성을 하게 된다.

② 구글의 안드로이드에서 제공 방법 : Native UI Component에는 View, ImageView 등이 있다.

3) 구축 사례 : 대표적인 애플과 구글의 운영체제에서 제공하는 Native UI Component는 아래의 그림과 같다.

[별 표]

iOS에서의 Natiove UI Component	안드로이드에서의 Natiove UI Componen t
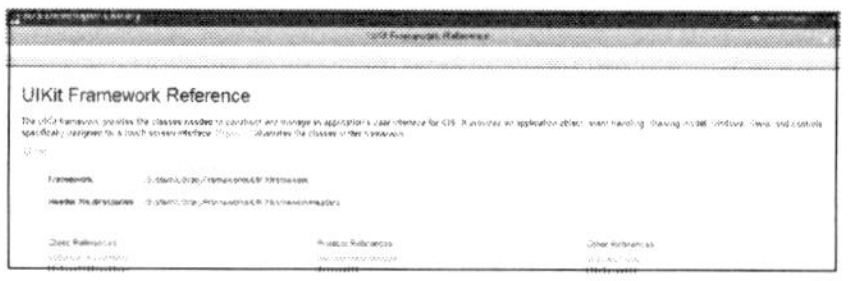	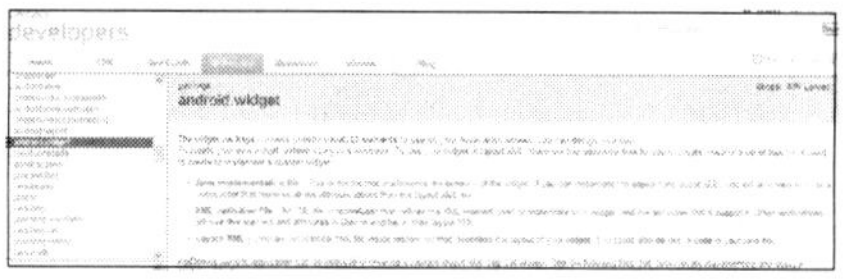
http://developer.apple.com/library/ios/#documentation/UIKit/Reference/UIKit_Framework/_index.html#//apple_ref/doc/uid/TP40006955	http://developer.android.com/reference/android/widget/package-summary.html

2. (컨트롤간 충분한 간격) 컨트롤은 충분한 간격으로 배치하는 것이 바람직하다.

1) 준수 필요성 : 모바일 기기의 경우 터치를 통하여 컨트롤하기 때문에 터치의 정확성이 매우 중요하다. 터치의 정확성을 담보하기 위해서는 좌표 값도 중요하지만 각 컨트롤간의 간격도 중요하다. 비장애인도 각 버튼간의 터치 간격이 좁게 되어 있고 버튼의 크기가 작으면 매우 불편한데 뇌성마비 장애인의 경우 손 떨림 등이 많이 있고 이로 인하여 정확한 터치 동작을 취하기가 매우 어렵다. 따라서 터치 동작을 원활히 수행할 수 있도록 터치 간격을 적절히 유지하는 것이 매우 중요하다. 저시력인의 경우도 터치 타겟이 작을 경우 많은 어려움을 겪게 되는데 특히 중요한 결제 정보를 입력하거나 은행용 모바일 애플리케이션을 사용하는 경우 실수로 잘못 터치하는 경우 되돌이킬 수 없는 문제가 발생할 수 도 있다.

2) 기술구현 방법 : 좁은 화면 공간의 경우, 사용자의 의도와 무관하게 다른 컨트롤을 누르게 되는 문제가 발생할 수 있으므로, 이를 피하기 위해서 컨트롤 사이의 공간을 충분히 확보하여 사용자가 컨트롤 영역을 명확히 구분할 수 있도록 하는 것이 바람직하다. 컨트롤 중심간 간격은 13mm X 13mm 이상을 권장한다. 선택해야 하는 컨트롤 영역의 크기는 8.5mm X 8.5mm 이상을 권장한다. 컨트롤의 터치 공간을 충분히 확보하여 사용자가 컨트롤 영역을 명확히 구분할 수 있도록 제공하는 것이 좋다. 사용자의 의도에 따라 컨트롤을 확대하여 사용할 경우 상대적인 크기로 커져서 손쉽게 활용할 수 있도록 제공하는 것이 좋다. 쿼티 입력 등 운영체제에서 제공하는 기본 사용자 인터페이스의 경우에는 예외로 한다.

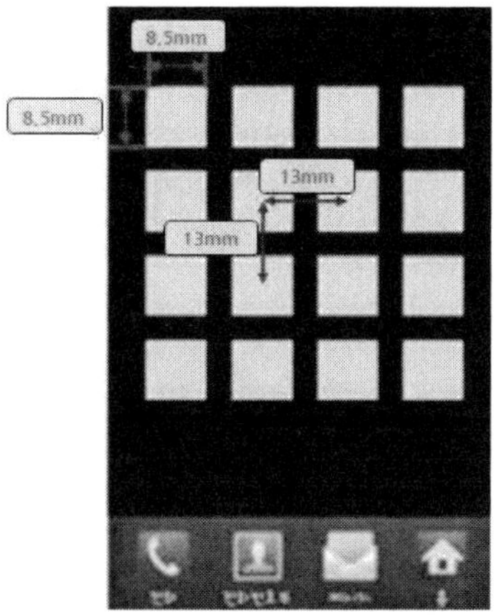

3. (알림 기능) 사용자에게 알림을 제공할 때에는 진동, 시각, 소리 등 최대한 다양한 방법으로 사용자가 선택할 수 있도록 제공하는 것이 바람직하다.

1) 준수 필요성 : 한 가지 감각으로만 정보를 제공하는 경우에는 다양한 사용자가 이를 활용할 수 있다고 보장하기 어렵다. 예를 들어 시력을 요하는 정보를 제공하거나 음성으로만 정보를 제공하는 경우 시각장애인이나 청각장애인들은 이러한 정보를 인지할 수 없다. 따라서 알림 정보 등을 제공하는 경우에는 소리나 화면 진동 등 다양한 방법을 동시에 사용하여 정보를 제공하는 것이 필요하다.

2) 기술구현 방법 : 사용자에게 알림을 제공할 때에는 한 가지 감각에만 의존하지 말고 다양한 감각이나 표현 방법을 통해 사용자가 원하는 알림 기능을 제공하는 것이 바람직하다. 사용자에게 다양한 방법으로 알림을 제공될 수 있도록 시각, 청각, 촉각 등의 피드백을 제공해야 하며, 다양한 알림 기능을 제공할 경우 적절한 방법을 사용자가 선택할 수 있도록 제공하는 것이 더 바람직하다.

3) 구축 사례

페이스북 애플리케이션에서는 알림이 상당히 세분화 되어있다. 사용자가 자신에게 적합한 방법으로 알림 정보를 진동, 소리 등으로 정보를 얻을 수 있도록 기능을 제공하고 있다. 또한 이러한 알림 정보는 가급적 운영체제에서 제공하는 Native UI를 활용하는 것이 바람직하다.

[별 표]

<table>
<tr><th>페이스북의 알림 설정 화면</th><th colspan="2">운영체제에서 제공하는 Native UI 알림기능 사용 예</th></tr>
<tr><td>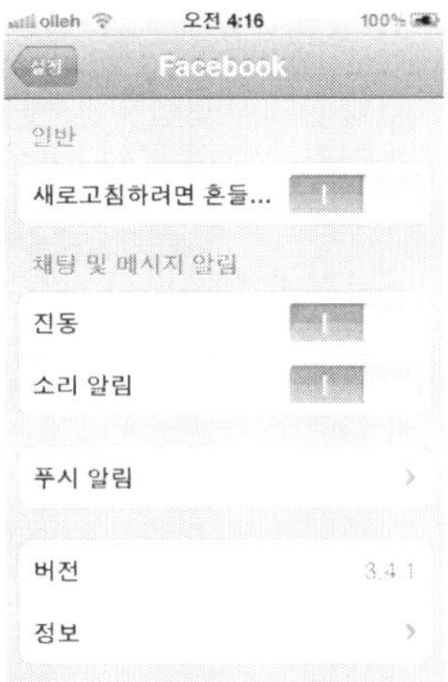</td><td>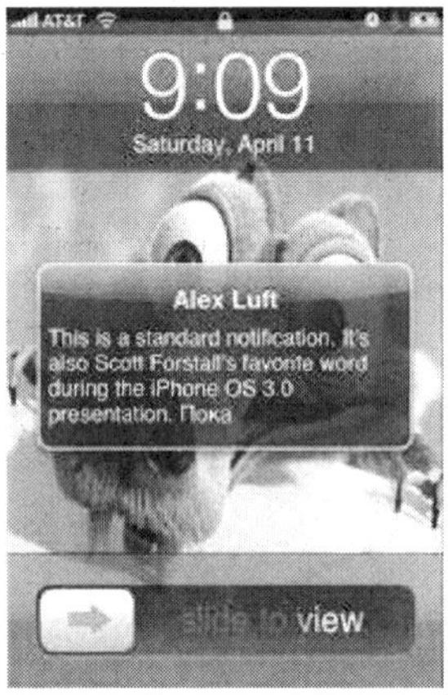</td><td></td></tr>
</table>

4. (범용 폰트 이용) 폰트의 크기 조절, 확대 기능을 제공하거나 운영체제에서 제공하는 관련 기능을 활용할 수 있는 방법을 제공하는 것이 바람직하다.

1) 준수 필요성 : 저시력인, 고령자 등은 일반 PC보다 화면이 적은 모바일 기기를 활용함에 있어 작은 화면으로 인해 정보를 인식하는데 어려움을 겪는다. 저시력인이나 고령자 등도 동등하게 모바일 애플리케이션을 이용할 수 있기 위해서는 폰트를 바꾸거나 폰트의 크기 등을 조절하여 자신에게 적합한 방법으로 애플리케이션을 이용할 수 있어야 한다.

2) 기술구현 방법 : 절대 폰트를 사용하지 말고, 사용자 선택에 따라 폰트의 크기를 변화시킬 수 있도록 제공하는 것이 바람직하다. 시스템이나 사용자가 선택한 환경(Setting)을 그대로 상속(Inherit)할 수 있도록 제공해야 한다. 범용 폰트(Global Font)는 운영체제에 내장되어 확대나 축소, 기울임 등의 변형 형태가 제공되는 글자체를 말한다. 모든 애플리케이션 화면에서 폰트 크기의 조절이 가능하도록 설계하거나, 최소한 확대 기능을 제공한다. 폰트 크기 조절을 용이하게 하기 위해서는 텍스트 이미지보다 폰트가 지정되어 있는 텍스트를 사용하는 것이 바람직하다. 폰트의 확대 시 텍스트의 내용이나 기능의 손실 없이 최소 200%까지 확대될 수 있도록 제공하는 것이 좋다. 또한 별도의 폰트를 사용하는 경우 사용자가 인지하기 어렵게 되는 경우가 발생할 수 있으니 운영체제에서 제공하는 글로벌 폰트를 이용하는 것이 바람직하다.

① 애플의 iOS에서 제공되는 글로벌 폰트 종류('11년 7월말 기준)

Font Family: American Typewriter
Font:AmericanTypewriter
Font:AmericanTypewriter-Bold
Font Family: AppleGothic
Font:AppleGothic
Font Family: Arial
Font:ArialMT
Font:Arial-BoldMT
Font:Arial-BoldItalicMT
Font:Arial-ItalicMT
Font Family: Arial Rounded MT Bold
Font:ArialRoundedMTBold
Font Family: Arial Unicode MS
Font:ArialUnicodeMS
Font Family: Courier
Font:Courier
Font:Courier-BoldOblique
Font:Courier-Oblique
Font:Courier-Bold
Font Family: Courier New
Font:CourierNewPS-BoldMT
Font:CourierNewPS-ItalicMT
Font:CourierNewPS-BoldItalicMT

Font:HiraKakuProN-W6
Font Family: Marker Felt
Font:MarkerFelt-Thin
Font Family: STHeiti J
Font:STHeitiJ-Medium
Font:STHeitiJ-Light
Font Family: STHeiti K
Font:STHeitiK-Medium
Font:STHeitiK-Light
Font Family: STHeiti SC
Font:STHeitiSC-Medium
Font:STHeitiSC-Light
Font Family: STHeiti TC
Font:STHeitiTC-Light
Font:STHeitiTC-Medium
Font Family: Times New Roman
Font:TimesNewRomanPSMT
Font:TimesNewRomanPS-BoldMT
Font:TimesNewRomanPS-BoldItalicMT
Font:TimesNewRomanPS-ItalicMT
Font Family: Trebuchet MS
Font:TrebuchetMS-Italic
Font:TrebuchetMS

Font:CourierNewPSMT
Font Family: DB LCD Temp
Font:DBLCDTempBlack
Font Family: Georgia
Font:Georgia-Bold
Font:Georgia
Font:Georgia-BoldItalic
Font:Georgia-Italic
Font Family: Helvetica
Font:Helvetica-Oblique
Font:Helvetica-BoldOblique
Font:Helvetica
Font:Helvetica-Bold
Font Family: Helvetica Neue
Font:HelveticaNeue
Font:HelveticaNeue-Bold
Font Family: Hiragino Kaku Gothic **** W3
Font:HiraKakuProN-W3
Font Family: Hiragino Kaku Gothic **** W6

Font:Trebuchet-BoldItalic
Font:TrebuchetMS-Bold
Font Family: Verdana
Font:Verdana-Bold
Font:Verdana-BoldItalic
Font:Verdana
Font:Verdana-Italic
Font Family: Zapfino
Font:Zapfino

② 구글의 안드로이드에서 제공되는 글로벌 폰트 종류('11년 7월말 기준)

"sans-serif"	"baskerville"
"arial"	"goudy"
"helvetica"	"fantasy"
"tahoma"	"cursive"
"verdana"	"ITC Stone Serif"
"serif"	"monospace"
"times"	"courier"
"times new roman"	"courier new"
"palatino"	"monaco"
"georgia"	

3) 구축 사례 : 트위터, iBooks 애플리케이션에서는 저시력자 등을 위해 폰트의 크기 조절 기능을 설정할 수 있도록 제공하고 있다.

트위터의 글자크기 설정 화면	iBooks 폰트 크기 및 서체 설정 화면
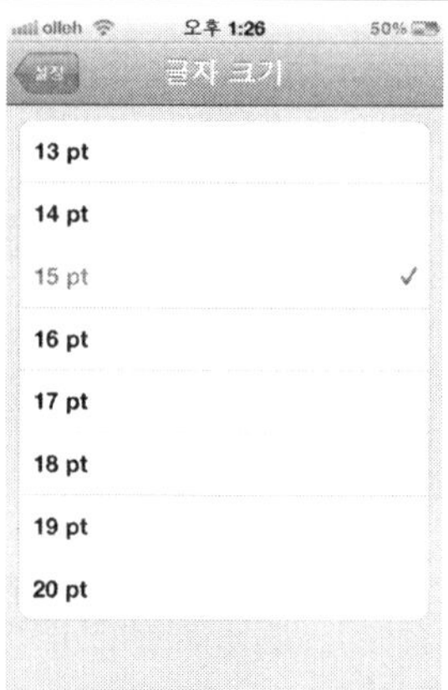	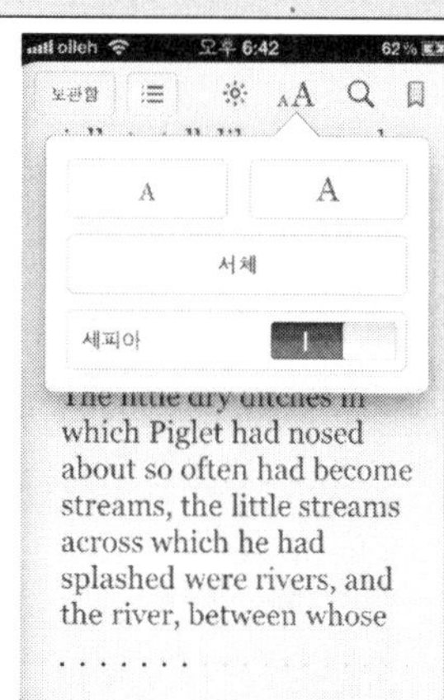

5. (사용자 인터페이스의 일관성) 사용자 인터페이스 요소들의 배치를 일관성 있게 제공하는 것이 바람직하다.

1) 준수 필요성 : 저시력인이나 고령자 등 화면을 확대하는 사용자의 경우에는 전체 화면이 아니라 창의 일부 영역을 화면에 확대하여 이용한다. 따라서 애플리케이션 창마다 내비게이션 컨트롤의 위치와 모양이 다르다면 새로운 애플리케이션 창으로 이동할 때마다 사용법을 익히는 데 많은 어려움이 있을 것이다. 또한 지적 장애인의 경우 방문한 웹 페이지별로 메뉴와 내비게이션 컨트롤의 위치나 모양이 바뀌게 되면 사용자는 이들 웹 페이지

를 동일한 웹 사이트가 제공하는 웹 페이지로 인식하기보다는 새로운 웹 사이트가 제공하는 웹 페이지로 인식할 가능성이 높다. 이에 일관성 있는 사용자 인터페이스를 제공하는 것이 바람직하다.

2) 기술구현 방법 : 사용자 경험(User Experience)에 비추어 일관성 있는 사용자 인터페이스(UI) 요소를 제공하는 것이 바람직하다. 사용자 인터페이스를 구성하고 있는 요소들(폰트, 크기, 화면 색상, 링크 제공 방법, 이모티콘 등)을 사용자가 다시 학습하지 않아도 되도록 해당 애플리케이션 내에서 일관성 있게 제공하는 것이 바람직하다.

3) 구축 사례

*** 영화관 모바일 애플리케이션으로 예약 시간을 선택하는 선택 창과 인원 및 좌석을 선택하는 창이 일관성 없이 제공되어 있어 사용자에게 혼란을 주는 사례이다.

일관성 없는 입력 서식 제공 사례 (iOS Native UI Component (좌측), Custom UI Component (우측)	
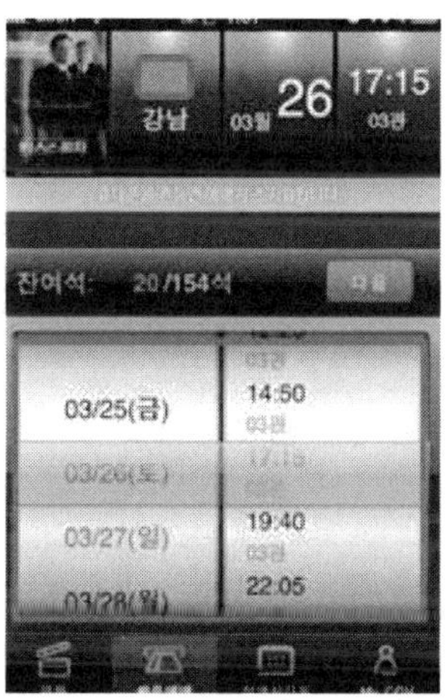	

6. (깜빡거림의 사용 제한) 광과민성 발작을 일으킬 수 있는 콘텐츠를 제공하지 않는 것이 바람직하다.

1) 준수 필요성 : 깜빡이거나 번쩍이는 콘텐츠를 제공할 경우 특정 사용자에게 광과민성 발작을 일으킬 우려가 있다. 예를 들어 일본에서 방영된 만화영화인 포켓몬에서 깜빡임과 번쩍임이 과도하게 제공되어 아동들이 병원에 가서 치료를 받았던 사례가 있다. 그러므로 깜박임과 번쩍임이는 효과로 정보를 제공하기 보다는 효과적인 디자인 등을 통해 모바일 애플리케이션의 정보를 제공하는 것이 바람직하다.

2) 기술구현 방법 : 깜빡이거나 번쩍이는 콘텐츠를 제공해야만 할 경우 초당 3-50회 주기는 피해서 제공하는 것이 좋다. 깜빡이거나 번쩍이는 콘텐츠를 사용해야 할 경우, 사전에 경고를 하고 깜빡임이나 번쩍임을 회피할 수 있는 수단을 제공하는 것이 바람직하다. 이러한 콘텐츠는 깜빡이는 배경이나 텍스트, 꺼지고 켜짐을 반복적으로 수행하는 그래픽, 또는 다른 여러 이미지를 반복적으로 보여주는 모든 것들을 포함한다.

7. (배경음 사용금지) 자동으로 재생되는 배경음을 사용하지 않는 것이 바람직하다.

1) 준수 필요성 : 시각장애인의 경우 모바일 기기나 모바일 화면낭독 프로그램에서 제공하는 음성읽기 기능(iOS VoiceOver, 안드로이드 Talkback, 심비안 및 윈도우 모바일 6.5에서 활용되는 Code Factory사의 Mobile Speak 등)을 활용하여 모바일 애플리케이션을 이용한다. 이러한 기능들은 기본적으로 음성을 통하여 정보를 제공하고 있다. 이에 따라 애플리케이션을 실행하였을 때 배경음이 자동적으로 나오게 되면 음성으로 정보를 정확히 전달받을 수 없다. 따라서 이러한 배경음이 필요한 경우 이에 대한 알림 정보를 제공하고, 사용자가 선택할 경우에만 실행이 되도록 제공하는 것이 바람직하다.

2) 기술구현 방법 : 자동으로 재생되는 배경음(동영상, 음성, 음악 등)을 사용하지 않는 것이 바람직하다. 단, 3초 미만의 배경음은 예외로 한다. 배경음을 사용할 경우, 반드시 배경음을 제어할 수 있는 수단(멈춤, 일시정지, 음량조절 등)이나 배경음 제어로 이동하는 링크를 애플리케이션 첫 부분에 제공하는 것이 좋다. 또한 음량 조절은 운영체제에서 제공하는 음량과 독립적으로 배경음만 조절할 수 있도록 제공하는 것이 더 좋다.

3) 구축 사례

** 자동차 회사에서 제공하는 모바일 애플리케이션으로 시작화면부터 사용자가 선택하지 않았음에도 불구하고 배경음이 자동적으로 흘러나오고 있다. 이를 해지하기 위해서는 설정 메뉴로 들어가서 음악과 효과음을 줄여야만 정지되는 형태로 시각 사용자 등에게 혼란을 주는 사례이다.

1) 준수 필요성 : 모바일 애플리케이션을 개발함에 있어 앞에서 말한 모든 지침 항목을 준수하여 개발하였다 하더라도 장애인 사용자가 실제로 사용할 수 있는지 점검하는 것이 중요하다. 이는 장애인이 가지고 있는 특성에 대한 이해의 차이 때문에 실제로는 접근성 지침을 지켜도 장애인이 사용하기 어려울 수 있기 때문이다. 또한 사용자는 모바일 애플리케이션을 다양한 모바일 기기를 활용하여 접근할 것이다. 이에 가급적 많은 모바일 기기를 활용하여 애플리케이션의 정보 접근 및 기능 가능여부를 사전에 점검하는 작업을 하는 것이 필요하다.

2) 준수 방법 : 기획 단계부터 해당 애플리케이션에 대해 장애인 사용자 평가를 수행하는 것이 바람직하다. 시각, 청각, 상지 장애 등의 다양한 장애인 사용자를 대상으로 하는 것이 좋으며, 고령자도 포함하는 것이 좋다. 또한 모바일 애플리케이션 개발자, 운영자 등도 운영체제에서 제공하는 애플의 VoiceOver, 구글의 TalkBalk 등을 활용하여 지속적으로 점검하는 것이 바람직하다.

자동 배경음을 사용한 잘못된 사례	해결 방안
	동영상을 사용자의 선택에 의해 활성화되도록 제공하는 것이 바람직하다. 배경음을 제공할 경우에는 반드시 애플리케이션 첫 부문에 이를 정지할 수 있는 기능을 제공하는 것이 바람직하다.

8. (장애인 사용자 평가) 애플리케이션 개발 시 다양한 모바일 기기에서의 이용 가능여부를 점검해야 하며, 장애인 테스트를 수행하는 것이 바람직하다.

iOS SDK를 이용한 앱 제어 기술

2013년 3월 20 일 인쇄

2013년 3월 25 일 발행

저 자	김정민.박영석.이혁재. 최영일.정승현.정용배
발 행 인	송기수
발 행 처	도서출판 GS인터비전
편 집 처	도서출판 GS인터비전
인 쇄 처	대일문예사
등록번호	제313-2011-120호
I S B N	978-89-97231-82-9*(93560)

주 소	서울 마포구 신수동 448-6
전 화	02-976-7898
팩 스	02-6468-7898
홈페이지	www.gsintervision.co.kr
E - Mail	gsinter7@gmail.com

정가 20,000